Jens Herzer
Pontius Pilatus

Biblische Gestalten

Herausgegeben von
Christfried Böttrich und Rüdiger Lux

Band 32

EVANGELISCHE VERLAGSANSTALT
Leipzig

Jens Herzer

Pontius Pilatus

Henker und Heiliger

EVANGELISCHE VERLAGSANSTALT
Leipzig

Jens Herzer, Jahrgang 1963, ist Professor für Neues Testament an der Theologischen Fakultät der Universität Leipzig. Seine Forschungsschwerpunkte sind Paulus und die paulinische Briefliteratur, die Theologie und Hermeneutik des Neuen Testaments sowie die Geschichte und Literatur des Frühjudentums.

Bibliographische Information der Deutschen Nationalbibliothek
Die Deutsche Nationalbibliothek verzeichnet diese Publikation in der Deutschen Nationalbibliographie; detaillierte bibliographische Daten sind im Internet über http://dnb.dnb.de abrufbar.

Das Buch wurde auf alterungsbeständigem Papier gedruckt.

Cover: Friedrich Lux, Halle/Saale
Satz: Steffi Glauche, Leipzig
Druck und Binden: Elbe Druckerei Wittenberg GmbH

ISBN 978-3-374-06063-4
www.eva-leipzig.de

INHALT

In memoriam
Christian Wolff

VORWORT

Es wäre durchaus angemessen, dieses Büchlein über Pontius Pilatus mit den Worten zu beginnen, die der Evangelist Lukas seinem Evangelium vorangestellt hat: »Nachdem es nun schon viele unternommen haben […]« (Lk 1,1–4). In den letzten 25 Jahren ist viel über den römischen Provinzpräfekten geschrieben worden, der maßgeblich für die Verurteilung und Hinrichtung Jesu verantwortlich war. Das Interesse ist einerseits erstaunlich, handelt es sich doch auf den ersten Blick um eine eher randständige biblische Gestalt, die vielleicht für ein paar flotte Sprichwörter gut war, wenn etwa jemand an Behörden verzweifelt und »von Pontius zu Pilatus laufen« muss. Andererseits hat es gerade der »Heide« Pilatus im Unterschied zu weit bedeutenderen Persönlichkeiten »geschafft«, ins christliche Glaubensbekenntnis aufgenommen zu werden. Mit seinem Platz im Bekenntnis der Kirche wird Pilatus gleichsam im kulturellen Gedächtnis des Christentums verewigt und bekommt eine Bedeutung, die weit über seine historische Funktion als römischer Beamter im Räderwerk der römischen Verwaltung hinausgeht.

In der Erinnerung verbindet sich die Person des Pilatus mit dem Schicksal Jesu von Nazareth. Auf eine zwiespältige Weise hat er Anteil an dessen Todesschicksal, das nach dem Glauben der frühen Christen und der ihnen nachfolgenden Kirche eine universale Bedeutung für das Heil der Welt erlangt hat. Wo immer von Jesus die Rede ist, ist auch von Pilatus die Rede; ein Zusammenhang, der nicht nur im Bekenntnis festgeschrieben ist, sondern über die Jahrhunderte hinweg viele Literaten und Künstler inspiriert hat und immer wieder inspiriert. Bemerkenswert ist die kaum noch zu überblickende Flut von Pilatusromanen in den letzten Jahren. Der hier unternommene erneute Versuch, Pontius Pilatus in seiner geschichtlichen und literarischen Bedeutung zu erfassen, soll vor allem die Spannung zwischen der historischen Person und ihrer Einbindung in eine vom christlichen Gottesglauben geprägte Deutung der Geschichte Jesu zur Geltung bringen.

Es hat lange gedauert, bis das Manuskript fertig gestellt werden konnte. Ich denke dabei nicht zuletzt auch an meinen Vorgänger auf dem Leipziger Lehrstuhl, Werner Vogler (1934–2000), der ursprünglich den Auftrag zu diesem Band in den »Biblischen Gestalten« hatte. Das bereits begonnene Manuskript konnte er wegen seines frühen Todes nicht mehr abschließen.

Zu danken habe ich vielen interessierten Leipziger Studierenden, die sich in Übungen und Seminaren an den historischen und hermeneutischen Erkundungen beteiligt haben, meiner Sekretärin, Frau Sylvia Kolbe, deren Akribie im Korrekturlesen und Bibliographieren immer wieder beeindruckt, sowie Frau stud. Sabrina Lohse, die sie dabei unterstützt hat.

Gewidmet sei das Buch dem Gedenken meines verehrten Lehrers Christian Wolff.

Leipzig, zum Reformationstag 2019 Jens Herzer

A. EINFÜHRUNG

1. Eine seltsame Berühmtheit

Warum um alles in aller Welt ist Pontius Pilatus, der Richter und Henker Jesu, in das christliche Glaubensbekenntnis aufgenommen worden? Die Gestalt des nach Wahrheit suchenden Pilatus hat durch ihre Verschränkung mit der Geschichte Jesu seit jeher fasziniert und vor allem die fromme Phantasie und Legendenbildung angeregt. Dass der Name des römischen Präfekten spätestens seit dem dritten, vielleicht schon früher im zweiten Jahrhundert in gottesdienstlichen Bekenntnissen erscheint und dadurch bis heute in nahezu jedem christlichen Gottesdienst an ihn erinnert wird, ist allerdings durchaus keine Selbstverständlichkeit. Neben Maria, der Mutter Jesu,[1] und natürlich Jesus selbst[2] ist er die einzige historische Gestalt der biblischen Geschichte, die eine so prominente und zugleich seltsam unpassend anmutende Würdigung bekommt.[3] Pilatus ist zudem der einzige »Heide«, also eine nichtjüdische und nichtchristliche Persönlichkeit, die in die Buchreihe der »Biblischen Gestalten« aufgenommen wurde.

Spricht man Christinnen und Christen in den Gemeinden auf die Bedeutung des Pilatus im Bekenntnis an, ist nach anfänglichem Staunen über eine solche

---

1 Vgl. J. Becker, Maria. Mutter Jesu und erwählte Jungfrau, BG 4, Leipzig 2001.

2 Vgl. J. Schröter, Jesus von Nazaret. Jude aus Galiläa – Retter der Welt, BG 15, Leipzig 2006.

3 Vgl. R. Staats, Pontius Pilatus im Bekenntnis der frühen Kirche, bes. 493f.

Frage die Verwunderung und gelegentlich auch die Verunsicherung groß über etwas, was man mitzusprechen gewohnt ist: »Gelitten unter Pontius Pilatus«. Was also mag jene bewogen haben, die in der größer werdenden Kirche und angesichts des Aufkommens ganz unterschiedlicher Glaubensrichtungen ein Bekenntnis formuliert haben, in dem nicht nur die wichtigsten Aspekte des christlichen Glaubens auf eine kompakte und zum Lernen geeignete Weise festgehalten werden, sondern auch dem Pilatus eine *Memoria*, ein Gedenken und einen Gedenkort gegeben wird?

Die Berechtigung dieser Frage wird an dem Umstand deutlich, dass der Name des Pilatus nicht von Anfang an Bestandteil der frühen Bekenntnisse war.[4] Eine der ältesten Bekenntnisformulierungen zitiert bereits der Apostel Paulus im ersten Korintherbrief:

»[3] Denn ich habe euch unter den ersten Dingen weitergegeben, was auch ich empfangen habe, (nämlich:) dass Christus gestorben ist für unsere Sünden gemäß den Schriften [4] und dass er begraben wurde und dass er auferweckt wurde am dritten Tag gemäß den Schriften [5] und dass er dem Kephas erschienen ist, danach den Zwölf« (1Kor 15,3–5).

Pilatus spielt hier noch keine Rolle. Erst deutlich später in der Apostelgeschichte des Lukas deutet sich eine entsprechende Entwicklung an.[5] In einem Gemeindegebet, das bereits Bekenntnischarakter besitzt, wird Pilatus als einer derer genannt, die Jesus gemäß Gottes vorherbestimmten Heilsratschlusses getötet haben:

---

4 Vgl. J. N. D. Kelly, Glaubensbekenntnisse, 92f.; zur Entstehung speziell des Apostolischen Glaubensbekenntnisses P. Gemeinhardt, Vom Werden des Apostolikums.

5 Siehe dazu unten B 3.2.3.

»[26] ›Die Könige der Erde traten herzu und die Herrscher taten sich zusammen gegen den Herrn und seinen Gesalbten.‹ [Ps 2,2] [27] Sie nämlich taten sich wahrhaftig zusammen in dieser Stadt gegen deinen heiligen Knecht Jesus, den du gesalbt hast, Herodes und Pontius Pilatus mit den Heiden und den Völkerstämmen Israels,
[28] um zu vollstrecken was deine Hand und dein Entschluss vorherbestimmt hat, dass es geschehen soll« (Apg 4,26–28).

Das ist noch nicht die Formel »gelitten unter Pontius Pilatus« des Apostolischen Glaubensbekenntnisses, aber doch wohl – zumal durch den im Neuen Testament seltenen Gebrauch des vollständigen Namens – eine heilsgeschichtliche Deutung, die in diese Richtung weist.

Obwohl ebenfalls noch kein Bekenntnistext, steht der späteren Credo-Tradition die Aussage in 1Tim 6,13 nahe, Christus selbst habe »vor Pontius Pilatus das gute Bekenntnis bezeugt«. Der 1. Timotheusbrief gehört zu den Spätschriften des Neuen Testaments aus dem Anfang des 2. Jh., eine Zeit, in der die Bekenntnisbildung in der Auseinandersetzung zwischen unterschiedlichen Lehrauffassungen zunehmend Fahrt aufnimmt und schließlich in der Formel des Apostolikums eine feste Prägung erhält.[6] Bei der engen Verbindung des Leidens und Sterbens Jesu mit Pontius Pilatus geht es insbesondere um die Abwehr von theologischen Positionen, die das Menschsein des Erlösers bestritten haben. Als göttliches Wesen – so spekulierten manche – habe dieser weder leiden noch sterben können und habe deshalb nur »scheinbar« einen menschlichen Leib angenommen, den er vor der Passion wieder verließ. Gegen diesen sog. »Doketismus« (von griech. δοκεῖν *dokeīn* – »scheinen«) betont bereits 1Tim 2,5 die Unterscheidung, es gebe nur einen Gott, und – davon zu unterscheiden

6 Siehe dazu unten B 4.

– nur einen Vermittler der Erlösung zwischen Gott und Mensch, nämlich »*den Menschen* Christus Jesus«. Theologisch geht es dabei um die innerweltliche, historische Verortung des Christusgeschehens, die einer einseitigen mythischen Deutung des Erlösers und des Erlösungsgeschehens entgegensteht.[7] Anhaltspunkte dafür finden sich auch in den Briefen des Bischofs Ignatius von Antiochien (wahrscheinlich gegen Ende des 2. Jh.):

> »Verstopfet daher eure Ohren, sobald euch einer Lehren bringt ohne Jesus Christus, der aus dem Geschlechte Davids, der aus Maria stammt, der *wahrhaft* geboren wurde, aß und trank, *wahrhaft* verfolgt wurde unter Pontius Pilatus, *wahrhaft* gekreuzigt wurde und starb vor den Augen derer, die im Himmel, auf der Erde und unter der Erde sind, der auch *wahrhaft* auferweckt wurde von den Toten, da ihn sein Vater auferweckte; denn nach diesem Vorbild wird uns, die wir ihm glauben, sein Vater auch so auferwecken in Christus Jesus, ohne den wir das wahre Leben nicht haben« (An die Trallianer 9).[8]

Hier sind wesentliche Elemente des Apostolischen Glaubensbekenntnisses bereits vorgeprägt. Etwa zur gleichen Zeit umreißt auch Irenäus, der Bischof von Lyon (gest. um 200 n. Chr.) in seiner Streitschrift »Gegen die Häresien« den Glauben der Christen folgendermaßen:

---

7 Vgl. dazu A. Käfer, Glauben bekennen, Glauben verstehen, 46–53.

8 Vgl. auch An die Smyrnäer 1; An die Magnesier 11. Bei Justin dem Märtyrer (gest. 165 in Rom) wird Jesus wiederholt als »der unter Pontius Pilatus gekreuzigte« bezeichnet, vgl. Apologie I,13.61; II,6; Dialog mit dem Juden Tryphon 30; 76; und besonders 85: »[…] des Sohnes Gottes und Erstgeborenen aller Schöpfung, geboren von einer Jungfrau und gelitten als ein Mensch, gekreuzigt unter Pontius Pilatus durch euer Volk, gestorben, auferstanden von den Toten, aufgefahren in den Himmel.«

»Sie glauben an einen Gott, den Schöpfer des Himmels und der Erde und allem, was darin ist, durch Jesus Christus, Gottes Sohn, der aufgrund unermesslicher Liebe gegenüber seinem Werk auf sich nahm, von einer Jungfrau geboren zu werden, und so durch sich selbst den Menschen mit Gott vereinte, der auch unter Pontius Pilatus gelitten hat und auferstand und in Herrlichkeit aufgenommen wurde, der kommen wird als Retter derer, die gerettet werden und als Richter derer, die gerichtet werden« (III 4,2).[9]

Unabhängig von einer antidoketischen Ausrichtung geht es bei der Frage nach der Bedeutung des Pilatus im christlichen Glaubensbekenntnis um die Verankerung des Christusgeschehens in den Zeitläuften des Weltgeschehens. Dadurch werden diese ihrer Kontingenz, d. h. ihrer historischen Zufälligkeit, gleichsam enthoben und gewinnen in der vom Christusglauben bestimmten Geschichtsdeutung eine heilsgeschichtliche Bedeutung mit einem universalen Anspruch.[10] Bei dem Evangelisten Lukas beispielsweise wird dieses heilsgeschichtliche Interesse daran erkennbar, dass er bereits am Beginn seiner Geschichte vom Gottessohn Jesus die Erzählung in den politischen Verhältnissen der Zeit verankert, zu denen explizit auch die »Statthalterschaft des Pontius Pilatus in Judäa« (Lk 3,1) gehört.

Die Verbindung des Christusmartyriums mit demjenigen, der als römischer Präfekt Judäas die historische

---

9 Vgl. weiterhin Irenäus, Gegen die Häresien II 32,4; III 12,9; V 12,5.

10 Diesen Eindruck bekommt man insbesondere in der apologetischen Schrift des Justin im Dialog mit dem Juden Tryphon (bes. Tryphon 30; 76; 102f.). Zur Frage der Heilsgeschichte als theologischer Deutekategorie vgl. R. Deines, Acts of God in History, bes. 1–26.

Verantwortung dafür trägt, ist also unter Maßgabe des Bekenntnisses neben 1Tim 6,13 in der Literatur des 2. Jh. einigermaßen fest verankert. An der Wende vom 2. zum 3. Jh. bezeugt der lateinische Kirchenvater Tertullian die Form einer *regula fidei,* einer »Glaubensnorm«, die dem apostolischen Bekenntnis bzw. seiner Vorform im römischen Bekenntnis[11] sehr nahe steht und bis weit ins 2. Jh. zurückreicht:

»Die Glaubensregel ist durchaus nur eine; sie allein ist unbeweglich und unverbesserlich, nämlich dass man glaube an einen einzigen, allmächtigen Gott, den Schöpfer der Welt, und seinen Sohn Jesus Christus, der geboren ist aus Maria, der Jungfrau, gekreuzigt unter Pontius Pilatus, am dritten Tage wieder auferweckt von den Toten; aufgenommen in den Himmel, sitzt er jetzt zur Rechten des Vaters, um wieder zu kommen zu richten die Lebendigen und die Toten, infolge der Auferstehung auch des Fleisches« (Tertullian, Über die Verschleierung der Jungfrauen 1,4 f.).[12]

Tertullian war es schließlich auch, der von Pilatus behauptet, er sei »schon in seinem Innersten ein Christ« gewesen (Verteidigung der christlichen Religion 21).

2. Henker und Heiliger?

Damit sind wir bei der Frage, die der Titel dieses kleinen Büchleins über einen römischen Beamten aufgibt. Ist Pilatus Henker und Heiliger zugleich, weil er als Richter Jesu mit seinem Urteil und dem Befehl zur Hinrichtung – wenn auch unwissentlich – zum Heil der

---

11 Vgl. J. N. D. Kelly, Glaubensbekenntnisse, 103–116.

12 Vgl. dazu J. N. D. Kelly, Glaubensbekenntnisse, 116–121; P. Gemeinhardt, Vom Werden des Apostolikums, 24–32.

Welt maßgeblich beigetragen hat? Dass Pilatus Jesus zum Tod verurteilt hat und dieses Urteil auch vollstrecken ließ, daran besteht kein Zweifel. Aber lässt sich von ihm auch sagen, dass er durch seine Tat am Heilswerk Gottes beteiligt war? Der italienische Philosoph Giorgio Agamben hat dies in einem Essay kürzlich wieder betont und dabei auf die gleichzeitige Illegitimität des Pilatusurteils hingewiesen.[13] Auch die koptisch-orthodoxen (alexandrinisch-ägyptischen) Christen sind davon überzeugt und verehren Pilatus als christlichen Märtyrer oder gar – wie in der autokephalen äthiopisch-orthodoxen Kirche – als Heiligen.[14]

Auch die Bezeichnung »Henker« mag manchem übertrieben erscheinen, hat doch Pilatus mit Sicherheit nicht selbst Hand angelegt bei der Kreuzigung Jesu. Bekannt ist er im Gegenteil sogar als derjenige, der demonstrativ »seine Hände in Unschuld wäscht« – ein geflügeltes Wort, das auf die Pilatusdarstellung im Matthäusevangelium zurückgeht (Mt 27,24).[15] Aber »unschuldig« am Tod Jesu ist Pilatus natürlich keineswegs. Auch wenn die Frage, wer in welcher Weise für den Tod Jesu verantwortlich war, recht komplex ist,[16] so war doch Pilatus als römischer Befehlshaber in Jerusalem der Einzige, der ein Todesurteil fällen und auch vollstrecken lassen konnte.

Ansätze einer Reflexion über die heilsgeschichtliche Bedeutung des Pilatus sind bereits im Neuen Testament zu finden.

---

13 G. Agamben, Pilatus und Jesus.

14 Siehe dazu unten C 3.

15 Siehe dazu unten B 3.2.2. Der Historiker Alexander Demandt hat dies zum Titel seines Pilatusbuches gemacht: »Hände in Unschuld«.

16 Siehe dazu unten B 3.3.

So ist es beispielsweise nach der oben zitierten Stelle in Apg 4,28 Gottes Ratschluss, dem auch das Handeln der Gegner Jesu letztlich unterworfen ist. Es handelt sich hierbei um ein Gebet, das zwar noch kein Bekenntnis ist, aber doch schon eine reflektierende Tendenz aufweist. Darin verbindet sie das Schicksal Jesu mit dem Handeln der Mächtigen und weist dieser Verbindung eine besondere Bedeutung zu, indem sie mit ihrem Vorgehen gegen Jesus »vollstrecken, was deine Hand [gemeint ist Gott] und dein Entschluss vorherbestimmt hat, dass es geschehen soll«. Die Bezüge zu Pilatus in der Apostelgeschichte nehmen nicht nur auf, was Lukas über Pilatus im Evangelium erzählt,[17] sondern entsprechen in der Sache auch der kreuzestheologisch-weisheitlichen Deutung der geschichtlichen Ereignisse um den Tod Jesu bei Paulus im ersten Korintherbrief.[18]

Die christliche Legendenbildung schließlich tut ihr Übriges und führt diese biblische Reflexion über die Bedeutung des Pilatus im Heilsratschluss Gottes fort. Die Vielfalt der Pilatusliteratur ist enorm und zeigt ein erstaunliches Interesse der frommen Phantasie an diesem Mann, der auf so eigentümliche Weise mit der Geschichte Jesu verbunden ist. Das Schicksal des Pilatus wird zunehmend das eines Getriebenen, der letztlich zum Christusjünger, zum Märtyrer und Heiligen wird. Doch um nicht missverstanden zu werden: Der hier vorgelegte Versuch, die biblische Gestalt des Pilatus vorzustellen und seine Bedeutung zu beschreiben, dient weder seiner heilsgeschichtlichen »Rehabilitierung« noch dazu, ihn am Ende als tragische Figur erscheinen zu las-

17 Siehe dazu unten B 3.2.3.

18 Siehe dazu unten B 4. Dieser heilsgeschichtliche Aspekt spielt auch bei der Beurteilung des Judas eine Rolle, vgl. dazu Meiser, Judas Iskariot.

sen, deren Schicksal durch das Urteil über Jesus besiegelt worden wäre. Das wäre reichlich anachronistisch. Die Verbindung des Pilatus mit dem Tod Jesu erlangt ihre Bedeutung und Intensität erst in der Rückschau auf die Geschichte Jesu, weil der Tod des von Pilatus verurteilten Propheten aus Nazareth für den Glauben seiner Anhänger eine so große Bedeutung gewann.

Die Ambivalenz der Pilatusfigur im Zusammenhang mit dem Tod Jesu entsteht aus der Spannung zwischen der historischen Verantwortung des römischen Präfekten und der heilsgeschichtlichen Bedeutung seiner Entscheidung, Jesus zum Tod zu verurteilen. Die heilsgeschichtliche Perspektive wirft die Frage nach Gottes Handeln in der Zufälligkeit historischer Geschehensabläufe auf, eine Frage, die im Lukasevangelium der auferstandene Christus selbst in Bezug auf sein Leiden und Sterben aufwirft: »Musste nicht der Christus all dies leiden und in seine Herrlichkeit eingehen?« (Lk 24,26). Dahinter steht letztlich die oft als müßig angesehene, aber in Philosophie und Geschichtswissenschaft seit dem Altertum ernsthaft reflektierte Überlegung: Was wäre geschehen, wenn …? Hier konkret: Was wäre geschehen, wenn Pilatus Jesus nicht gekreuzigt, sondern freigesprochen hätte?[19] Besonders in der literarischen Wirkungsgeschichte der Pilatusfigur wurde dieser Aspekt als produktive Anregung aufgenommen.[20] Durch die Verankerung des Pilatus im Bekenntnis der Kirche ist seine Ambivalenz als einer für das Schicksal Jesu historisch bedeutsamen Person auch zu einer bleibenden theologischen Herausforderung geworden.

---

19 Vgl. A. Demandt, Ungeschehene Geschichte. Ein Traktat über die Frage: Was wäre geschehen, wenn …?, bes. 15–22.101–108.

20 Siehe dazu unten C 4.

3. Die Quellenlage

Die allgemeine Bekanntheit des Pilatus in der christlichen Überlieferung und Legende steht in einem umgekehrten Verhältnis zu dem, was man über den »historischen Pilatus« tatsächlich weiß bzw. wissen kann. Diese Problemlage ist bei Persönlichkeiten der Antike allerdings auch nicht ungewöhnlich, sondern für den Historiker eher selbstverständlich. Jede Überlieferung verfolgt stets eigene Interessen und stellt vor allem Persönlichkeiten unter bestimmten Blickwinkeln dar. In antiker Geschichtsschreibung war das Pathos historischer Korrektheit der Absicht zur Darstellung vorbildhafter charakterlicher Züge deutlich nachgeordnet. Der Moralphilosoph Plutarch von Chaironeia (ca. 45–125 n. Chr.) beispielsweise, von Beruf Orakelpriester am Apolloheiligtum im griechischen Delphi und ein Zeitgenosse des Paulus und der frühen Christen, ist neben seinen moralphilosophischen Schriften nicht zuletzt durch biographische Werke – z. B. die sogenannten »Parallelbiographien« – bekannt, in denen er jeweils vergleichbare große Griechen und Römer nebeneinander porträtiert. Dabei hebt er seine literarische Absicht eigens hervor, vergleicht sie mit den Idealen eines Malers und grenzt sie damit vom »bloß« Historischen ab:

»Denn wir schreiben nicht Geschichte, sondern Lebensbilder, und nicht immer wird Tugend oder Untugend in den bemerkenswertesten Taten offenbar, sondern häufig sind es die kleinen Dinge wie ein Wort oder eine Anekdote, die den Charakter deutlich machen [...] Wie nun die Portraitmaler die Ähnlichkeiten dem Gesicht und den Zügen um die Augen entnehmen, in denen der Charakter zum Ausdruck kommt, aber weniger auf die anderen Körperteile achten, so sei es uns gestattet, uns mehr auf die Merkmale der Seele zu konzentrieren und daraus die Lebensbeschreibung eines jeden zu gestalten, die großen Dinge aber und die Kriege anderen zu überlassen« (Plutarch, Alexander 1,2–3).

Das erklärte Ziel biographischer Darstellungen ist bildungspädagogischer Art: Die Leserinnen und Leser sollen »Betrachter der guten Lebensläufe« werden, sich von ihnen zu Moral und Tugend anregen und von den schlechten Beispielen abschrecken lassen.

Was die Interessenlage antiker (und auch moderner) Autoren angeht, so wird man stets auch das literarische Genre beachten müssen, in welchem die Darstellung bzw. charakterliche Zeichnung einer Person integriert ist. Für eine historische Rückfrage kommen die oft widersprüchlichen Pilatuslegenden nicht infrage. Ihr Wert liegt nicht auf historischer Ebene, sondern ist literarischer Art, auch wenn man sich natürlich klarmachen muss, dass ein legendarisches Pilatusbild die Wahrnehmung der historischen Person (oder was man dafür hält) durchaus beeinflussen kann. Das gilt *cum grano salis* auch für diejenigen Überlieferungen, die für eine Rückfrage nach dem »historischen Pilatus« auszuwerten sind. So besteht etwa ein erheblicher Unterschied zwischen seiner Darstellung im Kontext eines der vier kanonisch gewordenen Evangelien als theologisch motivierter Erzählungen des Lebens Jesu von Nazareth,[21] einer tendenziell romfreundlichen historischen Darstellung wie bei Flavius Josephus[22] oder auch einer bewusst polemischen Verzeichnung der Amts-

---

21 Vgl. dazu J. Schröter, Jesus von Nazaret, 38–49.

22 Siehe dazu unten B 2.2; vgl. zu den Pilatusüberlieferungen bei Josephus z. B. S. Mason, Josephus and the New Testament, bes. 27–34.

führung des Pilatus bei Philon von Alexandrien in seinem Ärger über einen anderen Präfekten, der die Juden in Ägypten drangsaliert.[23] Die beiden monumentalen Geschichtswerke des Flavius Josephus, seine »Geschichte des jüdischen Krieges« (*Bellum Judaicum*) und seine Abhandlung über die »Jüdischen Altertümer« (*Antiquitates Judaicae*), sind zweifellos die wichtigsten historischen Quellen zu Pilatus und seiner Statthalterschaft im Kontext der Geschichte des Judentums zur römischen Zeit.

Zur Problematik einer historischen Rückfrage gehört zudem grundsätzlich auch die Ausschnitthaftigkeit der Überlieferung sowie die Auswahl der überlieferten Ereignisse und Geschichten, die ebenfalls den Interessen der jeweiligen Autoren unterworfen sind.[24] Entsprechend unterschiedlich sind die historischen Einschätzungen des Pilatus in der Forschung, je nachdem, wie man die verschiedenen Überlieferungen beurteilt und ihre Aussagen gewichtet.

Damit sind bereits die wichtigsten Quellen für die historische Rückfrage nach Pilatus benannt.[25] In Bezug auf das Verhältnis zwischen Pilatus und Jesus bzw. den Umständen, die zum Tod Jesu geführt haben, sind in erster Linie die vier kanonischen Evangelien zu nennen, die ein je eigenes Bild von Pilatus zeichnen und in

---

23 Siehe dazu unten B 2.3 und 2.5.

24 Ein biblischer Text, der diese Problematik ausdrücklich reflektiert, ist Joh 20,30f.: »Jesus hat zwar noch viele andere Zeichen vor seinen Jüngern getan, die nicht in diesem Buch aufgeschrieben sind. Diese aber sind geschrieben, damit ihr glaubt, dass Jesus der Christus ist, der Sohn Gottes, und damit ihr als Glaubende Leben habt in seinem Namen.« Das betrifft natürlich nicht nur die Zeichen und Wunder Jesu, sondern den gesamten überlieferten Stoff.

25 Vgl. auch B. C. McGing, Pontius Pilate and the Sources.

ihrer Zusammenschau auch eine gewisse Entwicklung in der Beurteilung des Präfekten innerhalb der frühchristlichen Überlieferung erkennen lassen. Für die historische Einordnung und die Bewertung seiner Amtsführung sind die sehr wahrscheinlich voneinander unabhängigen Überlieferungen bei Flavius Josephus und Philon von Alexandrien von maßgeblicher Bedeutung und in dem je eigenen Profil aufschlussreich für die historische Rückfrage. In diesen Zusammenhang gehören auch römische Quellen wie die Notizen bei Tacitus und Sueton, die jedoch in ihrer Beiläufigkeit und Kürze kaum substantiell etwas zur Geschichte des Pilatus beitragen. Von besonderem Interesse sind daher die wenigen nichtliterarischen Zeugnisse.[26] Dazu gehört an erster Stelle die einzigartige Inschrift aus der Stadt Cäsarea Maritima, dem Amtssitz des Präfekten, die den Namen und den Amtstitel des Pilatus bezeugt. Hinzu kommen die unter der Präfektur des Pilatus geprägten Münzen sowie neuerdings ein schon länger bekannter, aber erst kürzlich identifizierter Ring, der im Grabmal Herodes des Großen südlich von Jerusalem gefunden wurde und die griechische Aufschrift ΠΙΛΑΤΟ[Υ] (»des Pilatus«) trägt.

Zu diesen Quellen und Artefakten treten schließlich die zahlreichen apokryphen Traditionen und Legenden hinzu, in denen vor allem der Ausgang der Geschichte des Pilatus phantasievoll erzählt wird. Sie haben zwar historisch keinen Wert, sind aber im Blick auf die Bedeutung des Pilatus für das sich herausbildende Christentum von höchstem Interesse. Die Genres reichen von mutmaßlichen Prozessakten, fiktiven Briefen bis hin zu romanhaften Ausgestaltungen seiner Ge-

26 Siehe dazu unten B 1.2.

schichte, insbesondere natürlich der Umstände seines Todes. Ansatzpunkte sind zumeist – wie es typisch ist für diese Art der Literatur – die Lücken in der Überlieferung. Man erzählt, was man gern noch gewusst hätte, man erfindet »historische« Dokumente, um die geschichtliche Gewissheit zu stärken. Eine gewisse Sonderstellung – aufgrund der recht unterschiedlichen Bewertungen in der Forschung – nehmen die im Kontext des Nikodemusevangeliums überlieferten sog. »Pilatusakten« ein, auf die etwa Justin der Märtyrer im 2. Jh. bereits als Quelle zum Prozess gegen Jesus verweist (Apologie I,35.48). Sie tragen aber im Ganzen ebenfalls legendarischen Charakter, wurden bis ins Mittelalter hinein fortgeschrieben und ergänzt und beflügelten nicht zuletzt auch die künstlerische und literarische Phantasie.[27]

Die Eigenart der unterschiedlichen Quellen und insbesondere die je spezifische Einbettung des Materials in größere Erzählzusammenhänge lassen verschiedene Darbietungen des Stoffes zu. Ein Blick auf die Gliederungen der vorliegenden Gesamtdarstellungen zu Pilatus macht dies anschaulich. Das grundlegende Problem dabei ist, dass in den vielfältigen Überlieferungen stets historisch verifizierbare Daten und literarische Fiktion ineinandergreifen, die oft nicht mit hinreichender Klarheit voneinander zu unterscheiden sind.

Dennoch soll im Folgenden unter B versucht werden, in einem ersten Teil bekannte, verifizierbare und erschlossene Daten über das Leben und Wirken des Pilatus aus den Quellen so herauszuarbeiten und in einen größeren geschichtlichen Horizont zu stellen, dass sich daraus zunächst ein plausibles *historisches* Bild von sei-

---

27 Siehe dazu unten C 1 und C 2.

ner Person, seinen Lebensumständen und seiner Wirksamkeit ergibt. In einem zweiten und dritten Teil soll dann das literarisch motivierte Pilatusbild der einzelnen Überlieferungsbereiche nachgezeichnet werden. Dadurch lässt sich zwar eine mitunter wiederholte Behandlung mancher Texte nicht vermeiden, doch werden diese jeweils unter anderen Fragestellungen zur Geltung gebracht. So kommt den Darstellungen bei Flavius Josephus und Philon von Alexandrien ein eigenes Gewicht zu, aus deren Perspektive die Charakteristik der Pilatustexte im Neuen Testament an Tiefenschärfe gewinnt. Im Mittelpunkt steht dabei die Frage nach der – wie bereits angedeutet – ambivalenten Rolle des Pilatus im Prozess gegen Jesus von Nazareth in der Passionsgeschichte der kanonisch gewordenen Evangelien.

Einen ganz eigenen Bereich bildet schließlich die Wirkungs- und Rezeptionsgeschichte der Pilatusgestalt, die unter Abschnitt C behandelt wird. Sie beginnt bereits unmittelbar im Anschluss an neutestamentliche Überlieferungen und wächst zu einem nie versiegenden Strom von mehr oder weniger phantasievollen Legenden an, der sich durch die Zeitläufte ergießt bis hin zu modernen Romanen, Filmen und Theaterstücken. In diesem Kapitel muss sich die Darstellung auf einige (aus meiner subjektiven Sicht) interessante Pilatusporträts beschränken. Wenn man sich vor Augen führt, dass jede Darstellung der Geschichte Jesu, jeder Jesusroman und jeder Jesusfilm zugleich auch ein je spezifisches Pilatusbild entwirft, dann wird deutlich, dass eine umfassende Wirkungsgeschichte dieser schillernden Persönlichkeit den Rahmen dieses Büchleins sprengen würde.

B DARSTELLUNG

1 Pontius Pilatus – römischer Offizier und Präfekt von Judäa

1.1 Herkunft, Familie, Stand

Pontius Pilatus entstammt einer alten römischen Familie. Bei dem Namenszusatz »Pontius« handelt es sich um ein sog. *gentilicium*, eine Art Familienname, der Pilatus als Angehörigen des Geschlechtes (*gens*) der Pontier ausweist.[28] Es stammt aus der mittelitalischen Region Samnium, also aus dem Kernland des Imperium Romanum. Die Bedeutung des eigentlichen Namens »Pilatus« ist ungeklärt. Wahrscheinlich ist er von lat. *pila* oder *pilum* (»Speer«) abgeleitet, mit dem die römischen Legionäre ausgestattet waren und von dem ein samnitischer Ursprung vermutet wird. Sprachlich bedeutete *Pilatus* dann: »mit dem Speer bewaffnet«. Der römische Schriftsteller Martial etwa erwähnt in den »Epigrammata« eine *pilata cohors* (»speertragende Kohorte«, 10.48.2). Damit käme die militärische Konnotation des Namens als »Speerträger« infrage; sie spielt aber für die Verwendung des Eigennamens selbst keine Rolle mehr.[29]

Die Pontier haben sich besonders in der Militär- und Verwaltungsgeschichte Roms hervorgetan, mit gele-

28 Die Bedeutung ist unklar, vermutet wird eine Ableitung von lat. *pons* (»Brücke«), vgl. A. Demandt, Hände in Unschuld, 81.

29 Gelegentlich wird das Cognomen Pilatus von lat. *pil(l)eus/pil(l)eum* »(Filz-)Hut« abgeleitet, der als Kopfbedeckung des freien (oder freigelassenen) Römers galt; vgl. A. Stimpfle, Art. Pilatus I, 296–298.

gentlich antimonarchischen Tendenzen: Lucius Pontius Aequilius war im Jahre 44 v. Chr. an der Ermordung Cäsars beteiligt. Später standen sie allerdings in der Gunst des Kaisers Tiberius, unter dem einige Angehörige dieses Geschlechtes sogar Konsul wurden. Pilatus selbst bzw. seine Familie gehörte der ritterlichen Aristokratie (*equites Romani* – »römische Reiter«) an. Dieser militärische Kontext des Rittertums tritt in der Kaiserzeit zurück. Die »Ritter« repräsentieren in Abgrenzung zum (höhergestellten) senatorischen Rang einen eigenen Stand (*equestris nobilitas* bzw. *equites ordo publico*), dessen Mitglieder im weitesten Sinn höhere zivile und militärische Verwaltungsämter wahrnahmen und bereits von Kaiser Augustus und später dann verstärkt durch Tiberius mit gesellschaftlichen Privilegien ausgestattet wurden.[30]

Über die privaten Verhältnisse von Pilatus ist so gut wie nichts bekannt. Nur durch eine Episode aus dem Matthäusevangelium erfahren wir eher zufällig, dass er verheiratet war.[31] Von Nachkommen des Pilatus ist nichts überliefert.

1.2 Karriere im Dienste Roms

Die Karriere des Pilatus beginnt wie zumeist bei höheren Beamten im Militär; Näheres ist allerdings auch darüber nicht bekannt. Man wird das im 1. Jh. n. Chr. Übliche einer entsprechenden Laufbahn voraussetzen dürfen. Zunächst unterstand ihm als Unteroffizier vermutlich eine Reiterabteilung der Hilfstruppe (Auxiliar-

---

30 Vgl. dazu G. Alföldy, Die Stellung der Ritter in der Führungsschicht des Imperium Romanum.

31 Zur Frau des Pilatus siehe unten B 3.2.2. und den Exkurs unter C 1.

kohorte), bis er später zum Offizier und Tribun aufstieg. Nach seinem Militärdienst wurde ihm die Präfektur Judäas übertragen. In diesem Amt war Pilatus der fünfte Präfekt, nachdem im Jahr 6 n.Chr. der jüdische Herrscher Herodes Archelaos abgesetzt und Judäa als Teil der Provinz Syria durch den bei Josephus nur beiläufig erwähnten ersten Präfekten Coponius (Ant 18,1f.; 2,2; Amtszeit 6–9 n.Chr.) unter direkte römische Verwaltung gestellt worden war.[32] Als Präfekt von Judäa befehligte Pilatus fünf Kohorten mit je ca. 500–600 Soldaten sowie ca. 1.000 Reiter, die zu der in der Provinz Syrien stationierten zehnten Legion, der *Legio decimanus Fretensis*, gehörten. Eine Kohorte war ständig in Jerusalem stationiert, der Rest der Truppen in Cäsarea Maritima. Herodes der Große hat die Stadt als *Caesarea Augusta Maritima* zu Ehren des Augustus ausgebaut. Später wurde sie zum Amtssitz der Präfekten.[33]

Lange Zeit war als Amtsbezeichnung für Pilatus der Titel des *Prokurators* geläufig, mit dem Tacitus generell die Vertreter Roms in Judäa benennt (Annales XV,44).[34] Aus einer in Cäsarea Maritima gefundenen Inschrift geht jedoch hervor, dass Pilatus den militärischen Titel

---

32 Siehe dazu unten B 1.3.

33 Vgl. W.Eck, Caesarea Maritima – eine römische Stadt?

34 Zum Text aus den *Annales* (»Jahrbücher«) des Tacitus s.u. S.39. Publius Cornelius Tacitus (ca. 58–120 n.Chr.) war römischer Senator und ist als Geschichtsschreiber bekannt geworden; die *Annales*, eine (leider unvollständig erhaltene) Geschichte des römischen Imperiums von Augustus bis Nero schreibt er ab ca. 110 bis zu seinem Tod. Deutlich ist darin die kritisch-ablehnende Haltung gegen das Kaisertum, besonders gegenüber Tiberius. Die Fortsetzung bildet das Werk der (ebenfalls nicht vollständig erhaltenen) *Historiae* (»Geschichtsbücher«), die den Zeitraum von Galba bis Domitian umfassen, allerdings bereits vor den *Annales* Anfang des 2.Jh. bis ca. 110 verfasst wurden.

eines Präfekten trug. Tacitus hat also kurzerhand den seit den frühen 40er Jahren nach der Neuordnung der Provinzen durch Claudius üblich gewordenen Begriff für Provinzverwalter auch dem Pilatus beigelegt. Im Unterschied zur späteren Funktion des Prokurators war der Präfekt Judäas dem syrischen Legaten unterstellt.[35]

Abb. 1: Die Pilatus-Inschrift von Cäsarea Maritima[36]

---

35 Vgl. dazu W. Eck, Die Benennung von römischen Amtsträgern, bes. 219f. Das griechische Äquivalent für *procurator* ist ἐπίτροπος *epítropos* (»Verwalter«), das auch Josephus und Philon zumeist für Pilatus verwenden; das griechische Pendant zu *praefectus* wäre ἔπαρχος *éparchos* (»Kommandeur, Vorgesetzter«), das Josephus gelegentlich für Vorgänger des Pilatus gebraucht. Im Neuen Testament wird Pilatus mit dem neutralen Begriff ἡγεμών *hegemōn* benannt (»Herrscher, Statthalter«, vgl. z.B. Mt 27,2; Apg 23,24 von Felix); vgl. dazu Eck, a.a.O., 221–224.

36 Auf der Abbildung handelt es sich um eine Kopie, die in Cäsarea aufgestellt war und inzwischen durch eine neue ersetzt worden

Die Pilatus-Inschrift wurde 1961 entdeckt; der 82 x 66 cm große Stein war im 4. Jh. bei Umbauarbeiten als Treppenstufe im Theater von Cäsarea verwendet worden. Die Inschrift ist nur fragmentarisch erhalten, da eine Seite des Steins zum Zweck der Neuverwendung behauen wurde. In der vierzeiligen Inschrift sind der Name »[PON]TIUS PILATUS« (2. Zeile) und seine Amtsbezeichnung »[PRAEF]ECTUS JUDAEAE« (3. Zeile) relativ gut erhalten. Die Schriftgröße der Zeilen nimmt von oben nach unten ab.

Rätselhaft bleibt allerdings der Kontext der Inschrift und vor allem die Deutung des in der ersten Zeile erwähnten »TIBERIÉUM«, dem ein weiteres Wort vorausgeht, von dem lediglich der letzte Buchstabe erhalten ist:

...]S TIBERIÉVM
...N]TIVS PÌLATVS
...]ECTVS IVDA[...]E
...]ÉC[I...

Aus Analogien zu vergleichbaren Inschriften lässt sich schließen, dass die Buchstaben -EC- in der letzten Zeile zum Wort »REFECIT« zu ergänzen sind. Zudem handelt es sich bei dem »TIBERIÉUM« aufgrund der Endung *-eum* um ein Bauwerk, das von Pilatus zu Ehren des Kaisers Tiberius errichtet bzw. erneuert worden war. Strittig ist, zu welchem Zweck. Tiberius war bekannt für seine Zurückhaltung hinsichtlich einer kulti-

---

ist. Das Original befindet sich im Israel Museum in Jerusalem. Eine weitere Kopie ist im Mailänder Archäologischen Museum ausgestellt, weil es eine italienische Forschergruppe unter Leitung von Antonio Frova war, die den Fund machte; vgl. die Dokumentation bei A. Frova, L'iscrizione di Ponzio Pilato a Cesarea.

schen Verehrung seiner Person. Ein Gebäude für Kultzwecke ist deshalb eher unwahrscheinlich.[37] Die Bedeutung ist von der Ergänzung des ersten Wortes abhängig.[38] Aufgrund der Zeilenanordnung und der Buchstabengröße lässt sich erschließen, dass vor dem ersten erhaltenen Buchstaben -S- in der ersten Zeile ca. vier, höchstens fünf Buchstaben gestanden haben. Doch bleiben die Deutungen spekulativ. Géza Alföldy hat vorgeschlagen, die erste Zeile mit dem Begriff »NAUTIS« zu vervollständigen.

NAVTIS TIBERIÉVM
PONTIVS PÌLATVS
PRAEFECTVS IVDAEAE
REFÉCIT

Damit wäre das Gebäude als Leuchtturm »für die Seeleute« (*nautis*, Dativ Plural von *nauta*, »Seemann/Matrose«) benannt, das einst von Herodes erbaut und nun von Pilatus zu Ehren des Tiberius *restauriert* wurde (*refecit*).[39] Josephus berichtet in Bell 1,408–416 recht ausführlich davon, wie Herodes der Große die seinerzeit verfallene Stadt Cäsarea wieder aufgebaut und zu neuer Blüte gebracht hatte, wobei der befestigte Hafen mit seinen hohen (Leucht-)Türmen besonders hervorgehoben wird. Einer davon, »der größte und schönste«, sei nach

---

37 Vgl. A. Demandt, Pontius Pilatus, 41 f. Eine neuere Deutung als ein dem Kaiserkult für Tiberius und seine Mutter Drusilla gewidmetes Gebäude findet sich bei M. Bernett, Der Kaiserkult in Judäa, 208–214.

38 Die zahlreichen Rekonstruktionsversuche sind aufgelistet bei W. Ameling / H. M. Cotton / W. Eck, Corpus Inscriptionum Iudaeae/Palaestinae, 228 f.

39 Vgl. G. Alföldy, Pontius Pilatus und das Tiberieum von Caesarea Maritima; A. Demandt, Hände in Unschuld, 74.

Drusus, dem Stiefsohn des Kaisers Augustus, *Druseion* benannt worden (1,412). Drusus, der im Jahre 9 v. Chr. verstarb, war der Bruder des nachmaligen Kaisers Tiberius. Die erneute Widmung für Tiberius bei der Restaurierung des Gebäudes ist daher auch für den loyalen Tiberiusgünstling Pilatus wahrscheinlich. Die vollständige Übersetzung der Pilatusinschrift lautete somit nach dieser Rekonstruktion: »Für die Seeleute ließ Pontius Pilatus, der Präfekt von Judäa, das Tiberieum sanieren.«

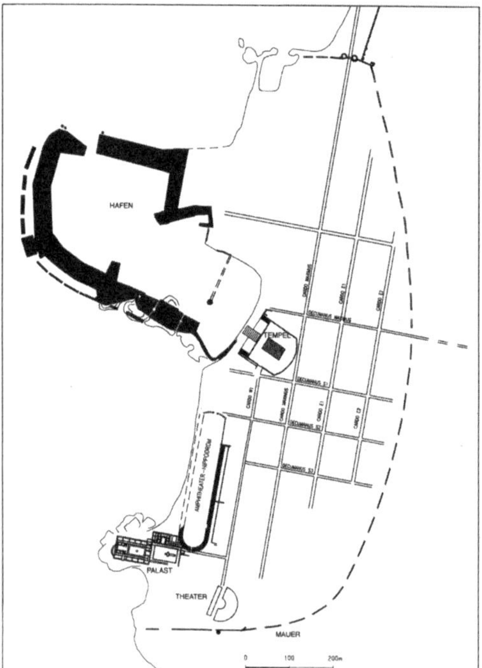

Abb. 2: Cäsarea Maritima zur Zeit Herodes des Großen

Ein anderer Vorschlag lautet, das erste Wort als »INCOLIS« zu rekonstruieren, womit das Gebäude den »Einwohnern« Cäsareas gewidmet wäre.[40] Doch das ist weniger wahrscheinlich, da sechs Buchstaben zu ergänzen wären und das Wort damit nicht mehr in das Zeilenmaß passen würde. In jedem Fall dokumentiert die Inschrift nicht nur den korrekten Titel des Pilatus (und damit indirekt auch die politische Unterordnung der Verwaltungseinheit Judäa unter die Gewalt des syrischen Legaten), sondern ist zugleich ein eindrückliches Zeugnis für seine Loyalität dem Kaiser Tiberius gegenüber.

Zu den archäologischen Zeugnissen für die Zeit des Pilatus gehören auch zahlreiche Münzprägungen.[41] Ähnlich wie Inschriften sind Münzen in hohem Maße Medien der politischen Propaganda, die ihre Wirkung durch weite Verbreitung entfalten, besonders, wenn es sich um Bronzemünzen für den Alltagsgebrauch handelt. Münzen dokumentieren nicht nur die Souveränität der Herrschaft, in diesem Fall die Herrschaft Roms, sondern sind zugleich Ausdruck der politischen Loyalität dessen, der sie prägen lässt. Die Abbildungen der von Pilatus geprägten Münzen weisen zwei Typen aus, beide tragen auf Vorder- bzw. Rückseite die Namen des Kaisers Tiberius bzw. seiner Mutter Livia Dru-

---

40 Vgl. K. Jaroš, Pontius Pilatus, 39f.; ders., Inschriften des Heiligen Landes aus vier Jahrtausenden, Nr. 264. Eine frühe Rekonstruktion von Antonio Frova von 1961, die das Gebäude ebenfalls für die Einwohner Cäsareas bestimmt, lautet: CAESARIENS[ibus] TIBERIEVM PONTIVS PILATVS PRAECFECTVS IVDAEAE DEDIT (»Für die Caesareaner hat Pontius Pilatus, der Präfekt von Judaea, das Tiberieum gestiftet«), vgl. A. Frova, L'Iscrizione di Ponzio Pilato a Cesarea.

41 Zu den Münzprägungen der römischen Präfekten vgl. Y. Meshorer, Ancient Jewish Coinage, 172–187, zu Pilatus bes. 180.

silla, die nach seinem Tod den Ehrennamen Iulia Augusta erhielt. Hinzu kommen zwei Symbole, der *lituus* (gekrümmter bzw. spiralförmiger Stab), ursprünglich die Amtsinsignie der römischen Könige, aber auch kultisches Instrument der Auguren als römischer Priester. Auf der Münze fungiert es wahrscheinlich primär als Zeichen der Herrschaft des Tiberius, die damit vom Münzpräger Pilatus anerkannt und proklamiert wird. Der andere Münztypus bildet ein *simpulum* ab, eine kultische Schöpfkelle, die auf die Kaiserverehrung hinweist. Sowohl die Namensinschriften als auch die Abbildungen lassen keinen Zweifel an der Verehrung des Kaiserhauses durch Pilatus. Bemerkenswert ist, dass sich die Münzen des Pilatus durch diese Symbolik von denen seiner Vorgänger unterscheiden, die eher neutrale Abbildungen von Kränzen, Blättern, Trauben und dergleichen aufweisen. Man hat dies gelegentlich als eine bewusste Provokation den Juden gegenüber verstehen wollen, für die die kaiserlichen Insignien bis hin zu kultischen Implikationen ein Stein des Anstoßes gewesen seien.[42] Doch gibt es dafür keine überzeugenden Anhaltspunkte, zumal fraglich ist, ob die Münzprägungen des Pilatus bereits jene Ausprägung des vergöttlichenden Kaiserkultes implizieren, wie er von späteren Kaisern belegt ist. Der Streit um die Steuerfrage (Mk 12,13–17 parr.) in der Geschichte Jesu beispielsweise dreht sich um einen römischen Denar, der auch von jüdischen Königen geprägt wurde und sogar das

---

42 Vgl. K. Jaroš, Pontius Pilatus, 70. E. Stauffer, Zur Münzprägung und Judenpolitik des Pontius Pilatus, meinte, Pilatus sei damit einer Anordnung des Legaten der Provinz Syrien Seianus gefolgt. Dafür – wie auch für eine außergewöhnliche Judenfeindschaft des Seianus – gibt es jedoch keine belastbaren historischen Hinweise (s.u.).

Abbild des Kaisers oder der Kaisermutter trug, und dessen Prägung dennoch nicht grundsätzlich problematisiert wurde.[43]

Abb. 3: Münze aus den Prägungen des Pilatus (29 n. Chr.); Vorderseite: Inschrift IOYLIA KAICAPOC (Julia [Augusta] = Livia Drusilla, die Mutter des Kaisers), drei gebundene Getreideähren; Rückseite: Inschrift TIBEPIOY KAICAPOC und LIS (Jahr 16 der Herrschaft des Tiberius = 29 n. Chr.); *simpulum* (Schöpfkelle für Opferdienst)

Abb. 4: Münze aus den Prägungen des Pontius Pilatus (30. n. Chr.); Vorderseite: Inschrift TIBEPIOY KAICAPOC, *Lituus* (Augurenstab); Rückseite: Inschrift LIZ (Jahr 17 der Herrschaft des Tiberius = 30 n. Chr.)

43 Vgl. dazu auch H. K. Bond, The Coins of Pontius Pilate, bes. 261 f.

Neben der Pilatusinschrift und den Münzen ist ein erst 2018 identifizierter Ring von besonderem Interesse, der bei Ausgrabungen am Herodeion, der monumentalen Festung Herodes des Großen südlich von Jerusalem, bereits 1968/69 gefunden wurde.

Abb. 5: Ring des Pilatus aus dem Herodeion

Es handelt sich um einen recht einfachen Ring aus einer Kupferlegierung mit der Abbildung eines Trinkgefäßes oder eines henkellosen Mischkrugs (griech. κρατήρ *kratḗr*) sowie der griechischen Inschrift ΠΙΛΑΤΟ[Υ] (»des Pilatus«; ein Ypsilon ist am Schluss wohl zu ergänzen). Es liegt nahe, diesen Namen mit dem Präfekten Pilatus in Verbindung zu bringen. Zwar besteht die Möglichkeit, dass es sich bei dem mit der Inschrift benannten Pilatus um eine andere Person handeln könnte.[44] Das ist

44 Vgl. S. Amorai-Stark, An Inscribed Copper-Alloy Finger Ring, 217.

aber deshalb unwahrscheinlich, weil es für die Verwendung dieses Namens in Judäa sonst keine Belege gibt. Der Ring ist nicht hochwertig gearbeitet. Er gehörte daher wohl nicht dem Pilatus selbst, sondern einem seiner Beamten. Der abgebildete Krug ist in der numismatischen Ikonographie des zeitgenössischen Judentums als Symbol relativ breit belegt, so dass die Herkunft aus einer jüdischen Werkstatt als wahrscheinlich gilt. Da die Inschrift aufgrund der Großbuchstaben und ihrer Anordnung auch spiegelverkehrt funktioniert, könnte es ein Siegelring sein,[45] der zugleich die Stellung seines Trägers zum Ausdruck brachte.

Kommen wir zurück auf die Laufbahn des Pilatus als römischer Beamter. Das Amt eines Präfekten war nicht Teil des senatorischen *cursus honorum*. Dieser setzte erst nach einem in der Regel mindestens zehnjährigen Militärdienst ein und reichte vom Quaestor über den Aedil bis hin zum Praetor und schließlich zum Konsulat. In der Kaiserzeit konnte der Titel eines Konsuls nur vom Kaiser verliehen werden, während andere Ämter vom Senat bzw. den regionalen Bürgerräten besetzt wurden. Das Amt des Präfekten hingegen war ein untergeordnetes Verwaltungsamt mit militärischer Befehlskompetenz und mit recht unterschiedlichen operativen Aufgaben (z. B. für Getreideversorgung, Verkehrswesen, Legions- oder Flottenkommandantur bis hin zum persönlichen Adjutanten). Bei Pilatus handelt es sich in der Abhängigkeit vom kaiserlichen Legaten um einen *praefectus civitatis*, der der kaiserlichen Provinzverwaltung unterstellt war und als Verwalter einer Region fungierte – in diesem Fall das ehemalige Herrschaftsgebiet des abgesetzten Herodes Archelaos.

45 Vgl. a. a. O., 214.

Für einen Angehörigen des Ritterstandes wie Pilatus galt dies schon als eines der höchsten Ämter der Karriereleiter, die für ihn erreichbar waren. Das erklärt auch, warum Pilatus offenbar keine Ambitionen auf Höheres entwickelt hat, sondern im Gegenteil sich über eine lange Zeit als Präfekt von Judäa behaupten konnte. Jedenfalls finden sich in der Überlieferung keine Andeutungen, dass er darüber hinaus nach höheren Ämtern strebte. Dem kam sicher auch zugute, dass Tiberius dafür bekannt war, die bis dahin üblichen Befristungen der Amtszeiten aufzuheben, was die Stabilität der bestehenden Machtstrukturen besonders in den Provinzen beförderte. Der jüdisch-römische Chronist Flavius Josephus begründet dies damit, dass Tiberius in den Provinzbeamten habgierige »Blutsauger« sah, die in kurzer Zeit nur auf ihre persönliche Bereicherung aus waren, und deshalb lediglich zwei Präfekten nach Judäa entsandte: Valerius Gratus und Pontius Pilatus (Ant 18,172–178).

Manche meinen wohl nicht zu Unrecht, dass die Karriere des Pilatus in hohem Maße vom kaiserlichen Protektionismus abhängig gewesen sei und er trotz höherer Bildung weder besondere Ambitionen verfolgte noch ein außergewöhnlich begabter Stratege war. Doch allein die Tatsache, dass er das Amt des Präfekten verhältnismäßig lange innehatte, macht deutlich, dass er den Protektionismus des Kaisers für sich zu nutzen verstand, um sich länger im Amt zu halten. Zugleich erwies er sich aber offenbar auch in seiner Amtsführung als nicht ungeschickt und erfüllte die Erwartungen an das Amt, so dass es keinen Grund gab, ihn allzu schnell auszutauschen. Eine lange Amtszeit erfordert in der Regel ein stabiles strategisches Netzwerk an Kontakten in die oberen Führungsschichten der römischen Verwaltung sowie ein unauffälliges und sich im

Wesentlichen an die Regeln der imperialen Herrschaft in den Provinzen haltendes politisches Agieren.

Die politische Unauffälligkeit des Pilatus wird auch daran deutlich, dass ihn römische Quellen nur beiläufig zur Kenntnis nehmen. Tacitus etwa erwähnt Pilatus nur nebenbei, als er im Zusammenhang mit dem Brand Roms unter Kaiser Nero kurz auf die »Chrestianer« zu sprechen kommt, wie sie vom Volk genannt würden:

»Um also das Gerücht [er habe selbst den Brand gelegt] zu zerstreuen, schob Nero die Schuld denen zu und belegte sie mit ausgefallenen Strafen, die wegen ihrer Abscheulichkeit gehasst werden und die das Volk ›Chrestianer‹ nennt. Ihr Urheber namens Christus wurde während der Herrschaft des Tiberius durch den Prokurator Pontius Pilatus mit der Todesstrafe belegt, und für den Augenblick wurde dieser verderbliche Aberglauben (zwar) unterdrückt, brach aber wiederum aus nicht nur in Judäa, wo das Übel begann, sondern sogar in der Stadt [Rom], wo von überall her jegliche Abscheulichkeiten und Widerlichkeiten zusammenkommen und zelebriert werden« (Annales XV,44).

Die Loyalität des Pilatus zum Kaiser Tiberius, dem er sein Amt verdankte, macht aus ihm in der Perspektive des Tacitus einen guten römischen Beamten. Nur ein knappes Jahr nach dem Ende der Amtszeit des Pilatus im Jahr 36 endete auch die ohnehin bereits längere Zeit schwächelnde Herrschaft des kranken Tiberius mit dessen vermutlich gewaltsamen Tod.[46] Die enge Ver-

---

46 Der Kaiserbiograph Sueton berichtet über die geradezu tumultartige Freude der römischen Bevölkerung über den Tod des Tiberius, der sich gegen Ende seiner Amtszeit in zahlreichen Kreisen Roms unbeliebt gemacht hat, so dass man ihn sogar in den Tiber werfen wollte: *Tiberium in Tiberum* – so der Slo-

bindung zum Kaiserhaus konnte Pilatus nicht vor den politischen Intrigen des neuen syrischen Legaten Vitellius bewahren.

In diesen Zusammenhang gehört auch die Frage, ob Pilatus den Ehrentitel *amicus Caesaris* – »Freund des Kaisers« trug.[47] Die erpresserische Bemerkung der Jerusalemer Oberpriester Pilatus gegenüber, die das Johannesevangelium im Zusammenhang des Prozesses gegen Jesus überliefert, deutet dies an: »Wenn du diesen freilässt, bist du kein Freund des Kaisers« (Joh 19,12). Es ist nicht unwahrscheinlich, dass Pilatus diesen Rang durch die Gunst des Lucius Aelius Seianus erlangt hat, der als Prätorianerpräfekt großen Einfluss auf die Amtsgeschäfte des Tiberius hatte (vgl. Tacitus, Annales IV,23–25) und auch für die Ernennung des Pilatus als Präfekt zuständig war. Doch kann dies auch im Johannesevangelium zur literarischen Fiktion der Pilatusfigur gehören,[48] zumal historisch gesehen die Bedeutung des Seianus für Pilatus und seine Machtposition in Judäa umstritten ist. Die enge Verknüpfung beider lässt sich zunächst nur einer späten Notiz des Eusebius von Cäsarea entnehmen, der in seiner Kirchengeschichte beide durch ihren Judenhass eng verbunden sieht. Das ist offenkundig ein literarisches Klischee, das vermutlich auf Philon von Alexandriens polemisch-verzeichnende Darstellung des Seianus als ausgesprochenen Judenfeind zurückgeht, der letztlich das ganze Volk der Juden habe vernichten wollen (Legatio ad Gaium

---

gan, den Sueton überliefert (Tiberius 75); ein Schicksal, das der Legende nach auch Pilatus ereilen sollte. Zu Tiberius vgl. z. B. Z. Yavetz, Tiberius. Der traurige Kaiser.

47 Vgl. dazu R. Metzner, Die Prominenten, 327 f.; B. E. Messner, »No Friend of Caesar«.

48 Vgl. dazu unten B 3.2.4.

159 f.).[49] Ein offizieller Titel war *amicus Caesaris* wohl ohnehin nicht, eher ein »privilegierter Status«, Ausdruck amtlicher Vertrautheit und vor allem der Loyalität gegenüber dem Kaiser.[50] »Je vertrauter jemand mit Seianus war, desto mehr war er der Freundschaft des Kaisers (*Caesaris amicitiam*) wertgeschätzt«, so beschwört es bei Tacitus ein vor dem Senat angeklagter Ritter in seiner Verteidigungsrede (Annales VI,8). Seianus war eine Zeitlang einer der mächtigsten Männer Roms. Seine politischen Ambitionen haben letztlich dazu geführt, dass er beim Kaiser in Ungnade fiel, vom Senat im Jahr 31 verurteilt und mitsamt seiner Familie hingerichtet wurde (vgl. Annales IV,1–3).

Auch dies schwächte mittelfristig die Position des Pilatus in Judäa. Er konnte sich aber noch fünf Jahre im Amt halten, bevor der von 35–38 n. Chr. amtierende syrische Legat Vitellius ihn im Jahr 36 wegen eines Vorfalls nach Rom beorderte, eine offenkundige politische Intrige, um kurzerhand seinen Günstling und Freund

---

49 Eusebius übernimmt dieses Urteil des Philon (Kirchengeschichte II 5,7). Die heftige Polemik Philons gegen Seianus (und auch gegen Pilatus) darf nicht unkritisch historisiert werden; siehe dazu unten B 2.4.2.; vgl. auch D. Henning, L. Aelius Seianus, bes. 160 f.; A. Demandt, Hände in Unschuld, 92. E. Stauffer, Jerusalem und Rom, 16 f., rechnet mit einem starken Einfluss dieser Judenfeindschaft des Seianus auf Palästina, was allerdings aufgrund der schwachen Quellenlage fraglich und wohl insgesamt überzogen ist.

50 Vgl. Epictet, Lehrgespräche IV 1,45–48.95; Philon, Flaccus 40, bezeichnet Herodes Agrippa I. als »König und Freund des Kaisers«; s. dazu M. Vogel, Herodes, 308–316; R. Metzner, Die Prominenten, 393–399. Auch zwei kaiserzeitliche Inschriften aus dem kleinasiatischen Thyatira bieten die Titulatur »Freund des Sebastus (= Augustus)« (Corpus Inscriptionum Graecarum Nr. 3499,4–5; 3500,4 [A. Böck, 833]; vgl. G. A. Deissmann, Licht vom Osten, 324).

Marcellus in Judäa zu installieren.[51] Marcellus war der vorerst letzte Präfekt Roms in Judäa. Nach ihm wurde Agrippa I. (ein Enkel Herodes des Großen) durch die Gunst des Kaisers Caligula für kurze Zeit jüdischer König (vgl. Apg 12,1–4.18–23), zunächst ab 37 n. Chr. über die ehemaligen herodianischen Tetrarchien des Philippus, Lysanias und Antipas, dann unter Claudius schließlich von 41–44 n. Chr. auch über das zuvor unter römischer Präfektur stehende Judäa/Idumäa und Samaria.[52]

1.3 Herodes und seine Söhne

In der Skizze der Karriere des Pilatus wurden bereits einige Aspekte der Verwaltungsstruktur Palästinas angesprochen. Der Herrschaftsbereich Herodes des Großen war seit der Eroberung der Region im Jahr 63 v. Chr. durch den römischen Feldherrn Pompeius Magnus Teil der römischen Provinz Syria geworden. Augustus ordnete die Provinzstruktur neu; neben die senatorischen traten die kaiserlichen Provinzen, die direkt kaiserlicher Administration unterstellt waren. Dazu gehörte auch Syrien/Palästina, so dass der Kaiser nominell selbst der Statthalter war, sich aber von einem Legaten (*legatus Augusti pro praetore*) vertreten ließ. Wegen dieses direkten Einflusses war der Kaiser auch für die Personalia in der Provinz verantwortlich. Sitz des syrischen Legaten war das antike Emesa am Orontes (das heutige Homs in Syrien). Palästina selbst war zwar Teil der größeren syrischen Provinz, wurde aber in einer relativen Eigenständigkeit zunächst unter Herodes

---

51 Siehe dazu unten B 1.6.4.

52 Vgl. dazu D. R. Schwartz, Agrippa I.

dem Großen als eines jüdischen Königs von römischen Gnaden regiert,[53] vergleichbar mit den sogenannten prokuratorischen Provinzen, in denen kein Legat eingesetzt war, sondern denen einfache Präfekten bzw. später dann Prokuratoren vorstanden.

In knappen Strichen erzählt Tacitus die Geschichte der römischen Eroberung Palästinas unter Pompeius und die darauffolgenden Verhältnisse (Historiae V,9 f.). Er teilt dabei nicht nur erstaunt mit, dass seit der Eroberung des Jerusalemer Tempels allgemein bekannt sei, dass dieser leer sei, kein Kultbild enthalte und die jüdische Religion somit ein »sinnloser Geheimkult« sei (*inania arcana*), sondern beschreibt zugleich auch die politische »Großwetterlage« unter Tiberius als ruhig (*sub Tiberio quies*). Immerhin hatte der syrische Legat Publius Quinctilius Varus[54] (Amtszeit 6–4 v. Chr.) die Unruhen in Verbindung mit dem Tod Herodes des Großen im Jahr 4 v. Chr. und der Absicht des syrischen Finanzbeamten Sabinus zur Konfiszierung des herodianischen Vermögens blutig unterdrückt; er ließ dabei – so übertreibt es wohl Josephus – angeblich 2.000 Juden kreuzigen (Ant 17,295). Die Vorstellung von einer politischen »Ruhe« unter Tiberius ist im Detail also durchaus zweifelhaft. Josephus lässt sich sogar zu der Bemerkung hinreißen, Judäa sei eine notorisch aufrührerische Region:

53 Vgl. M. Vogel, Herodes, 129–153; eine neuere Gesamtdarstellung der Geschichte der herodianischen Dynastie bietet z. B. J. Wilker, Für Rom und Jerusalem.

54 Varus wurde 7 n. Chr. als Legat nach Germanien versetzt und provoziert dort den Aufstand der germanischen Stämme unter dem Oberbefehl des Cheruskerfürsten Arminius. Nach der verlorenen Schlacht im Teutoburger Wald im Jahr 9 n. Chr. begeht er Selbstmord (vgl. Tacitus, Historiae IV,17; Annales I,61).

»Eine regelrechte Räuberhöhle war Judäa, und wo immer sich Aufständische zusammentaten, beeilten sie sich, Könige einzusetzen zum Schaden des Gemeinwesens. Sie konnten zwar den Römern nur geringen Schaden zufügen, gingen aber umso mehr mit Mord gegen die eigenen Leute vor« (Ant 17,285).

Bei diesen Unruhen spielten die Galiläer offenbar eine unrühmliche Rolle, gegen die bereits Varus energisch vorging (Ant 17,288 f.) und die später diesen Ruf durch die sog. zelotische[55] Bewegung unter Judas Galilaios noch weiter festigten (18,1–10).

Josephus erwähnt sogar einige konkrete Namen von Aufrührern, die sich als zukünftige Könige aufspielten: Judas, den Sohn eines »Räuberhauptmanns« (griech. ἀρχιλῃστής *archilēstḗs*), mit dem schon Herodes »große Mühe« gehabt habe; Simon, ein Verwalter des Herodes, den der Präfekt Gratus unschädlich machte und enthaupten ließ, sowie einen grobschlächtigen Hirten namens Athronges und dessen vier Brüder, die mordend und plündernd umherzogen. Auch denen musste ihr Handwerk gelegt werden, zunächst durch Gratus, durch Ptolemaios (ein ehemaliger Beamter des Herodes und Unterstützer des Antipas) und schließlich erneut durch Herodes Archelaos (Ant 17,269–284; vgl. Bell 2,55–65).[56] Josephus selbst lässt keinen Zweifel daran, dass er diese antirömischen Unruhestifter und Gewalttäter für gefährlich hält und ihre Machenschaften ablehnt, weil sie das Land ins Verderben stürzen. Das harte Vorgehen Roms gegen sie hält Josephus also für durchaus gerechtfertigt.

---

55 »Zelot« von griech. ζηλώτης *zēlṓtēs* (»Eiferer«) bzw. ζῆλος *zḗlos* (»Eifer«).

56 Auch Tacitus, Historiae V,9 erwähnt den anmaßenden Anspruch des Simon (bei Tacitus »Simo«) auf die Königswürde in der Nachfolge des Herodes sowie dessen Bestrafung (allerdings nicht durch Gratus, sondern durch Varus).

Als politische Konsequenz dieser Unruhen zerfiel das Königreich des Herodes und wurde vom Kaiser unter den Herodessöhnen aufgeteilt (Ant 17,317–320; Bell 2,93–100). Das größte Gebiet – Judäa, Idumäa und Samaria – fiel an Herodes Archelaos, dessen Titel »Ethnarch« war (Bell 2,93.115), Galiläa und Peräa als sogenannte »Tetrarchie« an Herodes Antipas, die Gebiete Gaulanitis, Batanaea, Auranitis und Trachonitis an Herodes Philippus.[57] Wie bereits ihr Vater, so waren auch diese Klientelfürsten von Rom abhängig.

Während die Machtstellung des Antipas und des Philippus über längere Zeit hinweg unumstritten war, konnte sich Archelaos aufgrund seiner problematischen Amtsführung nicht lange halten. Josephus berichtet beispielsweise, Archelaos habe bereits bei seinem Amtsantritt im Jahr 4 v. Chr. ein Blutbad in Jerusalem angerichtet. Es ist von 3.000 Toten die Rede (Bell 2,89). Nach zehn Jahren schließlich, so Josephus, »verklagten ihn die Vornehmen der Juden und Samaritaner beim Kaiser, weil sie seine Grausamkeit und Tyrannei nicht mehr ertragen konnten« (Ant 17,342). Archelaos wird aufgrund dieser Beschwerde im Jahr 6 n. Chr. vom Kaiser abgesetzt und ins südgallische Vienne an der Rhône

57 Vgl. dazu M. Vogel, Herodes, 273–308. Der Titel des Ethnarchen (»Volksherrscher«) ist ebenso wie der des Tetrarchen (»Viertelherrscher« = Teilherrscher) die Bezeichnung eines Herrschers über unterschiedlich große Regionen eines Regierungsbezirkes. Nach Josephus betrug der Gebietsanteil des Ethnarchen Archelaos die Hälfte des Herodesreiches (Bell 2,93), der Anteil des Antipas bzw. des Philippus demzufolge jeweils etwa ein Viertel (vgl. auch Bell 1,668). Zwei griechische Inschriften aus Kos bzw. Delos belegen den Titel »Tetrarch« für Herodes Antipas und damit zugleich seine Bekanntheit außerhalb Palästinas, vgl. W. Dittenberger, Orientis Graeci Inscriptiones Selectae, Nr. 416 und 417.

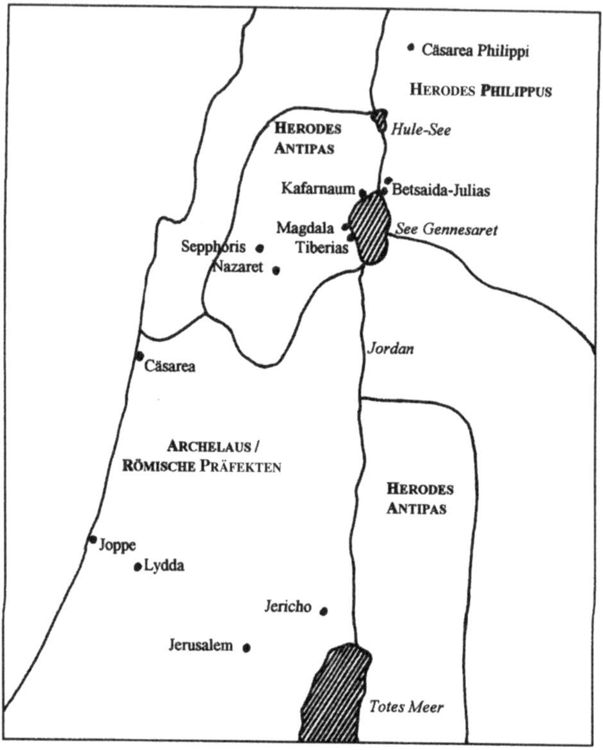

Abb. 6: Das geteilte herodianische Reich

verbannt, wohin kurioserweise der Legende nach dann auch Pilatus nach seiner Amtsenthebung verbannt worden sein soll.[58] Als gefürchtet gilt Archelaos auch im Matthäusevangelium: Nachdem Josef mit seiner Familie vor dem Kindermord Herodes des Großen nach Ägypten geflüchtet war (Mt 2,13f.), kehrt er aus Ägypten wegen Archelaos nicht nach Judäa zurück, sondern

58 Vgl. dazu unten C 2.

zieht mit seiner Familie stattdessen ins galiläische Nazareth (2,19–23). Herodes Antipas hingegen ist im Neuen Testament vor allem bekannt als der, der Johannes den Täufer hinrichten ließ (Mk 6,17–29),[59] und er begegnet noch einmal im Zusammenhang der lukanischen Passionsgeschichte als einer, der sich anlässlich der Causa Jesu mit Pilatus anfreundet (Lk 23,6–12).

1.4 Pilatus und die Lage in Judäa

Mit der Absetzung des Herodes Archelaos wird dessen Herrschaftsgebiet unter direkte römische Verwaltung gestellt. Quirinius (vgl. Lk 2,2) hatte als Legat Syriens die Struktur und Funktionsfähigkeit der Verwaltung zu organisieren und setzte Coponius als ersten Präfekten ein (Josephus, Ant 18,1–2).[60] Damit hatten sich die Kräf-

---

59 Vgl. U. B. Müller, Johannes der Täufer, 76–93.

60 Josephus nennt folgende Statthalter von Judäa: *Coponius* (6–9 n. Chr.); *Ambibulus* (9–12 n. Chr.), *Annius Rufus* (12–15 n. Chr.), *Valerius Gratus* (15–26[18/19?] n. Chr.), *Pontius Pilatus* ([18/19] 26–36 n. Chr.). Bis zum Ausbruch des jüdischen Krieges im Jahr 66 n. Chr. folgen (nach der Interimsherrschaft des Klientelkönigs Herodes Agrippa I. in den Jahren 41–44 auch über Judäa): *Cuspius Fadus* (44–46); *Tiberius Iulius Alexander* (46–48, der Sohn des Bruders des Philon von Alexandrien); *Ventidius Cumanus* (48–52); *Marcus Antonius Felix* (52–60; vgl. Apg 24); *Porcius Festus* (60–62; vgl. Apg 25); *Lucceius Albinus* (62–64); *Gessius Florus* (64–66). Die Liste der syrischen Legaten nach dem Tod Herodes des Großen beginnt mit dem auch bei Lukas erwähnten *Publius Sulpicius Quirinius* (6–12; Lk 2,2); ihm folgten *Quintus Caecilius Metellus Creticus Silanus* (12–17); *Gnaeus Calpurnius Piso* (17/18–19); *Gnaeus Sentius Saturninus* (ca. 19–21/23); *Lucius Aelius Lamia* (21/23–32, vertreten durch den Militärbefehlshaber Pacuvius); *Publius Pomponius Flaccus* (32–35; vgl. Philon, Flaccus); *Lucius Vitellius* (35–38/39); *Publius Petronius* (39–42); *Gaius Vibius Marsus* (42–44); *Gaius Cassius Longinus* (44–49);

teverhältnisse grundlegend verschoben, eine Situation, die auf der einen Seite zu neuen Unruhen und schwelenden religiösen und politischen Interessenkonflikten führte, auf der anderen Seite aber auch zunehmend die Lage in der Problemprovinz stabilisierte. Das gilt insbesondere für die Amtszeit des Pilatus, die schon aufgrund ihrer Dauer ein deutlicher Hinweis auf eine Zeit der Stabilität ist.

Aufgrund der Umstände bei der Absetzung des Pilatus durch den ihm damals erst seit Kurzem vorgesetzten syrischen Legaten Lucius Vitellius, wovon später noch zu reden ist (vgl. Josephus, Ant 18,88–89),[61] wird deutlich, dass der Legat nicht ohne kaiserliche Anordnung über die Befugnisse und die Person des Präfekten entscheiden konnte und diesem eine gewisse Eigenständigkeit in der Verwaltung seines Regierungsbezirkes zukam.[62] Man kann daher davon ausgehen, dass der Präfekt von Judäa dem Legaten der Provinz Syrien zwar grundsätzlich unterstellt war, aber bestimmte Strafmaßnahmen gegen den Präfekten nur dem Kaiser zustanden, allerdings vom Legaten veranlasst werden konnten. Zugleich wird daran deutlich,

---

Gaius Ummidius Durmius Quadratus (50/51–59/60); *Gnaeus Domitius Corbulo* (59/60–63); *Gaius Cestius Gallus* (63–67).

61 Siehe dazu unten B 1.6.4.

62 Tacitus, Annales 12,54 berichtet in einem ähnlichen Fall vom Legaten Gaius Ummidius Durmius Quadratus (Amtszeit in Syrien ca. 50–60 n. Chr.), der das *ius statuendi etiam de procuratoribus* (»weitergehende Anordnungsbefugnis über die Prokuratoren«) von Kaiser Claudius eigens verliehen bekam, also es nicht qua Statthalterschaft gleichsam automatisch besaß. Vgl. dazu auch W. Eck, Die römischen Repräsentanten in Judaea, bes. 48–51, der den sozialen und hierarchischen Rangunterschied zwischen senatorischen Legaten und (einfachen) ritterlichen Präfekten betont.

dass diese provinzinternen Strukturen die Macht des Präfekten zumindest begrenzten, ein Aspekt, der für die Absetzung des Pilatus noch Bedeutung gewinnen wird. Dass dabei Korruption, Machtspiele und politische Seilschaften eine Rolle spielen, ist selbstverständlich. Auch ist das Verhältnis der prokuratorischen und der kaiserlichen Provinzen nicht in jeder Hinsicht klar; Josephus immerhin versteht Judäa als zur Provinz Syrien gehörig (Ant 18,2, hier mit Blick auf den Legaten Quirinius). Der Legat Syriens hatte allerdings so etwas wie eine Aufsichtspflicht und konnte bei Bedarf auch selbst mit Truppen eingreifen.

Zur Stabilität der politischen Verhältnisse hat auch das Agieren des Pilatus in Konfliktsituationen und gerichtlichen Auseinandersetzungen beigetragen. Die Präfekten als Vertreter der politischen Macht Roms besaßen insbesondere in Prozessen, in denen es um Todesurteile ging, das sog. *ius gladii*, die Kapitalgerichtsbarkeit, die den Statthaltern bereits unter Augustus verliehen worden war. Senatorische Statthalter hatten diese Amtsgewalt aufgrund ihres Status inne, ritterlichen Präfekten wie Pilatus wurde dieses Recht eigens durch den Kaiser verliehen.[63] Josephus erwähnt diesen

63 Verwiesen wird hierbei in der Regel auf die spätantike römische Rechtssammlung der Digesten (I 18,6,8 [*De officio praesidis* »Vom Amt des Verwalters«]): *Qui universas provincias regunt, ius gladii habent* / »Die in sämtlichen Provinzen regieren, besitzen das ›Schwertrecht‹.« Dieses Rechtskorpus stammt zwar frühestens aus dem 5. Jh. (die Digesten selbst datieren in das 6. Jh.) und fasst älteren Rechtsgebrauch zusammen, ist aber in dieser generalisierenden Form nicht differenziert genug. Bei dem römischen Historiker Dio Cassius wird die Verleihung des »Schwertrechts« bis auf Augustus zurückgeführt. Seine Anwendung wird sukzessive auch auf römische Bürger ausgeweitet, die allerdings – wie es z. B. auch Paulus vor dem Statthalter

Umstand ausdrücklich im Zusammenhang des Herrschaftswechsels nach der Absetzung des Archelaos (Bell 2,117; vgl. auch Ant 18,2), wohl weil darin stets auch das Potential zu politisch-religiösen Auseinandersetzungen lag, die mitunter für den verantwortlichen Präfekten ungünstig ausgehen konnten. Im Johannesevangelium spielt die Frage nach den politischen und juristischen Vollmachten im Prozess gegen Jesus bei der Anklageerhebung des Hohen Rates vor Pilatus eine besondere Rolle und wird explizit angesprochen (Joh 19,10).[64]

1.5 Widerstand gegen Rom

Für die Frage nach dem Agieren des Pilatus im Prozess gegen Jesus ist ein Aspekt maßgeblich, der mit der Unterstellung des ehemaligen Herrschaftsgebiets des Herodes Archelaos – Judäa, Samaria und Idumäa – unter römische Präfektur im Jahr 6 n. Chr. zusammenhängt. Aufgrund der Tatsache, dass die herodianischen Herrscher von Rom eingesetzte und deshalb Rom gegenüber loyale Klientelherrscher waren, spitzten sich die damit verbundenen Spannungen innerhalb des Judentums Palästinas zu. Im Zuge seiner Ausführungen über die Amtsübernahme des ersten Präfekten Coponius und die mit dieser neuen Verwaltungshoheit notwendige Steuererhebung durch den Legaten Quirinius (vgl. Lk 3,1) beschreibt Josephus in Ant 18,11–25 relativ aus-

---

Festus in Anspruch nimmt (Apg 25,11) – das Recht auf Appellation an ein höheres Gericht hatten, vgl. dazu D. Liebs, Das ius gladii der römischen Provinzgouverneure in der Kaiserzeit; G. O. Kirner, Strafgewalt und Provinzialherrschaft, bes. 59 f. 140–143.

64 Siehe dazu unten B 3.2.4.

führlich vier aus seiner Sicht maßgebliche Gruppen des Judentums im 1. Jh. n. Chr.[65] Er nennt sie etwas überzeichnend »Philosophien« (griech. φιλοσοφίαι *philosophíai*): die Pharisäer (Ant 18,12–15), die Sadduzäer (Ant 18,16–17) und die Essener (Ant 18,18–22), sowie als vierte und letzte die Gruppe um Judas, den Galiläer (Ant 18,23–25), deren Entstehung er unmittelbar auf den Unmut und den Widerstand gegen die Steuererhebung von römischer Seite zurückführt (Ant 18,1–10).[66]

Die Pharisäer (von hebr. *peruschīm* »die Abgesonḍerten«) beschreibt Josephus als vernunftgeleitet und gesetzestreu. Durch ihre Ernsthaftigkeit in der Auslegung des Gesetzes für die Belange des täglichen Lebens wie für den Gottesdienst seien sie bei den Menschen besonders beliebt. Für Jesus waren sie die wichtigsten Gesprächspartner im Streit um ein rechtes Verständnis des Gesetzes (vgl. Mt 5,20–48; 23,1–36). Sie rechnen mit einem göttlichen Gericht und einer Auferstehung (Josephus nennt es Unsterblichkeit der Seele). Die Sad-

65 Vgl. ähnlich in Bell 2,117–166. Philon von Alexandrien beschreibt nicht ohne Sympathie in einer separaten Schrift *De vita contemplativa* (»Vom beschaulichen Leben«) noch eine weitere Gruppe, die sogenannten Therapeuten, die allerdings sonst nicht bekannt ist. Offenbar lokal sehr begrenzt, lebten die »Heilkundigen« sehr naturverbunden in einer Art egalitären Gemeinschaft an einem idyllischen See in Unterägypten.

66 In Bell 2,117 erwähnt Josephus diese Gruppe nur ganz kurz und betont, sie hätte mit den anderen Gruppen nichts gemein. Die Widerstandsbewegung des Judas geht später in den sog. Zeloten auf, wie sie Josephus im Kontext des ersten jüdischen Krieges nennt. Zu den Zeloten und ihrer Geschichte vgl. M. Hengel, Die Zeloten (mit einem instruktiven und aktualisierenden Nachwort von Roland Deines). Einen kritischen Zugang bietet R. A. Horsley, Josephus and the Bandits, der eher mit sehr unterschiedlichen Widerstandsgruppen rechnet, die nicht notwendigerweise den Zeloten zugehören.

duzäer, deren Name vielleicht auf Zadok zurückgeht, den Priester des Königs David (2Sam 15,24–29), würden diese Glaubensinhalte ebenso bestreiten wie einen Einfluss Gottes auf das menschliche Treiben (vgl. Mk 12,18). Sie repräsentieren die höheren aristokratischen Schichten, aus denen zumeist auch die Hohepriester kommen. Besonders großen Respekt scheint Josephus vor den Essenern zu haben, deren Bezeichnung wahrscheinlich von hebr. *hasidīm* »die Frommen« abgeleitet ist. In ihrer Frömmigkeit sind sie den Pharisäern vergleichbar, bildeten aber eine sehr stark rituell und asketisch geprägte Gemeinschaft. Man hat sie mit der in Qumran am Nordrand des Toten Meeres gefundenen Siedlung in Verbindung gebracht, die auch der römische Naturhistoriker Plinius der Ältere erwähnt (Naturgeschichte V,73), doch gab es auch anderswo in Palästina essenische Gruppen. Die Ursprünge dieser bei Josephus beschriebenen Vielfalt des Judentums gehen mindestens zurück bis in die Zeit der Hellenisierung des Orients unter Alexander dem Großen (365–323 v. Chr.). Im Zuge dessen war auch das Staatswesen Israels dem Einfluss der griechischen Sprache und Kultur zunehmend ausgesetzt. In der Verbindung dieses kulturellen Einflusses des Hellenismus mit politischen Interessen konnte es kaum ausbleiben, dass auch innerhalb der jüdischen Bevölkerung unterschiedliche, ja gegensätzliche Positionen bezogen wurden. Auch dafür liefert Josephus anschauliche Beispiele insbesondere aus der Zeit der Besatzung Palästinas unter dem syrisch-hellenistischen König Antiochus IV. (215–164 v. Chr.), der sich den Beinamen »Epiphanes« (»[göttliche] Erscheinung«) gegeben hat als Demonstration seines göttlichen Herrschaftsanspruches. Was für die einen (etwa in der makkabäischen Bewegung) als Abkehr von den Traditionen Israels bewertet wurde, galt in aristokratischen Kreisen als eine willkommene Teilhabe an der hohen griechischen Kultur, die dann die Herrscherhäuser zunehmend bestimmte. Unter Herodes dem Großen (73–4 v. Chr.) erlebte die hellenistische und seinerzeit dann auch römische Kultur in Palästina eine enorme Blüte – vor allem durch groß angelegte Bauprojekte und Städtegründungen.

Es wird also kaum ein Zufall sein, dass im Jahr 6 n. Chr. im engen zeitlichen Zusammenhang mit der direkten Unterstellung Judäas unter einen römischen Präfekten im abgelegenen Galiläa die Bewegung der später so genannten »Zeloten« entstand, die sich den »eifrigen« Kampf gegen die Römerherrschaft auf die Fahnen geschrieben hatte. Die Entstehung dieser Gruppe führt Josephus auf die Initiative eines gewissen Judas Galilaios (Judas der Galiläer) zurück. Dieser stammte eigentlich aus Gamla, einer kleinen Stadt in der Gaulanitis (Golan), dem Herrschaftsbereich des Herodes Philippus im Norden Palästinas. In der Sache, so Josephus, hätten die Zeloten dieselbe Auffassung wie die Pharisäer vertreten, aber »sie hängen mit großer Zähigkeit an der Freiheit und erkennen Gott allein als ihren Herrn und König an« (Ant 18,23). In der Einschätzung dieser antirömischen Bewegung wird Josephus recht deutlich:

> »Sie brachten nicht nur augenblicklich den Staat in grenzenlose Verwirrung, sondern säten auch für die Zukunft durch Lehren, die bis dahin kein Mensch je gehört hatte, all das Unheil, das gar bald anfing, Wurzeln zu treiben […] Besonders die Jugend war es, die, durch jene Lehren fanatisiert, unserem Staate den Untergang bereitete« (Ant 18,9–10).

Über das Ende des Judas Galilaios berichtet Josephus nichts; Judas' Söhne allerdings wurden nach Ant 20,102 als Aufrührer von dem Prokurator Tiberius Iulius Alexander (45/46–48 n. Chr., der Neffe Philons) gekreuzigt. Unter dem Statthalter Gessius Florus (64–66 n. Chr.) sei es dann schließlich nach langen Jahren schwelender Konflikte und blutigen Auseinandersetzungen zum Ausbruch eines offenen Krieges gegen Rom gekommen (Ant 18,25). Dabei habe die aus der Sicht der Römer jedenfalls nicht zu Unrecht »terroristisch« zu nennende Splittergruppe der Sikarier eine Rolle gespielt, die wie die Zeloten in einer Art Untergrundkampf auch gegen jüdische Kollaborateure mit Rom vorgingen.[67] Auch wenn bei Josephus eine gewisse Faszination den Sikariern gegenüber mitschwingt (vgl. Bell 7,417), so beurteilt er sie letztlich als Räuber und Mörder, die sich sogar für Auftragsmorde kaufen lassen; ja, er deutet sogar den Untergang Jerusalems im Jahr 70 n. Chr. als Strafe Gottes für den Frevel der Sikarier (Ant 20,165–166).[68]

Der erste jüdische Krieg in den Jahren 66–70/74 n. Chr., in dem Josephus zunächst selbst als jüdischer Offizier gegen Rom kämpfte und den er dann später in seiner »Geschichte des jüdischen Krieges« ausführlich darstellen sollte, führte unter den Feldherren und späteren Kaisern Vespasian und Titus im Jahr 70 n. Chr. zur Zerstörung des Tempels und damit zum Ende des Judentums in seiner bisherigen Gestalt. Fast vier Jahre noch können sich die Zeloten auf Masada verschanzen, dann fällt auch diese letzte Bastion. Gut fünfzig Jahre später versuchten zelotische Kräfte noch einmal unter

---

67 Der Name ist eine römische Fremdbezeichnung und leitet sich von lat. *sica* (»Dolch«) ab. In Ant 20,162 berichtet Josephus von einem erfolgreichen Attentat eines Sikariers auf den ehemaligen Hohepriester Jonathan ben Hannas, den Nachfolger des Kaiphas, angeblich im Auftrag des Statthalters Marcus Antonius Felix (52–60 n. Chr.).

68 Vgl. dazu M. Hengel, Die Zeloten, 48–63, sowie den Nachtrag: Zeloten und Sikarier. Zur Frage nach der Einheit und Vielfalt der jüdischen Befreiungsbewegung 6–74 nach Christus (a. a. O., 378–402).

dem von manchen sogar als Messias verehrten Simon Bar Kochba, Israel als jüdisches Königtum mit dem Tempel als kultischem Zentrum wieder zu errichten. Doch es blieb bei dem Versuch. Kaiser Hadrian hat das Schicksal des jüdischen Staates und das Ende des Tempels mit seinem Sieg über die Aufständischen im Jahr 135 n. Chr. endgültig besiegelt.

Interessant im Blick auf Pilatus und sein Vorgehen gegen den Galiläer Jesus ist die Tatsache, dass die Zeloten aufgrund der historischen Konstellationen und ihres mutmaßlichen Ursprunges als *galiläische* Widerstandsbewegung[69] für den römischen Präfekten eine permanente Bedrohung darstellten und die öffentliche Ruhe und Ordnung gefährdeten. Wenn Josephus gelegentlich pauschal von der Zerrüttung der Verhältnisse in Judäa schreibt und das Land zu bestimmten Zeiten als von Räubern und aufschneiderischen Betrügern bestimmt sieht, die das Volk aufwiegeln und auf Abwege führen (vgl. z. B. Ant 20,160), dann erscheint es zumindest aus seiner Sicht nicht gänzlich unangemessen, wenn etwa ein Statthalter Felix gegen diese »Räuber« brutal vorgeht und »täglich« Hinrichtungen stattfinden. Wir werden ähnliche Ressentiments im Vorgehen gegen Jesus bei seinen Anklägern wiederfinden. Die Herkunft Jesu aus Galiläa,[70] die Tatsache, dass einer seiner Jünger als Zelot bekannt war,[71] und auch Judas

69 Zur Frage, ob der Widerstand der Zeloten als »Freiheitsbewegung« verstanden werden kann, vgl. R. Deines, Gab es eine jüdische Freiheitsbewegung?

70 Die Gefährdung durch die Herkunft wird an der Szene mit Petrus im Hof des Hohepriesterpalastes deutlich: Auf die Enttarnung: »Du bist auch ein Galiläer« (Mk 14,70 parr.), leugnet Petrus seine Zugehörigkeit zu Jesus. Nach Mt 26,73 wird Petrus an seinem galiläischen Dialekt erkannt.

71 Lk 6,15: »Simon, der Zelot« (vgl. Apg 1,13); identisch mit »Si-

Iskariot, der zwar kein Sikarier war, aber wahrscheinlich als einziger aus Judäa, dem römisch besetzten Gebiet, stammte[72] – all das konnte Jesus vor dem Präfekten diskreditieren und dem Vorwurf der Aufwiegelung des Volkes plausiblen Nachdruck verleihen. Auch die Verkündigung Jesu von einer »Königsherrschaft Gottes« (vgl. Mk 1,14) brachte ihn in eine gefährliche Nähe zu den Zeloten und ihren politischen Absichten.

1.6 Ein loyaler Beamter

1.6.1 Die Amtszeit des Pilatus

Es ist schon mehrfach angeklungen, dass die Amtszeit des Pilatus verhältnismäßig lange währte und dies als ein Indiz für das politische Geschick des Präfekten gewertet werden kann. Das gilt einerseits im Blick auf seine Loyalität gegenüber den gegebenen Herrschaftsstrukturen und vor allem dem Kaiser, andererseits aber auch hinsichtlich seines Umganges mit den verschiedenen Interessengruppen im politischen Alltagsgeschäft in Judäa.

---

mon Kananäus« (Simon, der »Eiferer«, von hebr. *qana* »eifern/eifersüchtig sein«) in Mk 3,18 und Mt 10,4.

72 Ob der Beiname »Iskariot« etymologisch mit dem Begriff *sicarius* (»Dolchträger«) zusammenhängt (so z. B. O. Cullmann, Der Staat im Neuen Testament, 10), ist unklar. Immerhin nennen Markus und Matthäus »Simon Kananäus« (siehe Anm. 71) und Judas Iskariot zusammen als letzte in der Reihe der Apostel (Mk 3,18; Mt 10,4). Historisch sicher belegt sind die Sikarier erst seit den späten 40er Jahren des 1. Jh.s, vgl. dazu M. Meiser, Judas Iskariot, 32–36. Wahrscheinlich verweist der Beiname auf die Herkunft aus dem judäischen Dorf Kerijot (vgl. Jos 15,25), durch die Judas als der einzige Judäer in der Jesusgruppe ausgewiesen würde (Iskariot = hebr. *isch kerijoth* »der Mann aus Kerijot«, so als Vermutung auch bei Meiser, a. a. O., 36).

Die weithin übliche Datierung der Amtseinsetzung des Pilatus durch Tiberius auf das Jahr 26 n. Chr. stützt sich im Wesentlichen auf die Notiz bei Josephus, Valerius Gratus, der Vorgänger des Pilatus, sei elf Jahre lang Präfekt von Judäa gewesen (d.h. 15–20 n.Chr.; Ant 18,35). Angesichts der durchschnittlichen Amtszeiten von ca. drei Jahren wäre das ungewöhnlich.[73] Zugleich notiert Josephus die Amtszeit des Pilatus mit zehn Jahren (Ant 18,89). Tiberius habe während seiner 22-jährigen Herrschaft (14–37 n. Chr.) überhaupt nur zwei Präfekten eingesetzt, nämlich Gratus und Pilatus (Ant 18,177). Es sind auch die Einzigen, von denen Josephus explizit eine Dauer der Amtszeit nennt.

Es gibt allerdings durchaus Gründe anzunehmen, dass die Zeitangaben des Josephus an dieser Stelle historisch nicht verlässlich sind und Pilatus nicht nur von 26–36 n. Chr. im Amt war, sondern bereits seit dem Jahr 19 n. Chr. Das würde die Amtszeit des Gratus auf den (unauffälligen) Durchschnittswert von drei bis vier Jahren verkürzen. Gleichzeitig würde sich die Amtszeit des Pilatus von zehn auf achtzehn Jahre verlängern.

Diese von dem jüdischen Historiker Daniel Schwartz (in Aufnahme einer älteren These) vorgeschlagene Deutung ist jedoch umstritten und hat sich bislang nicht durchgesetzt.[74] Als

---

73 Vgl. oben Anm. 60 die Liste der Präfekten bzw. Prokuratoren Judäas in der ersten Hälfte des 1. Jh.s n. Chr. Neben den umstrittenen Daten von Gratus und Pilatus bringt es allein der auch in Apg 24 im Zusammenhang mit den juristischen Auseinandersetzungen um Paulus erwähnte Felix auf acht Jahre (52–60 n. Chr.).

74 Vgl. D. R. Schwartz, Pontius Pilate; ders., Pontius Pilate's Appointment to Office. In diesem Sinn votiert auch S. Mason, Josephus and the New Testament, 27 f.34; vgl. zum Problem der

Hauptargument führt Schwartz einige widersprüchliche bzw. zumindest unklare chronologische Angaben bei Josephus an: In Ant 18,54 wird die Gründung der Stadt Tiberias durch Herodes Antipas im Jahr 18/19 n. Chr. erwähnt, und zwar unmittelbar nach der Aussage über die Ablösung des Gratus durch Pilatus. Im gleichen Zusammenhang nennt Josephus auch die Militäraktion des Feldherrn Nero Claudius Germanicus, bei der dieser im Jahr 19 n. Chr. in Antiochia am Orontes durch eine Intrige des syrischen Legaten Piso zu Tode kam (vgl. auch Tacitus, Annales II,69–72). Unmittelbar danach setzt dann der Bericht über die Amtszeit des Pilatus ein. Über die angeblich lange Amtszeit des Gratus weiß Josephus jedoch nichts anderes zu berichten, als dass dieser zwischen 15 und 18 n. Chr. insgesamt vier Hohepriester ein- bzw. wieder absetzte (Ant 18,34 f.): Ismael ben Phiabi, Eleazar ben Hannas, Simon ben Kamithos und schließlich Josef Kaiphas, der Jesus bei Pilatus anklagte und das Todesurteil erwirkte.[75] Dieses Agieren zeugt nicht von einer souveränen Amtsführung des Gratus, die auf Stabilität im Lande ausgerichtet wäre. Von Pilatus hingegen erzählt Josephus in den »Jüdischen Altertümern« sehr ausführlich etliche Episoden, unter anderem die Kreuzigung Jesu »auf Betreiben der Vornehmsten unseres Volkes« (Ant 18,55–89).[76]

Zeitangaben bei Josephus bereits R. Eisler, ΙΗΣΟΥΣ I, 123–128. Kritisch hingegen u. a. R. Metzner, Kaiphas, 78 f.

75 Zu Kaiphas vgl. H. K. Bond, Caiaphas; R. Metzner, Kaiphas. Im Jahr 1990 wurde in Jerusalem bei Bauarbeiten in Nord Talpiyot ein Grab mit Ossuaren (steinerne Kästen zur Aufbewahrung von Totengebeinen) aus dem 1. Jh. n. Chr. gefunden, von denen eines die Aufschrift *Yehoseph bar Qyph'* trägt und unter anderem die Knochen eines etwa 60 Jahre alten Mannes enthielt, der von einigen Forscherinnen und Forschern mit dem Hohepriester Kaiphas identifiziert wird; auch Bond, a. a. O., 7 f., hält es für möglich. Eher skeptisch ist Metzner, a. a. O., 173–176; vgl. auch C. A. Evans, Jesus and the Ossuaries, 104–112, der – mit guten Gründen – die Identität infrage stellt.

Auch in seiner »Geschichte des Jüdischen Krieges« berichtet Josephus einiges über Pilatus, erwähnt hier aber (im Unterschied zu den »Altertümern«) dessen Vorgänger Gratus – wie übrigens auch alle anderen Präfekten vor Pilatus – überhaupt nicht (Bell 2,169–175). Nimmt man einen frühen Amtsantritt des Pilatus im Jahr 19 an, so liegt dieser relativ zeitnah zur Einsetzung des Hohepriesters Kaiphas, die noch durch Gratus erfolgte. Das würde letztlich auch erklären, warum sich sowohl Pilatus (19–36 n. Chr.) als auch Kaiphas (18–36 n. Chr.) ungewöhnlich lange im Amt hielten. Beide wurden dann durch den Legaten Vitellius relativ zeitgleich abberufen (Ant 18,88–95), der erst kurz zuvor im Jahr 35 n. Chr. ins Amt kam und ganz offensichtlich die politischen Verhältnisse in Judäa in seinem Sinne neu ordnen wollte. Er setzte nicht nur seinen »Freund Marcellus« (Ant 18,89) in das Amt des Präfekten ein, sondern tauschte zugleich auch den Hohepriester aus, der so eng mit Pilatus zusammenarbeitete. Pilatus und Kaiphas hatten es bis dahin über lange Zeit verstanden, ihre politischen Positionen gegenseitig zu stabilisieren. Als ein bemerkenswertes Indiz für den Beginn der Amtszeit des Pilatus bereits in den Jahren 17/18 n. Chr. führt K. Lönnqvist die Tatsache an, dass zu dieser Zeit ein neuer Typus von Münzen geprägt wurde, die einen Palmzweig trugen.[77] Diese spezifische Verzierung deutete in den meisten Fällen auf einen Wechsel der Herrschaft in Judäa hin.[78]

Während Valerius Gratus die Hohepriester in kurzen Abständen auswechselte und dies wahrscheinlich einen Grund (neben anderen, z. B. seine rigide Steuerpo-

76 Vgl. dazu D. R. Schwartz, Pontius Pilate 396f. Siehe dazu unten B 2.6.

77 K. Lönnqvist, Pontius Pilate – An Aqueduct Builder?, 467f.

78 Vgl. Y. Meshorer, Ancient Jewish Coinage II, Plate 31, Nr. 17, 17a, 17b u. a.

litik, die zu Unruhen führte) für seine eigene Absetzung darstellte, war Pilatus klug genug, sich mit dem bereits installierten Kaiphas dauerhaft zu arrangieren.[79] Die bei Tacitus erwähnten Steuerprobleme in Verbindung mit der Militäraktion des Germanicus in Syrien und Judäa in den Jahren 17–19 n. Chr. würden die Annahme eines früheren Wechsels der Präfektur von Gratus zu Pilatus zusätzlich unterstützen: »Im Übrigen flehten auch die Provinzen Syrien und Judäa, erschöpft aufgrund ihrer (finanziellen) Lasten, um eine Reduktion ihrer Steuerlast« (Annales II,42). Die steuerliche Belastung wird maßgeblich durch die lokale Steueragenda der politisch Verantwortlichen bestimmt. Kurze Amtszeiten führen dazu, dass man sich so schnell wie möglich persönlich bereichern will. Wie oben bereits erwähnt, hat Josephus dies in Ant 18,172–178 sogar ausdrücklich thematisiert und darauf hingewiesen, dass Tiberius diesem Treiben der »Blutsauger« mit seiner längerfristigen Besetzungspolitik ein Ende setzen wollte. Zugunsten einer langen Amtszeit des Pilatus spricht weiterhin, dass der von Tiberius zu Beginn der 20er Jahre eingesetzte Legat Lucius Aelius Lamia (21[oder 23?]–32 n. Chr.) nie seinen Posten in Syrien einnahm, sondern über annähernd zehn Jahre hinweg durch einen Militärbefehlshaber vertreten wurde. Von Seiten des Legaten hätte also Pilatus nichts zu befürchten gehabt. Die wenigen überlieferten Episoden aus seiner Amtszeit, einschließlich des Vorgehens gegen Jesus, werden den Eindruck einer relativ stabilen Periode unter seiner Amtsführung bestätigen.[80] Es ist

---

79 Vgl. R. Metzner, Kaiphas, 74–88, bes. 77–79.

80 In dem monumentalen Werk von Edward Gibbon aus dem 18. Jh. über die Geschichte des römischen Imperiums z. B. (Originalausgabe: The History of the Decline and Fall of the Roman

also durchaus wahrscheinlich, dass Pilatus bereits im Jahr 19 n. Chr. Präfekt von Judäa wurde und dieses Amt – anders als alle seine Vorgänger und bis auf Marcus Antonius Felix (52–60; vgl. Apg 24) weitgehend auch seine Nachfolger – durch eine geschickte und loyale Realpolitik achtzehn Jahre lang ausübte.

1.6.2 Pilatus, Kaiphas und eine Wasserleitung

Aufgrund ihrer parallelen Amtszeiten waren der römische Präfekt Pilatus und der jüdische Hohepriester Kaiphas politisch aufeinander angewiesen und stabilisierten ihre Stellung gegenseitig. Das ist umso bemerkenswerter, wenn die oben vorgenommene Auswertung der Quellenlage richtig ist und die Amtszeit des Pilatus nicht nur zehn, sondern achtzehn Jahre währte. Lange Amtszeiten politisch Verantwortlicher in beiden Ämtern waren selten – wie hat man sich also dieses Co-Regiment vorzustellen? War Kaiphas – wie gelegentlich vermutet – ein schwacher Hohepriester, der sich nur deshalb im Amt halten konnte, weil er Pilatus nicht herausforderte?[81] Immerhin gehörte Kaiphas zur Priesterdynastie einer einflussreichen jüdisch-aristokratischen Familie, die vermutlich der Gruppe der Sadduzäer zuzurechnen ist bzw. dieser politisch einflussreichen Gruppe nahestand.

In Joh 18,13 wird Kaiphas als Schwiegersohn und Nachfolger des Hohepriesters Hannas[82] vorgestellt. Hannas wurde

Empire, London 1776–1788) kommt Pilatus überhaupt nur wegen seiner Verbindung mit dem Prozess gegen Jesus vor.

81 Vgl. R. A. Horsley, High Priests and the Politics of Roman Palestine.

82 Vgl. R. Metzner, Die Prominenten, 234–237; ders., Kaiphas, 61–67.

6 n. Chr. – in jenem politischen Krisenjahr des Zerfalls des herodianischen Reiches und der Unterstellung Judäas unter römische Verwaltung – durch den Statthalter Quirinius in sein Amt eingesetzt und hatte dieses bis 15 n. Chr. inne. Abgesetzt durch den Präfekten Gratus, blieb sein Einfluss dennoch groß. Das Johannesevangelium erwähnt ihn in einer Weise neben Kaiphas, dass man den Eindruck gewinnen könnte, nicht Kaiphas, sondern Hannas säße noch an den Hebeln der hohepriesterlichen Macht. Man führte, so heißt es, Jesus zunächst zu Hannas und dann erst zu Kaiphas, weil (formal) dieser »in jenem Jahr Hohepriester« war (Joh 18,13; vgl. V. 24). Allerdings ist dies eine Besonderheit des Johannesevangeliums;[83] das Markus- und das Matthäusevangelium erwähnen Hannas nicht, im Markusevangelium fehlt übrigens auch der Name des Kaiphas. Eine enge Verbindung zwischen Hannas und Kaiphas setzt auch das Lukasevangelium voraus, das beide stets nebeneinander nennt (Lk 3,2; Apg 4,6).[84]

Der Hohepriester war nicht nur die höchste geistliche Instanz des jüdischen Volkes, der für die Organisation und Durchführung des Tempelkults verantwortlich war. Er war als solcher auch der Repräsentant des jüdischen Volkes und seiner höchsten politischen Vertretung, des Hohen Rates, gegenüber der römischen Herrschaft. Bedeutung und Einfluss der Hohepriester waren in der Zeit des Zweiten Tempels enorm gestiegen, und sie waren über lange Perioden der Geschichte gleichsam der Ersatz für das fehlende Königtum.[85] Jo-

---

83 Siehe dazu unten B 3.2.4.

84 Weder Philon noch Josephus nennen je den Namen des Hannas; Philon erwähnt auch Kaiphas nicht. Josephus nennt Kaiphas nur in Verbindung mit der Amtseinsetzung des Pilatus (Ant 18,35) und seiner Absetzung (18,95).

85 Vgl. D. R. Schwartz, Hohepriester II. Antikes Judentum, 1836.

sephus notiert sogar gelegentlich, dass er die Hohepriester für die eigentlichen Staatenlenker »von Gottes Gnaden« hält (Apion 184–187).

Obwohl politische Konstellationen im Detail oft vielschichtig sind und – wie die Beispiele der Vorgänger des Kaiphas unter Valerius Gratus zeigen – auch Hohepriester nahezu willkürlich je nach Interessenlage ein- und abgesetzt werden konnten, so tat doch ein Präfekt, der an der Stabilität seines Postens interessiert war, gut daran, die Autorität des Hohepriesters als Vertreter des jüdischen Volkes zu respektieren. Das gemeinsame Agieren von Kaiphas und Pilatus in der Causa des Jesus von Nazareth, die in die letzte Phase der Amtszeit beider fällt, legt davon ein eindrückliches Zeugnis ab.[86] Auch einige der bei Philon und Josephus erzählten Episoden aus der Amtszeit des Pilatus legen eine solche, auf Interessensausgleich und Stabilität ausgerichtete Politik beider nahe. Zwar wird der Hohepriester in keiner Episode erwähnt,[87] aber das Verhältnis zwischen Pilatus und dem Hohepriester wird durch die Umstände eines Ereignisses anschaulich, bei dem Pilatus *mutmaßlich* direkt in den Bereich der alleinigen Verfügungsgewalt des Hohepriesters eingreift.

Es handelt sich um das Vorhaben des Pilatus, eine Wasserleitung für Jerusalem bauen zu lassen, welches Josephus immerhin so wichtig war, dass er davon sowohl in seiner »Geschichte des jüdischen Krieges« (*Bel-*

---

86 Siehe dazu unten B 3.1.2. Man muss vor diesem Hintergrund nicht gleich von »Freundschaft« sprechen, aber die gemeinsame Interessenlage ist deutlich. Anders urteilt C. Cohn, Der Prozess und Tod Jesu aus jüdischer Sicht, 51, und spekuliert, Kaiphas habe sich seine lange Amtszeit bei Pilatus durch Geldzahlungen erkauft.

87 Vgl. dazu unten B 2.1; vgl. H. K. Bond, Caiaphas, 50–55.

lum Judaicum), als auch in leicht veränderter Form in den »Jüdischen Altertümern« (*Antiquitates Judaicae*) berichtet. Der Text im *Bellum* lautet:

»[175] Nach diesen Ereignissen aber verursachte er [Pilatus] eine weitere Unruhe, weil er den Tempelschatz, genannt ›Korban‹, für eine Wasserleitung vollständig aufbrauchte, die über etwa 400 Stadien führte. Deswegen kam es zum Unmut der Menge, und als Pilatus in Jerusalem war und sich auf die Gerichtstribüne setzte, brachte man eine Klage vor. [176] Er aber, da er zuvor von ihrer Aufregung erfahren hatte, mischte bewaffnete Soldaten unter die Menge, verborgen unter ziviler Kleidung, und ordnete an, nicht die Schwerter zu gebrauchen, sondern mit Stöcken die zu schlagen, die den Lärm verursachten. Das Signal gab er von der Tribüne aus. [177] Viele Juden aber wurden von den Schlägen verletzt, etliche aber starben auf der Flucht, niedergetreten von den eigenen Leuten. Wegen des Schicksals der Getöteten war die Menge betroffen und verstummte« (Bell 2,175–177).

In den *Antiquitates* bietet Josephus folgende veränderte Version des Ereignisses:

»[60] Er [Pilatus] erbaute eine Wasserleitung nach Jerusalem mit Mitteln, die er den heiligen Schätzen entnahm, wobei der Anfang der Leitung etwa 200 Stadien entfernt lag. Sie [die Juden] aber waren nicht begeistert darüber, was mit dem Wasser geschehen sollte, so dass viele tausend Menschen zusammenkamen und ihn lautstark aufforderten, das Vorhaben in der geplanten Form aufzugeben. Einige aber beleidigten den Mann auch mit Beschimpfungen, wie es eben in so einer Menge zuzugehen pflegt. [61] Er aber ließ eine große Zahl an Soldaten, die Stöcke unter ihren Obergewändern trugen, in der Kleidung jener [gemeint ist die aufgebrachte Menge] ausstatten und schickte sie, dass sie sie umstellen. Er aber forderte (die Juden) auf, auseinanderzugehen. Weil sie aber fortfuhren mit den Beleidigungen, gab er den Soldaten das vereinbarte Signal. [62] Die (Soldaten) aber, weit mehr als Pilatus angeordnet hatte, schlugen gleichermaßen die Aufsässigen wie die, die keine Strafe verdienten. Doch sie [die Aufsässigen] ließen nicht nach, und weil sie unbewaffnet waren, wurden sie von den bewaffneten Männern überwältigt, und viele von ihnen kamen dadurch zu Tode, andere entkamen verwundet. Auf diese Weise wurde der Aufruhr unterbunden« (Ant 18,60–62).

Abgesehen von den Maßnahmen, die Pilatus zur Niederschlagung der aufgebrachten Menge ergreifen muss, ist zunächst vor allem das Bauvorhaben interessant. Der Bau von Wasserleitungen gehörte stets zu den wichtigsten Infrastrukturprojekten, die Josephus bei anderen Gelegenheiten gern erwähnt und in hohen Tönen lobt, so etwa die Aquädukte, die Herodes der Große bauen ließ (vgl. z. B. Bell 1,420).

Abb. 7: Aquädukt des Herodes bei Cäsarea Maritima

Beide Versionen des berichteten Vorfalls stimmen darin überein, dass Pilatus den Bau der Wasserleitung aus dem Tempelschatz finanzierte.[88] Es kommt zu einer erheblichen Aufregung unter der jüdischen Bevölkerung und zu entsprechenden Ausschreitungen. Im *Bellum* spricht Josephus pauschal von »der Menge«, in den *Antiquitates* sind es »viele tausend Menschen«, die zusammenliefen, was sicher übertrieben ist. Der konkrete Anlass für die Unruhe bleibt in beiden Texten unklar. Im *Bellum* scheint es um die Art der Finanzierung aus dem Tempelschatz zu gehen, Josephus spricht sogar von einer vollständigen »Vernichtung« (griech. ἐξαναλίσκω *exanalískō* »vernichten, vollständig zerstören«). In den *Antiquitates* hingegen ist es eher das Bauprojekt selbst, vielleicht der Verlauf der Trasse, der für Unmut sorgt. Interessant ist das Detail, dass die Wasserleitung im *Bellum* doppelt so lang angegeben wird wie in den *Antiquitates,* nämlich 400 statt 200 Stadien (ca. 80 bzw. 40 km), was natürlich auch erhebliche Auswirkungen auf die benötigten Baukosten hätte.[89]

Obwohl man Pilatus in der Version der *Antiquitates* mit harten Vorwürfen und Beleidigungen angreift, die Josephus als übliches Verhalten einer aufgebrachten Menge verharmlost, will Pilatus die Unruhe nicht durch offene Konfrontation klären. Er lässt als Juden

88 Josephus verwendet den hebr. Begriff *korbān* (»Opfergabe, Spende«), der den Tempelschatz nach dem bezeichnet, was ihn maßgeblich ausmacht. Nach Mt 27,6 zögern die Priester, das Bestechungsgeld des Judas, das dieser ihnen vor die Füße geworfen hat, in den *korbān* zu legen (Luther übersetzte mit »Gotteskasten«, die revidierte Lutherbibel von 2017 übersetzt mit »Tempelschatz«).

89 H. K. Bond, Caiaphas, 52, vermutet u.a. eine Kostenexplosion während des Baus als Ursache der Unruhen.

(Ant 18,61; wie sollte man sich das vorstellen?) bzw. als Zivilisten (Bell 2,176) gekleidete Soldaten sich unter die aufgebrachten Leute mischen. Da die Menge sich weigert, die Versammlung aufzulösen, gehen die Soldaten mit Knüppeln gegen sie vor. Die Auseinandersetzung eskaliert und entgleitet offenbar der Kontrolle des Pilatus, es kommt zu Toten und Verletzten. Josephus bemerkt ausdrücklich, dass die Soldaten härter vorgingen als von Pilatus beabsichtigt. Nach *Antiquitates* waren auch Unbeteiligte betroffen.[90] In *Bellum* erhält die Angelegenheit dadurch zusätzliche Brisanz, dass Pilatus zu einem offiziellen Anlass nach Jerusalem gekommen war und auf einer erhöhten Tribüne mit Richterstuhl (griech. βῆμα *bē̂ma*) saß.[91]

Josephus lässt nicht erkennen, warum er diese Episode erzählt. Sie gehört im *Bellum* wie in den *Antiquitates* zu einer Reihe von Berichten über Pilatus, die allesamt ohne explizite Wertungen des Präfekten auskommen.[92] Bei anderen, etwa dem Statthalter Gessius Florus (s. u.), ist Josephus weit weniger zurückhaltend. Obwohl der Hohepriester mit keinem Wort erwähnt wird, ist die Episode vom Zugriff auf den Tempelschatz für das Verhältnis zwischen ihm und Pilatus deshalb so interessant, weil der Tempelschatz – nachdem es keine königliche Verwaltung mehr gab – der Hoheit und der Verfügungsgewalt der Tempelverwal-

---

90 Vgl. W. Eck, Die römischen Repräsentanten in Judaea, 57: »Die Schilderung bei Josephus erinnert an Zusammenstöße zwischen heutigen Demonstranten und Polizei.« Von einem »Massaker« zu sprechen (so H. K. Bond, Pontius Pilate, 56), ist wohl deutlich übertrieben.

91 Zur Lokalisierung des »Prätoriums« des Pilatus siehe unten B. 3.1.5.

92 Vgl. dazu unten B 2.4.1.

tung und damit dem Hohepriester unterstand.[93] Nach Neh 10,39–40 gab es mehrere Schatzkammern im Tempel, die neben wertvollen Kultgeräten und Vorräten vor allem Geldvermögen enthielten, gespeist aus Tempelsteuern und Abgaben (vgl. Mk 12,41–44).

Tempel waren stets so etwas wie Wirtschafts- und Finanzzentren, zumal der eine (und einzige) jüdische Tempel in Jerusalem, aus dem nicht nur der Kultbetrieb, sondern auch Bauprojekte finanziert wurden. Das Projekt einer Wasserleitung nach Jerusalem war ein großes und teures Vorhaben, das letztlich aus verschiedenen Quellen finanziert werden musste. Es liegt daher zunächst einmal im Bereich dessen, wofür man *auch* eine Finanzierung aus dem Tempelvermögen erwarten kann, zumal der Tempel selbst einen erheblichen Wasserverbrauch hatte. Die Geldrücklagen im Tempel haben zudem immer wieder Begehrlichkeiten geweckt und schon in biblischen Zeiten wurde der Tempelschatz bei Eroberungszügen regelmäßig geplündert (vgl. 1Kön 14,26; 2Kön 24,13). Aufgrund der Funktion als Bankhaus verwaltete der Tempel zudem auch Vermögenseinlagen reicher Bürger. Eine politisch motivierte Zweckentfremdung bzw. ein willkürlicher Zugriff auf den Tempelschatz stellte daher ein sensibles Konfliktfeld dar. Dessen musste sich auch ein Präfekt bewusst sein.

---

93 Unter der Herrschaft der Herodianer unterstand der Tempelschatz stets dem jüdischen König, den nach der Einführung der römischen Verwaltung der Hohepriester in dieser Verantwortung vertritt. Daraus ergeben sich aber zugleich die Spannungen in der Frage nach dem Zugriff auf diese Ressourcen und ihre Verwendung bis hin zur zwangsweisen Konfiszierung im Konfliktfall (s. u.); vgl. J. Wilker, Für Rom und Jerusalem, 474.

Josephus berichtet von gelegentlichen Zugriffen römischer Beamter auf das Tempelvermögen: Konsul Marcus Licinius Crassus habe zur Finanzierung seines Partherfeldzuges (54 v. Chr.; Ant 14,105–109; Bell 1,179) konfisziert, was Pompeius vor ihm noch übrig ließ,[94] und der von Kaiser Nero eingesetzte Prokurator Gessius Florus (64–66 n. Chr.), dessen rücksichtlose Amtsführung nach Josephus nahezu direkt zum Ausbruch des jüdischen Krieges führte (vgl. Ant 20,252–258; Bell 2,277–283), ließ Geld aus dem Tempelschatz entnehmen, um – wie Josephus es beurteilt – »den Krieg endgültig zu entfachen« (Bell 2,293). Der Unterschied solcher Übergriffe zum Agieren des Pilatus ist deutlich. Während Crassus und Florus militärische Ziele verfolgen, geht es bei Pilatus um ein Bauprojekt, von dem die ganze Stadt profitieren würde. Eine im Mischnatraktat Shekalim IV,2 festgehaltene Regel sieht sogar eigens vor, dass Überschüsse aus der Geldwirtschaft des Tempels für öffentliche Belange zur Verfügung gestellt werden sollen, und es gibt keinen hinreichenden Grund, dies nicht auch schon für frühere Zeiten als Praxis anzunehmen.[95]

---

94 Im Nachgang dieser Episode erklärt Josephus nicht ohne einen gewissen Stolz den Tempelschatz: Man dürfe sich nicht wundern, dass ein solcher Reichtum im Tempel angehäuft sei, da doch alle Juden des ganzen Erdkreises (er nennt explizit Europa und Asien) über lange Zeiten kontinuierlich dazu beigetragen hätten (Ant 14,110).

95 »Die Stadtmauer nebst ihren Türmen und sämtliche Bedürfnisse der Stadt [Jerusalem] werden vom Überschuss der Schatzkammer bestritten«, so legt es die Mischna im Traktat Sheqalim (»Über die Schekelmünzen«) fest (mSheq IV,2). Doch gab es über die Verwendung von Geldern aus dem Tempelvermögen unterschiedliche Auffassungen: »Wofür verwendete man den Rest des Überschusses? Man kaufte dafür Wein, Öl und feines Mehl, und der Gewinn gehörte dem Heiligtume – so R. Jismael; R. Aqiba sagt, man dürfe weder mit Heiligengeldern noch mit Armengeldern Geschäfte machen« (mSheq IV,3; Übersetzungen nach L. Goldschmidt, Der Babylonische Talmud). Vgl. H. K. Bond, Pontius Pilate, 86.

Es ist daher wahrscheinlich, dass das Projekt der Wasserleitung in Abstimmung mit den jüdischen Verwaltungsinstanzen und unter Billigung und Beteiligung des Hohepriesters finanziert wurde.[96] Immerhin ist keine Rede davon, dass Pilatus das Geld widerrechtlich entnommen habe. Da Josephus in keiner seiner Pilatusepisoden etwas über das Agieren des Hohepriesters sagt, wird man aus dem Schweigen auch an dieser Stelle nicht schlussfolgern dürfen, dass Pilatus ohne das Mittun des Hohepriesters gehandelt hätte.[97] Derartige Großprojekte, die sich zudem über einen längeren Zeitraum erstrecken, sind nicht zuletzt auch ein immenses Beschäftigungsprogramm für das lokale Handwerk. Schon aus diesem Grund muss auch die jüdische Seite der Administration ein großes Interesse daran gehabt haben. Der Finanzbedarf solcher Projekte war enorm[98] und wurde von denen getragen, die davon gemeinsam profitieren.

Erwähnenswert ist in diesem Zusammenhang ein größeres Straßenbauprojekt, das erst vor Kurzem durch archäologische und numismatische Befunde als ein Projekt aus der Zeit

---

96 Vgl. K. Jaroš, Pontius Pilatus, 65–68; H. K. Bond, Caiaphas, 52; S. Mason, Josephus and the New Testament, 31 f. Mason fragt nicht zu Unrecht, ob es vielleicht ein interner jüdischer Protest gegen die Tempelführung war, welche das Projekt unterstützte. Doch auch das bleibt unsicher.

97 Anders urteilt R. Metzner, Kaiphas, 82: Josephus hätte eine Beteiligung des Hohepriesters »sicher nicht verschwiegen«. Es sei zudem unwahrscheinlich, dass Kaiphas freiwillig Gelder aus dem Tempelschatz dafür freigegeben hätte. Die dabei vorausgesetzte Unterscheidung von Geldern für Baumaßnahmen und Opferdiensten lässt sich aber weder aus der Verwendung des Begriffes »Korban« bei Josephus noch aus den talmudischen Vorgaben ableiten (vgl. oben Anm. 95).

98 Vgl. W. Eck, Die Wasserversorgung im römischen Reich, 74–79.

des Pilatus identifiziert wurde. Es handelt sich um eine breite, aufwändig gestaltete (und entsprechend teure) Straße, die vom Siloah-Wasserreservoir im Süden der Stadt durch das Tyropoion-Tal zum Tempelberg führte, und deren Bau nach neueren Interpretationen der Befunde nach 17/18 n. Chr. begann und Anfang der 30er Jahre abgeschlossen wurde.[99] Wenn sich diese Datierung als richtig erweisen sollte, dann würde das Projekt der oben vorgeschlagenen längeren Amtszeit des Pilatus entsprechen.

Ein gemeinschaftliches Unternehmen schließt natürlich keinesfalls aus, sondern lässt es sogar sehr wahrscheinlich sein, dass es bei derartigen Geschäften zu Unregelmäßigkeiten kommen konnte, die Unmut in der Bevölkerung schürten. Ausdrücklich erwähnt Josephus, dass man sich über die Verwendung des Wassers nicht einig gewesen sei und es deshalb zu den Unruhen gekommen war (Ant 18,60). Möglicherweise waren an dem Projekt auch finanzstarke Bürger beteiligt, die um ihre Einlagen fürchteten. Das Vorgehen des Pilatus gegen die aufgeregte Menge deutet ebenfalls darauf hin, dass hier eine Unmutskundgebung gegen Machenschaften in Verbindung mit dem Wasserprojekt eskaliert, und zwar gegen den Willen des Präfekten.

So ist die Episode über den Bau eines neuen Aquäduktes ein anschauliches Beispiel für das politische Arrangement des Pilatus mit der jüdischen Verwaltung, zugleich aber auch für die bei solchen Vorgängen zu erwartenden Konflikte aufgrund unterschiedlicher Interessenlagen. An den Detailfragen, die sich historisch daraus ergeben, ist Josephus offensichtlich nicht interessiert oder – was wohl wahrscheinli-

---

99 Vgl. N. Szanton u. a., Pontius Pilate in Jerusalem.

cher ist – er kennt die Umstände des Projektes nicht genauer.[100]

Archäologisch – das ist abschließend noch hinzuzufügen – ist der Bau eines Aquäduktes durch Pilatus nicht nachgewiesen.[101] Bekannt sind bislang fünf Aquädukte in Jerusalem; die beiden bekanntesten und wichtigsten Wasserleitungen verdanken sich der Bautätigkeit Herodes des Großen: Eine versorgte die Reservoirs des Tempels, eine andere diente der Versorgung der Stadt.[102] Für die Wasserversorgung Jerusalems waren zudem verschiedene Quellen wichtig, etwa die Gihon-Quelle, die durch einen von König Hiskia bereits Ende

---

100 Es ist nicht einmal klar, in welcher Periode der Amtszeit des Pilatus das Ereignis anzusetzen ist. In *Antiquitates* bleibt der Zeitpunkt unbestimmt. Wenn Josephus nach der Erzählung von den Ereignissen um den Aquäduktbau in Bell 2,178 auf Herodes Agrippa I. zu sprechen kommt, dann könnte dies als ein Indiz für eine Datierung gegen Ende der Amtszeit des Pilatus sprechen. Aber die Logik von Erzählabfolgen ist bei Josephus oft schwierig zu durchschauen.

101 Vgl. dazu K. Lönnqvist, Pontius Pilate – An Aqueduct Builder?, bes. 464–467. Lönnqvist sieht einen indirekten Hinweis auf den Bau einer Wasserleitung während der Zeit des Pilatus in der Tatsache, dass zwischen 18 und 31 n. Chr. in den in Judäa geprägten Münzen kein Blei nachzuweisen ist, das normalerweise stets in Münzlegierungen verwendet wird. Blei ist aber ein Baustoff, der insbesondere bei Wasserleitungen in größerem Umfang benötigt wird. Interessanterweise hält er dies auch für ein Indiz, den Beginn der Amtszeit des Pilatus auf die Jahre 17 oder 18 n. Chr. zu verlegen (a. a. O., 467 f.; siehe dazu oben B 1.6.1).

102 Vgl. A. Mazar, The Aqueducts of Jerusalem, 83. Mazar, a. a. O., 82, identifiziert das sog. Arrub-Aquädukt südlich von Jerusalem mit dem bei Josephus erwähnten Bauprojekt des Pilatus. Diese Wasserleitung führte von der Arrub-Quelle im südlichen judäischen Hochland zunächst zu den Salomoteichen südlich von Bethlehem und von dort weiter in einem oberen und einem unteren Aquädukt nach Jerusalem zur Oberstadt bzw. zum Tempelbezirk; vgl. auch A. Demandt, Hände in Unschuld, 91.

des 8. Jh.s v. Chr. gegrabenen Tunnel den Siloah-Teich versorgte. Es ist zweifelhaft, ob das Projekt des Pilatus in der bei Josephus beschriebenen Form tatsächlich zustande kam. Man hat daher vermutet, dass Pilatus möglicherweise die bereits existierende Wasserleitung für den von ihm benutzten und ausgebauten Hasmonäerpalast im westlichen Teil der Oberstadt von Jerusalem ausbauen wollte bzw. ausgebaut hat.[103]

1.6.3 Pilatus und Herodes der »Fuchs«

Zur Frage nach den politischen Konstellationen während der Amtszeit des Pilatus gehört nicht nur seine Beziehung zum Hohepriester Kaiphas, sondern auch sein Verhältnis zu den jüdischen Königen in den anderen Teilen des ehemaligen Herrschaftsgebietes Herodes des Großen. Leider ist darüber wenig Konkretes bekannt. Mit der Aufteilung des Herodesreiches waren die Zuständigkeiten und Kompetenzen klar verteilt und geregelt.[104] Es gibt allerdings eine Episode, die der Evangelist Lukas im Kontext der Passionsgeschichte erzählt und die in dieser Hinsicht aufschlussreich ist.

Bereits zu Beginn der Jesusgeschichte – wie sie das Markusevangelium erzählt – wird deutlich, dass unter anderem die »Herodianer« (gemeinsam mit den Pharisäern) Jesus nach dem Leben trachteten (Mk 3,6; vgl. 12,13). Obwohl die anderen Evangelisten dazu keine unmittelbare Parallele bieten und zudem die Herodianer nach Mt 22,16 nicht ganz so gefährlich erscheinen, so besteht doch kaum Anlass zu grundsätzlichem Zweifel daran, dass diese Notizen auf ein spannungsreiches Verhältnis hinweisen. Es ist zwar umstritten,

---

103 Vgl. K. Jaroš, Pontius Pilatus, 65.

104 Siehe dazu oben B 1.3.

welche Gruppe bzw. welche Personen konkret mit diesem Begriff bezeichnet werden, aber es ist doch immerhin deutlich, dass sie mit dem herodianischen Königshaus verbunden waren. Da Jesus aus Galiläa stammt, muss es sich dabei um Herodes Antipas handeln, dem nach der Aufteilung des Reiches Galiläa und Peräa zugefallen waren, Gebiete, die unmittelbar an den Regierungsbezirk des Pilatus grenzten. Da die Herodianer gemeinsam mit der religiösen Gruppe der Pharisäer genannt werden, liegt die Schlussfolgerung nahe, sie als politisch motivierte Anhänger des Antipas zu identifizieren, die in dessen Auftrag handeln.[105]

Die Spannung zwischen Jesus und den »Herodianern« bzw. Herodes Antipas mag nicht zuletzt damit zusammenhängen, dass der Tetrarch von Galiläa und Peräa für die Hinrichtung Johannes des Täufers verantwortlich war.[106] Auch wenn die konkreten Umstände dafür historisch unklar bleiben, so ist das Auftreten Jesu in der Nachfolge des Täufers (vgl. Mk 1,14) für Herodes Grund zu neuen Befürchtungen, die sich mit dem Tod des Täufers und seiner prophetischen Anklage gegen Herodes verbinden (vgl. Mk 6,14–20).[107]

---

105 Vgl. G. Ringshausen, Das Rätsel der Ἡρῳδιανοί im Markusevangelium.

106 Mk 6,21–29 parr.; vgl. auch das außerbiblische Zeugnis bei Josephus, Ant 18,116–119.

107 Vgl. dazu U. B. Müller, Johannes der Täufer, 76–92; R. Metzner, Die Prominenten, 29–35. Während die biblische Tradition den Tod des Täufers auf dessen Kritik an der Heirat des Antipas mit der »Frau seines Bruders Philippus« (Mk 6,17) festmacht, wurde Johannes nach Josephus gleichsam präventiv aus Furcht vor Aufruhr im Volk hingerichtet. Josephus ergänzt, der Tod des Täufers sei im Volk als Ursache angesehen worden für die Niederlage des herodianischen Heeres in einer Auseinandersetzung mit dem nabatäischen Nachbarn im Jahr 36 n. Chr. (Ant 18,116–118). Die Verbindung beider Überlieferungen liegt

Herodes Antipas herrschte mehr als vierzig Jahre, von 4 v. Chr. bis 39 n. Chr. Als Klientelkönig von römischen Gnaden erweist dies – ganz ähnlich wie bei Pilatus und Kaiphas – seine Fähigkeit, mit kluger und Rom gegenüber loyaler Politik seine Machtposition zu gestalten und zu halten. Nicht ohne Grund nennt Jesus den Henker des Täufers nach Lk 7,24–26 (vgl. Mt 11,7–9) ein »schwankendes Rohr«. Er ist einer, der in politischen Entscheidungen unsicher und von anderen abhängig ist, der aber auch gern in »weichen Kleidern« ausschweifend lebt und zur Sicherung dieser Existenz letztlich auch vor drastischen Maßnahmen gegen seine Kritiker und Gegner nicht zurückschreckt. Auch Josephus nennt die Bequemlichkeit des Herodes als ein wichtiges Movens seines oft wankelmütigen politischen Agierens (Ant 18,245–246).

Ebenfalls nicht ohne Grund nennt Jesus den unberechenbaren Antipas aber zugleich auch einen »Fuchs« (Lk 13,31–33), nachdem man[108] ihm zugetragen hatte, dass Herodes auch ihn beseitigen will. Diese Absicht steht also in unmittelbarem Bezug zum geschickten po-

---

in der Tatsache, dass Herodes seine politische Zweckehe mit der Tochter des Nabatäerkönigs Aretas IV. aufgelöst hatte, um Herodias, die Frau seines Halbbruders Boethus zu heiraten. Boethus war der vierte Sohn von Herodes dem Großen und Mariamne, der Tochter des Hohepriesters Simon; der Name Herodes Philippus in Mk 6,17 ist wohl eine Verwechslung, vgl. Josephus, Ant 18,136.

108 Lukas identifiziert sie als »einige Pharisäer«. Das ist insofern interessant, als es nach Mk 3,6 die Pharisäer und die Herodianer sind, die Jesus töten wollen (vgl. Mk 8,15). An dieser Diskrepanz wird deutlich, dass das literarische Pharisäerbild gewissen Klischees unterliegt und unter historischen Gesichtspunkten die Pharisäer Jesus näherstanden als etwa die Sadduzäer und keineswegs durchgehend ihm gegenüber negativ oder gar feindlich eingestellt waren.

litischen Agieren des Antipas, der es verstand, Gefährdungen seiner Macht rechtzeitig zu begegnen. Die Reaktion Jesu auf den Hinweis über die Gefahr, die für ihn von Herodes ausgeht, ist interessant: Er lässt dem »Fuchs« ausrichten, dass ein Prophet nur in Jerusalem sterben könne (13,33); etwaige Bemühungen des Herodes, Jesus zu beseitigen, wären also ohnehin vergeblich.

Damit ist auf eine geradezu prophetische Weise die politische Konstellation angesprochen, die Lukas in seiner Passionsgeschichte noch einmal aufnimmt: Nicht der galiläische Landesfürst Herodes, sondern der römische Präfekt von Judäa wird für den Tod Jesu zuständig sein. Der Evangelist fügt dies in einer bemerkenswerten Weise in seine Erzählung ein: Nachdem man Jesus zu Pilatus geführt und ihn unter anderem mit seiner Verkündigungstätigkeit von Galiläa bis Judäa angeklagt hatte, schreibt Lukas weiter:

»6 Als aber Pilatus dies hörte, erkundigte er sich, ob dieser
Mann ein Galiläer sei. 7 Und als er erfuhr, dass er aus dem
Herrschaftsbereich des Herodes kam, schickte er ihn zu Herodes, da sich dieser in jenen Tagen ebenfalls in Jerusalem aufhielt.
8 Herodes aber, als er Jesus sah, war sehr erfreut, denn
schon seit einiger Zeit versuchte er, ihn zu sehen wegen der Dinge, die er über ihn gehört hatte, und hoffte, ein Wunder
zu sehen, das durch ihn getan würde. 9 Er befragte ihn also
wortreich, er aber antwortete ihm nichts. 10 Die Oberpriester
und Schriftgelehrten aber standen dabei und beschuldigten
ihn schwer. 11 Herodes aber mitsamt seinen Soldaten verachtete und verspottete ihn, legte ihm ein prächtiges Gewand an
und schickte ihn zurück zu Pilatus. 12 Herodes und Pilatus
aber wurden an diesem Tag miteinander Freunde, denn zuvor lagen sie in Feindschaft zueinander« (Lk 23,6–12).

Diese Geschichte von der Freundschaft zwischen Pilatus und Herodes Antipas ist anderweitig nicht überliefert und gehört zum lukanischen »Sondergut«, d.h. Erzählmaterial, das nur Lukas bietet. Es bleibt deshalb unsicher, ob bzw. inwieweit sie historisch auswertbar ist, aber sie wirft ein gewisses Licht auf die politischen Machtverhältnisse. Bereits in Lk 9,9 hatte der Evangelist vermerkt, Herodes Antipas habe Jesus sehen wollen, weil er von seiner Wirksamkeit erfuhr und das Gerücht umging, der von ihm getötete Johannes der Täufer sei wieder auferstanden. Nun bietet sich die Gelegenheit dazu. Wie der Präfekt besonders zu Passafesten, so hielt sich auch der König von Galiläa und Peräa in Jerusalem auf, wenn auch wohl aus anderen Beweggründen.[109] Er residierte vermutlich im alten Palast der hasmonäischen Könige, gelegen zwischen dem Tempel und dem ehemaligen Palast Herodes des Großen, welcher von den Statthaltern als »Prätorium« genutzt wurde.[110] Bevor Jesus zu Herodes geschickt wurde, hatte Pilatus bereits die Schuldlosigkeit Jesu festgestellt, obwohl dieser auf die Frage, ob er der König der Judäer sei, positiv geantwortet hatte (23,4f.). Diese Antwort Jesu hätte Pilatus eigentlich einen unmittelbaren Anlass geboten, Jesus zu verurteilen, denn der Anspruch, König der Judäer zu sein, ist politisch durchaus brisant, noch dazu für einen Galiläer, der sich durch

109 Josephus berichtet in Ant 18,122 die erstaunliche Episode, der Legat Vitellius sei während seines Feldzuges gegen den Nabatäerkönig Aretas gemeinsam mit Herodes Antipas und seinen Freunden zu einem jüdischen Opferfest nach Jerusalem gereist und habe dort – vorausgesetzt ist: im Jerusalemer Tempel – ein Opfer dargebracht.

110 Siehe dazu unten B 3.1.5.

solch ein Bekenntnis selbst in die Nähe der Zeloten brachte.[111]

Die Anwesenheit des Antipas in Jerusalem erscheint für Pilatus als eine günstige Gelegenheit, die ihn bedrängende Menge und die unangenehme Angelegenheit loszuwerden. Von konkreten Absichten ist nicht die Rede und auch im Hinblick auf Zuständigkeiten bestand keine Notwendigkeit, Jesus als Galiläer an Herodes zu überstellen.[112] Herodes lässt sich auf die Anklage gegen Jesus nicht ein. Trotz intensiven Verhörs bleibt Jesus seinem Landesherrn gegenüber stumm – man ist fast geneigt zu ergänzen: damit erfüllt würde, was er über den Tod des Propheten in Jerusalem gesagt hatte (vgl. 13,33). Der Gegenstand des Verhörs bei Herodes wird – anders als bei Pilatus – nicht genannt. Der Hinweis auf den bereits länger gehegten Wunsch des Herodes, ein Zeichen (vielleicht ein Legitimationswunder) von Jesus zu sehen, deutet immerhin an, welche Interessen Herodes hatte. Für die scharfen Anklagen der Oberpriester interessiert er sich offenbar nicht (23,10). Mit der enttäuschten Rücksendung Jesu zu Pilatus respektiert Herodes Antipas formal gesehen die juristischen Zuständigkeiten; er selbst hätte Jesus in Jerusalem nicht verurteilen können.[113] Doch die ur-

---

111 Siehe dazu oben B 1.5.

112 Vgl. J. Wilker, Für Rom und Jerusalem, 124–127, die vor allem politisches Kalkül des Pilatus als Motiv für die »diplomatische Geste« annimmt.

113 Eine ähnliche Konstellation – wenn auch in der Sache verschieden und wesentlich detailreicher – findet sich bei Lukas noch einmal in Apg 25,1–27, als Paulus unter der Anklage durch die Oberpriester und führenden Juden dem Statthalter Porcius Festus in Cäsarea vorgeführt wird, dieser ihn dann aber dem jüdischen König Herodes Agrippa II. überstellt, der sich aus nicht genannten Gründen ebenfalls in Cäsarea Maritima, dem Sitz

sprüngliche Absicht, Jesus zu töten, hat sich in spöttischer Verachtung aufgelöst (23,11).

Nach der Darstellung des Lukas erscheinen Herodes und Pilatus gleichermaßen ratlos in der Causa Jesu (vgl. 23,13–21). Die Bemerkung über die Freundschaft zwischen den beiden wird man nicht – wie apokryphe Traditionen – überbewerten dürfen.[114] Sie vermittelt selbst bei Lukas den Eindruck der Gleichgültigkeit gegenüber dem Schicksal Jesu und deutet letztlich eine politische Zweckfreundschaft zweier Politiker an, die sich nicht gegenseitig und unnötigerweise Probleme bereiten wollen. Die »Feindschaft«, die damit überwunden wurde, bezieht sich sehr wahrscheinlich auf die schwelende Konkurrenz zwischen beiden. Oft wird ein Zusammenhang mit der Ermordung von Galiläern vermutet, von der (ebenfalls als Sondergut) in Lk 13,1 f. die Rede war und die Antipas nicht ohne Weiteres hätte auf sich beruhen lassen können.[115] Doch bleibt hier vieles im Bereich des Spekulativen. Die Kollaboration zwischen Pilatus und Herodes hat zudem bei Lukas

des römischen Statthalters, aufhielt (25,13). Die Geschichte endet damit, dass Agrippa und Festus übereinkommen, Paulus sei keines Verbrechens schuldig (26,30–32).

114 Wenn Herodes im Petrusevangelium den Präfekten mit »Bruder Pilatus« anredet (EvPetr 2,5), dann ist das eine solche tendenzielle Überzeichnung, die letztlich den Zweck hat, den Römer vollständig zu ent- und den jüdischen Herrscher (und damit »die Juden«) zu belasten. In dieser apokryphen Schrift bleibt kein Stein der Überlieferung auf dem anderen: Pilatus tritt hinter Herodes als Verantwortlicher im Prozess gegen Jesus vollständig zurück, Jesus wird von Herodes verurteilt und zur Hinrichtung ausgeliefert, und es ist Pilatus, der Herodes um die Herausgabe des Leichnams Jesu zum Begräbnis bittet; siehe dazu unten C 1.

115 Vgl. zuletzt wieder J. Wilker, Für Rom und Jerusalem, 107 f.; siehe unten B 1.6.4.

erklärtermaßen eine biblisch-theologische bzw. heilsgeschichtliche Dimension, wenn er in Apg 4,27f. die Aussage von Ps 2,1f., die Mächtigen der Welt verbündeten sich gegen den Gesalbten Gottes, ausdrücklich auf Herodes und Pilatus bezieht und darin Gottes vorherbestimmenden Willen am Werk sieht.[116] Darüber hinaus verstärkt die Szene in der lukanischen Darstellung die Position des Pilatus, der Jesus für unschuldig hält.

Der historische Wert dieser Episode über die Begegnung zwischen Herodes Antipas und Pilatus anlässlich des Prozesses gegen Jesus ist also nicht ohne Grund infrage gestellt worden. Dennoch ist zu berücksichtigen, dass die Spannungen zwischen dem jüdischen Tetrarchen und dem römischen Präfekten durchaus historisch plausibel sind. Bereits die Aufteilung des Herodesreiches war Antipas stets ein Dorn im Auge, zumal nach der Absetzung seines Bruders Archelaos, des Haupterben Herodes des Großen, Judäa unter römische Präfektur gestellt wurde. Antipas hatte nicht zuletzt aufgrund seiner engen Verbindung zu Tiberius versucht, die Nachfolge seines Vaters über das gesamte Herodesreich anzutreten.[117] Zudem war er wohl – wenn man Philon glauben darf – insbesondere zu Beginn der Amtszeit des Pilatus an Protestaktionen gegen ihn beteiligt, etwa als dieser seine Autorität und die römische Präsenz in Jerusalem mit der Aufstellung römischer Schilder im Herodespalast dokumentieren

116 Vgl. R. Metzner, Die Prominenten, 291f.

117 Zu Ehren des Kaisers errichtete Herodes Antipas eine neue Hauptstadt am See Genezareth mit Namen Tiberias, vgl. Josephus, Ant 18,36–38; in diesem Zusammenhang erwähnt Josephus auch explizit Antipas' »große Freundschaft zu Tiberius«.

wollte (vgl. Philon, LegGai 299–305).[118] Derartige Animositäten jedoch werden alle Beteiligten schon aus politischem Kalkül heraus recht bald überwunden haben.

1.6.4 Ränke und Intrigen

Besser bekannt als die Umstände seines Amtsantritts sind diejenigen der Entfernung des Pilatus aus seinem Amt.[119] Nach Josephus ist der konkrete Auslöser dafür eine Beschwerde des Hohen Rates der Samaritaner über das brutale Vorgehen des Pilatus gegen eine Gruppe Aufständischer am Berg Garizim. Die Beschwerde war an den Legaten Vitellius gerichtet, der selbst erst im Jahr 35 n. Chr. von Tiberius als Nachfolger des Flaccus eingesetzt worden war. Nach einer hinsichtlich chronologischer Kriterien nicht unproblematischen Zusammenstellung einiger Episoden aus der Regierungszeit des Pilatus im Umgang mit den Juden[120] beschreibt Josephus relativ ausführlich eine letzte Aktion des Präfekten gegen die Samaritaner:

»[85] Doch auch das Volk der Samaritaner kam nicht zur Ruhe. Es sammelte sie ein Mann zusammen, der die Lüge für ein geringes (Übel) hielt und der alles so zurechtlegte, damit die Menge Gefallen daran hätte. Dieser forderte, sie sollten mit ihm auf den Garizim steigen, der ihnen als heiligster Berg galt, und versicherte ihnen, wenn sie angekommen wären, die heiligen Geräte zu präsentieren, die dort vergraben wären, weil Mose sie dort deponiert hätte. [86] Sie waren aber bewaffnet und weil sie das Versprechen für glaubwürdig hiel-

118 Siehe dazu unten B 2.4.2.

119 Vgl. dazu D. R. Schwartz, Pontius Pilate's Suspension from Office.

120 Siehe unten B 2.4.1.

ten, sammelten sie sich in einem Dorf, Tirabatha genannt, und empfingen die weiterhin Dazukommenden, um gemeinsam in großer Zahl auf den Berg zu steigen. Pilatus aber kam ihnen zuvor und versperrte den Weg mit einer Eskorte von Reitern und bewaffneten Soldaten, [87] die diejenigen angriffen, die sich im Dorf zusammengerottet hatten. Als es zum Kampf kam, wurden einige getötet, andere in die Flucht geschlagen und etliche gefangen genommen, von denen Pilatus die Anführer tötete sowie die Bedeutendsten unter den Geflohenen. [88] Nach der Niederschlagung des Aufruhrs verklagte der Rat der Samaritaner den Pilatus bei Vitellius, einem ehemaligen Konsul, der die Statthalterschaft Syriens innehatte, wegen der Abschlachtung der Getöteten, denn sie hatten sich in Tirabatha nicht versammelt zu einem Aufstand gegen die Römer, sondern um der Gewaltherrschaft des Pilatus zu entkommen. [89] Und so entsandte Vitellius seinen Freund Marcellus zur Verwaltung Judäas und befahl Pilatus, nach Rom zu gehen, um dem Kaiser zu erklären, warum die Samaritaner Anklage erhoben hätten. Und Pilatus, der zehn Jahre in Judäa tätig war, befolgte die Anordnungen des Vitellius und begab sich nach Rom, weil er sich dem nicht widersetzen konnte. Bevor er aber in Rom ankam, war Tiberius inzwischen gestorben« (Ant 18,85–89).

Nach der Darstellung des Josephus ist die Absetzung des Pilatus eine direkte Folge seines Vorgehens gegen eine bewaffnete samaritanische Gruppe am Garizim. Aber das ist eine grobe Verkürzung. Was auch immer zum Aufruhr der samaritanischen Gruppe führte – unter historischen Gesichtspunkten ist das Vorgehen des Pilatus keineswegs so unangemessen, dass es ihn das Amt hätte kosten müssen. Schon die Bewaffnung und die Sammlung der Gruppe (oder soll man sagen: der Truppen?) musste die Aufmerksamkeit der Behörden auf sich ziehen. Pilatus bewegt sich vielmehr im Rahmen dessen, was man von einem Präfekten Roms erwartet und was auch anderswo vielfach geschieht: Der Aufruhr durch einen betrügerischen Demagogen und die Gefährdung der Sicherheit müssen unterbunden werden, möglichst bereits im Entstehen.[121]

Josephus' Erzählung über den Vorfall am Garizim ist in mehrfacher Hinsicht problematisch. Es wird zum einen nicht deutlich, woher er die Informationen über dieses Ereignis hatte. Josephus lässt auch im Unklaren, was konkret die bewaffnete Gruppe auf dem Garizim wollte bzw. vor allem, was sie nach dem Besuch auf ihrem »heiligen Berg« im Schilde führte. Schon die Bewaffnung lässt nichts Gutes vermuten und spricht dagegen, dass es sich lediglich um eine religiös motivierte Pilgergruppe gehandelt habe. Die Absicht ihres Anführers, er wolle die »verborgenen Geräte [oder Gefäße] des Mose« zeigen, ist insofern betrügerisch, als Mose nach der alttestamentlichen Tradition weder das Land noch den Garizim je betreten hat.

Der Mosebezug deutet vielmehr auf einen messianisch motivierten Aufstand hin, der durch das Zeigen

---

121 Vgl. D. R. Schwartz, Pontius Pilate, 399. Ein annähernd vergleichbares Ereignis berichtet Josephus in Bell 3,307–315: Auf einem Nebenschauplatz zur Einnahme der galiläischen Festung Jotapata im ersten jüdischen Krieg zerschlägt Vespasian eine bewaffnete Gruppe von Samaritanern am Garizim. Josephus nimmt die mutmaßliche Einschätzung Vespasians vorweg: »Bereits in ihrer bloßen Zusammenrottung und in ihren Absichten lag eine Kriegsdrohung« (3,307). Allerdings ist der Unterschied zu Pilatus, dass Vespasian hier als Feldherr in einem offenen Krieg agiert, Pilatus hingegen will den offenen Aufruhr vermeiden. Während Pilatus mit einer kleineren Eskorte von Reitern und Fußvolk agiert, zieht Vespasian 600 Reiter und 3.000 Soldaten zusammen (3,310). Am Ende ist von 11.600 Toten die Rede (3,315).

kultischer Geräte oder Gefäße auf besondere Weise angeheizt werden sollte. Die Erwähnung des Mosenamens lässt die messianische Hoffnung der Samaritaner auf einen »Propheten wie Mose« (nach Dtn 18,18) aufleben, der als *Taheb*, als »Wiederhersteller«, erwartet wurde. Da der Garizim geographisch nicht gerade in dem Einzugsbereich lag, in dem sich Pilatus in der Regel bewegte, bleibt weiterhin unklar, wie der Präfekt davon erfahren hatte, und zwar so konkret, dass er den potentiell Aufständischen einen Hinterhalt legen konnte. In diesem Zusammenhang ist auch die Rolle des »Rates der Samaritaner« unklar. Dass dieser die Beschwerde führen musste, ist eher selbstverständlich. Allerdings ist er ebenso wie der Hohe Rat in Jerusalem ein Gremium, das an stabilen Verhältnissen interessiert sein müsste, und dafür waren messianisch motivierte Aktionen selten ein geeignetes Mittel.

Schließlich suggeriert der Begriff »Abschlachtung« in der Anklage des Rates der Samaritaner (Ant 18,88) mehr, als der Text tatsächlich hergibt. Demgegenüber weist Josephus ausdrücklich darauf hin, dass der Aufruhr von einem »Lügner und Verführer« angezettelt wurde, zweitens hätten sich die, die ihm folgten, bewaffnet (18,86), und drittens habe selbst der Rat der Samaritaner ausdrücklich erst nach der Zerschlagung der Aufständischen bei Vitellius interveniert (18,88). Zwischen den Zeilen scheint es fast, als hätte der Rat der Samaritaner selbst ein Interesse an der Niederschlagung dieser von einem zweifelhaften Mann angeführten Menge, der sich vielleicht als Messias ausgab. Ihre Intervention und vor allem die Maßnahme, die Vitellius ergreift, klingt vor diesem Hintergrund eher wie ein vorsichtiger politischer Schachzug, nicht wie ein Urteil: Pilatus hatte eigentlich nur getan, wozu er als Präfekt verpflichtet war, nämlich für Ruhe und Sicherheit zu sorgen und zu diesem Zweck auch mitunter hart durchzugreifen.

Die Maßnahme des Vitellius, Pilatus aufgrund der Klage des samaritanischen Rates zur Klärung der Angelegenheit nach Rom zu schicken, lässt sich zwar auch so deuten, dass er den Präfekten zunächst einmal aus der Schusslinie der Kritik nehmen wolle. Sehr viel wahrscheinlicher aber ist, dass der Legat diese Gelegenheit nutzte, um Pilatus kurzerhand aus dem Amt zu entfernen und »seinem Freund Marcellus« (18,89) den Posten zu verschaffen. Die in 18,90 dann im unmittelbaren Anschluss erwähnte Reise des Vitellius nach Jerusalem unterstützt diese Vermutung; bei dieser Gelegenheit wird dann auch der Hohepriester Kaiphas abgesetzt (18,95). Pilatus wird also nicht wegen eines Fehlverhaltens oder gar seiner »Grausamkeit« suspendiert (wie ihm vor allem Philon unterstellt),[122] sondern er wird zum Opfer politischer Intrigen.

Die gewaltsame und mit Todesopfern verbundene Zerschlagung des mutmaßlichen Aufstandes am Garizim wurde oft mit jenem »Blutbad« in Beziehung gesetzt, das Lukas in einer knappen Bemerkung erwähnt: Jesus sei berichtet worden, Pilatus habe »das Blut der Galiläer mit ihren Opfern vermischt« (Lk 13,1). Worum es hier geht, ist weitgehend unklar, angefangen von der Frage, woher Lukas diese Notiz hat. Literarisch ist sie als eine Information Unbekannter an Jesus eingeführt. Handelt es sich lediglich um ein kolportiertes Gerücht oder bezieht es sich auf ein aktuelles Ereignis, durch das Jesus – als Galiläer – vor der Entschlossenheit des Pilatus gewarnt werden soll?

---

122 Siehe dazu unten B 2.4.2.

Die Formulierung legt nahe, dass galiläische Pilger während einer kultischen Opferhandlung im Tempel getötet wurden.[123] Doch ist das bereits eine überzeichnende Interpretation, denn eine derartige Exekution im Tempel von Jerusalem anzunehmen, ist nach allem, was sonst von Pilatus bekannt ist, sehr unwahrscheinlich. Der Text lässt zudem offen, ob es sich dabei nicht auch um Opfer eines zelotischen Aufruhrs handeln könnte.[124] Ein Zusammenhang mit dem Ereignis, wie es in Ant 18,85–89 bei Josephus überliefert ist, kann daher nicht gänzlich ausgeschlossen werden. Der messianische Anspruch der samaritanischen Aufständischen könnte zu einer Verwechslung mit zelotischen Galiläern geführt haben, und selbst die Präsentation der Mosegeräte könnte als kultische (Opfer-)Handlung gedeutet werden, bei der jene bei Lukas irrtümlicherweise als Galiläer Bezeichneten durch Pilatus getötet wurden.[125]

Auch eine Verwechslung mit der Tötung von 3.000 Passafestpilgern durch Herodes Archelaos im Jahr 4 v. Chr. ist erwogen worden.[126] Schwartz vermutet hinter Lk 13,1 die bei Josephus, Ant 18,60–62 erzählte Episode über den Skandal

---

123 Vgl. M. Hengel, Die Zeloten, 209; M. Wolter, Das Lukasevangelium, 475; ferner, wenn auch mit hochgradig spekulativen Elementen und historisierenden Überzeichnungen versehen, J. Blinzler, Die Niedermetzelung von Galiläern durch Pilatus, 29–31 (vgl. bereits den wertenden Titel).

124 Vgl. R. Eisler, ΙΗΣΟΥΣ II, 516–525; O. Cullmann, Der Staat im Neuen Testament, 9; C. Cohn, Der Prozeß und Tod Jesu aus jüdischer Sicht, 39.

125 Das historisierende Argument J. Blinzlers, Die Niedermetzelung von Galiläern, 34f., der Vorfall bei Josephus stehe im zeitlichen Zusammenhang mit der Absetzung des Pilatus im Jahr 36 n. Chr., Jesus sei aber bereits im Jahr 30 oder spätestens 33 n. Chr. hingerichtet worden, ist aus der literarischen Erzählperspektive des Lukas nicht überzeugend.

126 Vgl. Josephus, Bell 2,10–13.89; Ant 17,213–218.237.240–242; s. dazu M. Wolter, Lukasevangelium, 475f.

anlässlich des Baues eines Aquäduktes, der mit etlichen Toten endete.[127] Doch ist dies alles spekulativ.[128] Ähnliche Fragen werden bei dem Vergleich der episodischen Erzählungen über Pilatus bei Josephus und Philon noch begegnen. Für beide Ereignisse, den Zwischenfall am Garizim und das »Blutbad« unter den Galiläern, gibt es sonst keine weiteren Hinweise. Man muss bei solchen Texten stets nach der Motivation und der Perspektive ihrer Autoren fragen, die nicht nur allzu oft im Dunkeln bleiben, sondern in ihrer impliziten Bewertung des Verhaltens des römischen Präfekten sehr unterschiedlich ausfallen können.

Wenn man voraussetzt, dass die Episode über die Samaritaner tatsächlich in einem zeitlichen und sachlichen Zusammenhang mit dem Ende der Amtszeit des Pilatus steht, so spricht viel für die Annahme, dass Vitellius darin eine willkommene Gelegenheit sah, den langjährigen Präfekten Pilatus loszuwerden und den Posten mit einem ihm politisch nahestehenden Freund zu besetzen. Dass er nahezu zeitgleich auch den mit Pilatus über lange Zeit kooperierenden Kaiphas als Hohepriester absetzte (Ant 18,90–95), unterstreicht diese Absicht.[129] Ob bei der Absetzung des Kaiphas auch der Umstand eine Rolle spielte, dass Hannas, dessen Schwiegervater und einflussreicher Mann hinter den Kulissen der Macht,[130] kurz zuvor gestorben war, lässt sich zwar nicht erweisen, ist aber immerhin bemerkenswert.

---

127 D. R. Schwartz, Pontius Pilate, 398; siehe dazu oben B 1.6.2.

128 Vgl. dazu H. K. Bond, Pontius Pilate, 194–196.

129 Vgl. E. Bammel, Pilatus' und Kaiphas' Absetzung; R. Metzner, Kaiphas, 167f.

130 Siehe dazu oben B 1.6.2.

Die Möglichkeit, Pilatus aus dem Amt zu entfernen, war wohl auch dadurch begünstigt, dass der Stern von dessen Förderer Tiberius wie auch der des Prätorianerpräfekten Seianus am Sinken bzw. bereits verloschen war. Seianus selbst war noch auf Betreiben des Tiberius vermutlich wegen einer Machtintrige gegen den Kaiser abgesetzt, verhaftet und vom Senat zum Tode verurteilt worden. Gut möglich, dass Pilatus in die Intrigen um den Tod des Seianus verwickelt war und er dadurch – wie andere auch (vgl. Tacitus, Annales VI,3) – diskreditiert war.

Pilatus wurde von Vitellius nach Rom geschickt, um sich vor dem Kaiser wegen der Beschwerde des samaritanischen Rates zu rechtfertigen. Vitellius nutzte also diese Beschwerde über das aus römischer Sicht wohl kaum zu beanstandende Agieren des Pilatus gegen potentielle Aufrührer für seine politischen Interessen aus.[131] Josephus notiert nur knapp, der Kaiser sei gestorben, noch bevor Pilatus nach Rom gelangte (Ant 18,89). Aber das spielte schon keine Rolle mehr. Da Vitellius im Jahr 35 n. Chr. Legat wurde, der Tod des Tiberius auf Anfang 37 n. Chr. zu datieren ist, wird die Absetzung des Pilatus gegen Ende 36 n. Chr. erfolgt sein, was seine Romreise aufgrund der winterlichen Reiseverhältnisse wohl so lange verzögerte, dass er erst nach dem Tod des Kaisers in Rom eintraf. Doch befand sich Tiberius zu jener Zeit bereits als kranker und mit dem römischen Senat zerstrittener Mann in seinem Alterssitz auf Capri und sein Einfluss hielt sich in Gren-

---

131 E. Bammel, Pilatus' und Kaiphas' Absetzung, 54 f., vermutet in den bedrängenden Partherkonflikten und der Absicht einer schnellen Lösung einen maßgeblichen Grund für das ungewöhnlich schnelle Agieren des Vitellius gegen Pilatus.

zen. Mit dem Tod des Kaisers hatte Pilatus letztlich seinen politischen Halt verloren.

Am weiteren Schicksal des Pilatus ist Josephus nicht interessiert. Das offene Ende seiner Geschichte eröffnet einen weiten Raum für Fragen und Spekulationen, was aus dem Präfekten geworden ist. Letztere lassen dann auch in Gestalt zahlreicher Legenden nicht lange auf sich warten.

2. Pilatus bei Philon von Alexandrien und Flavius Josephus

Im Rahmen der Darstellung historisch-biographischer Aspekte aus dem Leben und Wirken des elften Präfekten Judäas ist bereits deutlich geworden, dass sich das Wissen über seine Person und ihre Verankerung in der Geschichte Judäas maßgeblich dem jüdischen Geschichtsschreiber Flavius Josephus verdankt. Zwar ist auch die kurze Nennung des Pilatus in den Annalen des Tacitus durchaus bemerkenswert.[132] Sie ist jedoch lediglich ein Beleg dafür, dass auch in römischer Geschichtsschreibung die »verabscheuungswürdige« Gruppe der »Chrestianer« bekannt war, die Nero zum Sündenbock für den Brand Roms machen wollte und die auf einen Mann namens Christus zurückgeht, der von Pilatus hingerichtet worden sei. Der Grundtenor dabei ist natürlich: zu Recht, womit im Rückblick des Tacitus indirekt auch das Agieren des Pilatus ganz selbstverständlich als eine Pflichterfüllung im Sinne Roms gewertet wird und insofern keine besondere Bewertung nötig macht.

132 Siehe dazu oben B 1.2.

Aufgrund der spärlichen paganen Zeugnisse von und über Pilatus gewinnen die Werke des Josephus umso mehr an Gewicht. Ohne sie ließe sich kaum etwas über diesen Präfekten und seine Bedeutung für die Geschichte Judäas sagen. Die methodischen Probleme der Rekonstruktion von Geschichte, insbesondere der Lebensgeschichte von Personen, sind eingangs erläutert worden.[133] Im Folgenden soll vor allem das literarische Interesse und das dadurch entstehende Pilatus*bild* des Josephus reflektiert werden. Einiges davon ist bereits angeklungen. Interessant ist zudem der Vergleich mit der (literarisch älteren) Pilatusüberlieferung in Philon von Alexandriens Schrift *Legatio ad Gaium* (»Gesandtschaft an Gaius«, gemeint ist Kaiser Gaius Caligula), weil beide jüdische Autoren ein sehr unterschiedliches Bild zeichnen: Während Philon in der *Legatio* von einer engagierten und empörten Delegation der jüdischen Bürgerschaft Alexandriens an den Kaiser erzählt und damit konkrete politische Absichten verfolgt, Pilatus zu diesem Zweck instrumentalisiert und seinen Text zudem in relativer zeitlicher Nähe zu dessen Amtszeit verfasst (Anfang der 40er Jahre des 1. Jh. n. Chr.), schreibt Josephus aus größerem Abstand; das *Bellum* entsteht Ende der 70er Jahre des 1. Jh. n. Chr. recht bald nach dem Untergang des Tempels und der Eroberung Massadas, die *Antiquitates* Anfang der 90er Jahre. Aufgrund seiner Lebensgeschichte und den Umständen, unter denen er schreibt, verbindet Josephus mit seiner Pilatusüberlieferung zudem keine aktuellen politisch-rhetorischen Absichten. Er versteht sich vielmehr als einen Vermittler, der einem römischen Publikum die Eigenart und die Geschichte des jüdischen

133 Siehe dazu oben A 3.

Volkes und seiner Religion nahebringt. Damit liefert er zugleich auch Deutungen der oft so heftigen Konflikte mit Rom und ihrer Ursachen. Anders als es die Chronologie der Schriften nahelegt und es in den Pilatus-Gesamtdarstellungen üblich ist, soll daher im Folgenden die Josephusüberlieferung zuerst behandelt und die einzelnen Episoden bei Philon dem zugeordnet werden. Beide Pilatusdarstellungen bleiben letztlich ambivalent, insofern sie weder historisch noch prosopographisch ein kohärentes Bild von Pilatus vermitteln.

2.1 Ein kurzer Überblick

Zunächst lohnt sich ein kurzer Überblick über die bei Philon und Josephus berichteten Ereignisse sowie die Anordnung und Verteilung des Stoffes.

Philon von Alexandrien, Legatio ad Gaium 299–305	*Flavius Josephus, Bellum Judaicum 2,169–177*	*Flavius Josephus, Antiquitates 18,55–64.85–89*
• Anbringung von Schilden im Palast des Herodes in Jerusalem (ohne Bild, aber mit Weiheinschrift)	• 169–174: Aufstellung von Feldzeichen mit kaiserlichen Bildnissen in Jerusalem (keine Angabe des konkreten Ortes) • 175–177: Bau eines Aquäduktes mit Geld aus dem Tempelschatz	• 55–59: Aufstellen von Feldzeichen mit kaiserlichen Bildnissen in Jerusalem (keine Angabe des konkreten Ortes) • 60–62: Bau eines Aquäduktes mit Mitteln aus dem Tempelschatz • 63–65: Hinrichtung Jesu durch Pilatus (sog.

		»Testimonium Flavianum«) *[dazwischen 66–80.81–84: längerer Exkurs ohne Bezug zu Pilatus über einen Zwischenfall im Isis-Tempel in Rom und über die Ausweisung der römischen Juden durch Tiberius]* • 85–87: Niederschlagung des Samaritaneraufstandes am Garizim und Absetzung des Pilatus

Die Übersicht zeigt, dass sich die überlieferten Pilatusepisoden mit zunehmendem zeitlichen Abstand vermehren. Aus einer – allerdings recht ausführlich erzählten – Geschichte bei Philon werden im *Bellum* des Josephus zwei, in den *Antiquitates* sogar vier. Zwei Erzählungen (von den Feldzeichen und dem Aquädukt) bietet Josephus in beiden Werken, wobei deutlich ist, dass es sich um dieselben Ereignisse handelt, die in jeweils veränderter Form wiedergegeben werden. Aufgrund wesentlicher Veränderungen sind die Versionen in den *Antiquitates* wohl sogar als regelrechte Neufassungen anzusehen.[134] Doch spricht schon dieselbe

134 Vgl. H. K. Bond, Pontius Pilate, 69.

Abfolge der Episoden für eine bewusste Anknüpfung der *Antiquitates* an das *Bellum*, die dann noch einmal erweitert wird. Am weiteren Schicksal des Pilatus im Kontext der Ereignisse in Samaria ist Josephus im *Bellum* nicht interessiert.

Fraglich bleibt, ob der bei Philon erzählte Zwischenfall mit den römischen Schilden von dem bei Josephus berichteten Ereignis um die römischen Feldzeichen zu unterscheiden ist oder ob es sich um jeweils dasselbe Geschehen handelt, das nur verschieden wiedergegeben wird.[135] Eine Sonderstellung nimmt schließlich das sog. *Testimonium Flavianum* ein, da umstritten ist, ob es ursprünglich von Josephus stammt, christlich bearbeitet wurde oder gänzlich ein christlicher Zusatz ist.[136] Es findet sich nur in den *Antiquitates* und hat dort ein gewisses Pendant in der Überlieferung zu Johannes dem Täufer (Ant 18,116–119). Die Unterbrechung des Pilatusstoffes durch eine Darstellung von Ereignissen in Rom (Ant 18,66–84), die mit Pilatus nicht das Geringste zu tun haben, ist auffällig und hinsichtlich der Platzierung innerhalb der Erzähldarstellung kaum sinnvoll erklärbar.

Bevor die Pilatustexte bei Philon und Josephus näher erörtert werden, sollen die beiden Autoren kurz vorgestellt werden.

2.2 Josephus – Priester, Offizier, Geschichtsschreiber

Um die Pilatusdarstellung des Josephus zu verstehen, ist es notwendig, dessen spezifische Sicht auf diesen Teil der Geschichte Judäas vor Augen zu haben. Diese

135 Siehe dazu unten 2.4.2.

136 Siehe dazu unten 2.6.

Perspektive ist maßgeblich geprägt von seiner Lebensgeschichte. Als Josephus im Jahr 37 oder 38 n. Chr. in Jerusalem geboren wird, ist Pilatus bereits nicht mehr im Amt. Aus seiner eigenen Lebensbeschreibung (verfasst in den ersten Jahren des 2. Jh.) ist einiges über Josephus zu erfahren.

Josephus (eigentlich: *Josef ben Matitjahu*) stammt aus einer angesehenen priesterlichen Familie mit langer Tradition, die zur Jerusalemer Aristokratie gehört. Er war selbst für eine Priesterlaufbahn vorgesehen. Hinsichtlich seiner religiösen Prägung rechnet er sich den Pharisäern zu, eine Entscheidung, die er – wie er betont – bewusst getroffen habe, nachdem er sich intensiv mit den jüdischen Gruppen beschäftigte. Zeitweise habe er sogar bei einem Einsiedler gelebt, was ihm allerdings zu anstrengend war (Vita 10–12). Als im Jahr 66 der erste jüdische Krieg ausbricht, wird Josephus Kommandeur einer Gruppe Aufständischer in Galiläa. Im Rückblick behauptet er – als römischer Bürger, der inzwischen längst den Flaviern verpflichtet war – in seiner »Vita«, er sei dazu gedrängt worden, und zwar mit großen Bedenken seinerseits gegen den Krieg und in der Hoffnung auf dessen schnelles Ende. In den Kämpfen um die galiläische Festung Jotapata (Bell 3,132–339) entzog er sich dem kollektiven Selbstmord der jüdischen Kämpfer, wurde von Vespasian gefangen genommen und verstand es auf eine ebenso geschickte wie (aus jüdischer Sicht) verräterische Weise, sein Leben zu retten (3,340–408). Der Kaiser lässt ihn frei (4,622–629), und im offiziellen Status eines *libertus* (»Freigelassener«) und römischen Bürgers (Vita 422–423) lässt Josephus selbst keinen Zweifel daran, wie viel er den flavischen Kaisern Vespasian und Titus zu verdanken hat und wie sehr er ihnen verbunden ist.[137]

---

137 Es wird vermutet, dass er selbst das *nomen gentile* der Flavier

Unter diesem Vorzeichen muss eine Schilderung des jüdischen Krieges, die Josephus unmittelbar nach der Reise aus dem Kriegsgebiet nach Rom am kaiserlichen Hof geschrieben hat, eine zumindest aufs Ganze gesehen romfreundliche Tendenz haben. Das schließt natürlich nicht aus, dass auch im Einzelnen kritisch wertende Töne angeschlagen werden. Josephus lässt dabei durchaus erkennen, dass er die Präfekten Judäas nicht für die Elite der römischen Ritterschaft hält, sondern eher für zweitklassige Beamte.[138] So erklärt sich die nüchterne Weise der Pilatusdarstellung im *Bellum,* die sich jedes Werturteils enthält, und auch die Auswahl von lediglich zwei Episoden, die den Präfekten von Judäa als einen besonnenen und politisch angemessen agierenden Provinzbeamten darstellen.

Das gilt jedoch nicht in demselben Maße für die Erzählungen in den *Antiquitates,* die allerdings aus einem weit größeren Abstand heraus geschrieben wurden und – als eine andere Art der Geschichtsdarstellung – auch wertende Aspekte einbringen.[139] In den »Altertümern« geht es Josephus vor allem um die Darstellung der Juden als eines – trotz aller Unruhen und Kriege – loyalen Volkes und des Judentums als einer legitimen Religion und Kultur einem nichtjüdischen Publikum gegenüber. Die weithin doch recht vorsichtigen Werturteile des Josephus über römische Persönlichkei-

---

seinem Namen hinzugefügt habe. In seinen Schriften verwendet er es jedoch nicht. Es ist ihm vielleicht erst später durch christliche Autoren zugelegt worden.

138 Vgl. S. Mason, Josephus and the New Testament, 29.

139 Leider enden die »Altertümer« des Josephus kurz vor dem ersten jüdischen Krieg, nach Ant 20,259 soll man die (ca. 30 Jahre zuvor verfasste) Geschichte des jüdischen Krieges als deren Fortsetzung lesen.

ten sind immer noch weit entfernt von jenem nahezu vernichtenden Urteil des Philon über die römischen Präfekten, dem nur eine einzige Episode reicht, um Pilatus nahezu vollständig und angesichts der Wirkungsgeschichte auch nachhaltig zu diskreditieren.

2.3 Philon – Philosoph und Politiker

Während Josephus zur priesterlich-pharisäischen Aristokratie Jerusalems gehörte, ist Philon ein ebenfalls aristokratischer Diasporajude, der aus einer einflussreichen und wohlhabenden Familie Alexandrias stammt, eine hohe Bildung genossen und vor allem die griechische Philosophie (insbesondere die Werke Platons) umfassend studiert und verinnerlicht hat. Seine Lebensdaten sind nicht bekannt, vermutet wird der Zeitraum 20/10 v. Chr. – 40/50 n. Chr. Die von Alexander dem Großen gegründete Geburtsstadt des jüdischen Religionsphilosophen gehörte zu den Metropolen des Imperium Romanum. Sie besaß eine große jüdische Gemeinde, die das bürgerliche Leben der Stadt in hohem Maße prägte und ihrerseits stark von der hellenistisch-römischen Kultur bestimmt war. Nach Josephus hatten die Juden Alexandrias dieselben Bürgerrechte wie die nichtjüdischen Einwohner und waren, was die Ausübung ihrer Religion anging, mit gewissen Privilegien ausgestattet (Ant 19,280 f.). Josephus würdigt Philon sogar ausdrücklich im Zusammenhang mit der Gesandtschaft der alexandrinischen Juden an Kaiser Gaius Caligula als einen ehrbaren und angesehenen Bürger Alexandrias, der wegen seiner philosophischen Gelehrsamkeit berühmt sei (Ant 18,259).

Philons Familie war mit der römischen Kultur eng verbunden und politisch einflussreich. Sein Bruder Alexander war ein hoher Steuerbeamter in Alexandria, der unter anderem mit dem befreundeten König Herodes Agrippa I. Geldgeschäfte machte und ihm einen offenbar größeren Kredit gewährte (Ant 18,158.259). Möglicherweise war Philons Familie sogar mit den Hasmonäern verwandt.[140] Alexanders Sohn und Neffe Philons, Tiberius Iulius Alexander, wurde Statthalter in Judäa (46–48 n. Chr.)[141] und dann noch einmal in Ägypten (68–69 n. Chr.)[142] und unterstützte Vespasian aktiv auf seinem Weg auf den kaiserlichen Thron (vgl. Tacitus, Historiae II,79). Im jüdischen Krieg war er sogar als römischer Legionskommandeur an der Belagerung Jerusalems beteiligt. Ein zweiter Sohn des Alexander, Marcus Iulius Alexander, heiratete Berenike, die Tochter von Herodes Agrippa I.

Die *Legatio ad Gaium*, in der Pontius Pilatus erwähnt wird, ist eine politische Streitschrift. Philon, der sich vermutlich viel lieber seinen philosophischen Studien gewidmet hätte, berichtet darin über eine Reise von Vertretern der jüdischen Gemeinde Alexandrias nach Rom an den Hof des Kaisers Gaius Caligula, die er persönlich geleitet hatte. Dabei ging es um einen Protest gegen die diskriminierende Behandlung der Juden und eine Petition für ihre Bürgerrechte (LegGai 194.363–367). Im Zentrum stand dabei die Verteidigung gegen den Vorwurf, die Juden würden den Kaiser nicht gebührend verehren. Nach dem Tod des Tiberius, der eine eher judenfreundliche Politik betrieb, führte unter dem Nachfolger Caligula eine schwelende Judenfeindlichkeit in Alexandria im Jahr 38 sogar zu einem Pogrom, geduldet

140 Vgl. die Vermutung bei O. Kaiser, Philo von Alexandrien, 26.

141 Vgl. Josephus, Ant 20,100; Bell 2,220.

142 Vgl. Josephus, Bell 2,492–498; 4,616; erwähnt sogar bei Tacitus, Historiae I,11.

und damit unterstützt durch den alexandrinischen Präfekten Aulus Avilius Flaccus (LegGai 120–132).[143] Mit diesen Ausschreitungen wurden die Bürgerrechte der jüdischen Bevölkerung massiv verletzt.

Das Unternehmen der Gesandtschaft an Caligula, das Philon wohl nicht nur leitete, sondern auch initiierte und (mit-)finanzierte, fand im Jahr 39/40 n. Chr. statt. Der Bericht darüber entstand nur kurze Zeit später, also noch in relativer zeitlicher Nähe zur Amtszeit des Pilatus, allerdings – das erklärt den mitunter heftigen polemischen Ton – erst nach dem Tod des Caligula.[144] Da also Caligula zur Zeit der Abfassung der Schrift bereits tot ist, liegt deren Absicht darin, dessen Nachfolger Claudius zur Rückkehr zu einer judenfreundlicheren Politik zu bewegen.

Trotz des zeitlichen Abstandes ist Philon immer noch spürbar aufgebracht. Caligula hatte eine ordentliche Anhörung zweimal verweigert, die Delegation – nach langer Wartezeit – lächerlich gemacht, unverrich-

---

143 Darüber schreibt Philon ausführlich in der Streitschrift *In Flaccum* (»Gegen Flaccus«); vgl. dazu P. W. van der Horst, Philo's *Flaccus*, bes. 18–38.

144 Auch Josephus erwähnt diesen diplomatischen Versuch des Philon (vgl. Ant 18,257–260), verbindet ihn jedoch mit den Anschuldigungen gegen die Juden durch einen gewissen Apion, einem einflussreichen alexandrinischen Intellektuellen. Apion, den Philon nicht erwähnt und der nach Josephus eine Delegation der Klagegegner in Rom führte, ist ein konkretes Beispiel für die antijüdische Stimmung unter der alexandrinischen Bürgerschaft, womit sich Josephus in der apologetischen Schrift *Contra Apionem* (»Gegen Apion«) auseinandersetzt; zu Josephus' Schrift *Contra Apionem* vgl. C. Gerber, Ein Bild des Judentums für Nichtjuden von Flavius Josephus. Auch Eusebius von Cäsarea nimmt diese Ereignisse in seine Kirchengeschichte auf und bezieht sich sowohl auf Josephus wie auf Philon (Kirchengeschichte II 5,2–6).

teter Dinge abgewiesen und damit in höchstem Maße brüskiert (LegGai 368). Auch wenn Philon sich bemüht, die Ereignisse im Zusammenhang der Gesandtschaft in einem größeren tugendethischen Horizont zu reflektieren, ist doch die Enttäuschung an vielen Stellen spürbar und entsprechend fällt der Ton aus. Caligula wird als ein grausamer und unfähiger Regent dargestellt, der letztlich an seiner Hybris zugrunde ging. Philon zieht alle Register der politischen Polemik, um deutlich zu machen, wie haltlos die kaiserliche Politik wäre, wenn den Provinzpräfekten (in diesem Fall dem ägyptischen Statthalter Flaccus) in ihrer Willkür den Juden gegenüber keine Grenzen gesetzt würden.[145] Philon hält dem Kaiser nicht nur die Tugendhaftigkeit des jüdischen Volkes und seiner Religion vor Augen, sondern auch die seiner Vorgänger Augustus und Tiberius und ihren wohlwollenden Umgang mit den Juden (LegGai 152–161). Der Duktus von Philons Polemik ist eindeutig: In seiner maßlosen Überheblichkeit, Ignoranz und falschen Selbsteinschätzung habe Caligula – wie sein Agieren offenkundig macht – seinen Vorgängern nicht im Geringsten das Wasser reichen können.

Interessanterweise macht die Pilatusepisode genau diese politische Polemik besonders anschaulich.[146] Lite-

---

145 Vgl. zur polemischen Charakterisierung dieser Willkür auch In Flaccum 104–107 (s. u.), wo Philon sogar die Gerechtigkeit als Tugend personifiziert, die gegen den Präfekten in den Kampf ziehe. Man sei ja auch von anderen Provinzverwaltern einiges gewöhnt (hier kann man wohl auch an Pilatus in der Sicht des Philon denken), aber Flaccus übertreffe sie alle, so dass er selbst von dem verhassten Caligula verfolgt, verbannt und schließlich ermordet wurde. Darin sieht Philon einen »untrüglichen Vertrauensbeweis«, dass Gott seine Fürsorge nicht von Israel abgewendet habe (In Flaccum 191).

146 Vgl. H. K. Bond, Pontius Pilate, 33–36.

rarisch und rhetorisch ist sie etwas kompliziert in die Schrift Philons als Teil eines längeren Bittgesuches des Caligulafreundes Herodes Agrippa I. eingefügt, das Philon in seine Schrift aufnimmt und im Wortlaut wiedergibt.[147] Die polemische Verzeichnung des Pilatus in diesem Herodesbrief hat bei Philon eine ganz bestimmte Funktion im Hinblick auf den aktuell amtierenden Kaiser Claudius. Damit ist aber auch bereits der Grundtenor und der Kontext vorgegeben, in welchem Philon auf Pilatus zu sprechen kommt, und zugleich ein wesentlicher perspektivischer Unterschied zur Pilatusüberlieferung bei Josephus benannt, die im Folgenden zunächst vorgestellt werden soll.

2.4 Skandale in Jerusalem

2.4.1 Pilatus und die Feldzeichen bei Josephus

Josephus moralisiere nicht – so bringt Steve Mason den Duktus der Pilatusdarstellung des Josephus auf den Punkt.[148] In der »Geschichte des jüdischen Krieges« sind es nur zwei Episoden, die der jüdische Geschichtsschreiber aus der Amtszeit des Pilatus berichtet: Die Aufstellung von Feldzeichen in Jerusalem (Bell 2,169–174) und den Bau einer Wasserleitung für die Stadt (2,175–177). Josephus erzählt sie ohne weitere Kommentare, ohne zeitliche Einordnung, ohne nähere Umstände anzugeben und ohne eine Bewertung. Man gewinnt den Eindruck, er erzähle sie schlicht aus dem Grund, weil er das Material zur Hand hatte; die Einschätzung überlässt er seinem literarischen Publikum.

147 Siehe dazu unten B 2.4.2.
148 S. Mason, A History of the Jewish War, 215.

Berücksichtigt man jedoch die Absicht der Darstellung des jüdischen Krieges, dann wird deutlich, warum Josephus gerade diese beiden Episoden ausgewählt hat, obwohl er ausweislich der *Antiquitates* noch mehr Material über Pilatus kannte. Beide Erzählungen dokumentieren, dass Pilatus einerseits gewillt ist, seine Loyalität Rom gegenüber und damit zugleich die Autorität Roms in Jerusalem zu demonstrieren, andererseits aber auch für den Ausbau der Infrastruktur zur Versorgung der Stadtbevölkerung gesorgt hat. Zugleich gelingt es Josephus darzustellen, wie Pilatus im Sinne Roms und damit in Wahrnehmung seiner Amtspflichten auf die Unruhen reagierte, die anlässlich dieser Maßnahmen aufflammten. Wahrscheinlich sind die Unruhen überhaupt dafür verantwortlich, dass diese (wenigen) Ereignisse aus einer langen Amtszeit in Erinnerung geblieben sind.

Der Zwischenfall anlässlich des Baus einer Wasserleitung, den Josephus sowohl im *Bellum* als auch in den *Antiquitates* aufnimmt, wurde oben bereits erörtert, weil er vor allem für das politische Verhältnis zwischen Pilatus und dem Hohepriester aufschlussreich ist.[149] Die damit verbundene Eskalation, die zu einigen Toten und Verwundeten führte, lag durchaus nicht in der Absicht des Präfekten, wurde aber in Kauf genommen; in den *Antiquitates* steigert Josephus die Dramatik literarisch dadurch, dass er die Zahlen der beteiligten Menge (»viele tausend Menschen«, Ant 18,60) und auch der Soldaten (18,62) enorm steigert.

Diesem zeitlich gänzlich unbestimmten Ereignis vorgeordnet ist im *Bellum* wie in den *Antiquitates* ein Bericht über die Aufstellung von römischen Feldzeichen (»Standarten«) in Jerusalem:

149 Siehe dazu oben 1.6.2.

»[169] Nachdem Pilatus von Tiberius als Verwalter nach Judäa entsandt worden war, brachte er – bei Nacht und verhüllt – die Bildnisse des Kaisers nach Jerusalem, welche auch (Feld-)Zeichen genannt werden. [170] Nachdem es Tag geworden war, erregte dies einen enormen Tumult unter den Judäern. Denn die, die sich näherten, um (sie) zu sehen, waren außer sich, wie ihnen gegenüber die Gesetze mit Füßen getreten wurden, denn diese erlauben es nicht, dass Bilder in der Stadt aufgestellt werden. Und zu dem Unwillen derer, die in der Stadt waren, strömte auch das Volk vom Lande herzu. [171] Sie stürmten aber zu Pilatus nach Cäsarea, und drängten ihn, die Feldzeichen aus Jerusalem zu entfernen und ihnen gegenüber ihre väterlichen Brauchtümer zu wahren. Da aber Pilatus sich weigerte, warfen sie sich um das Gebäude nieder und verharrten fünf Tage und Nächte lang regungslos in dieser Lage. [172] Am sechsten Tag aber setzte sich Pilatus auf die Tribüne im großen Stadion und rief die Menge herzu, als ob er ihnen eine Antwort geben wolle, gab den Soldaten ein verabredetes Zeichen, die Judäer mit ihren Waffen zu umzingeln. [173] Umstellt von einer dreifachen Kampfreihe, waren die Judäer ratlos aufgrund dieses unerwarteten Anblicks. Pilatus aber drohte, sie niederzuschlagen, wenn sie die Bilder des Kaisers nicht akzeptierten, und nickte den Soldaten zu, ihre Schwerter zu zücken. [174] Die Judäer aber – wie auf ein Stichwort warfen sie sich gemeinsam zu Boden und boten ihre Nacken dar, und riefen, sie seien eher bereit zu sterben als das Gesetz zu übertreten. Pilatus aber wunderte sich außerordentlich über diese enorme Frömmigkeit und ordnete an, die Feldzeichen sofort aus Jerusalem zu entfernen« (Bell 2,169–174).

Bei dieser Erzählung überrascht zunächst vor allem die Lösung des Konfliktes. Auch wenn die Konfrontation auf beiden Seiten mit einer gewissen Härte nicht gescheut wird, gibt Pilatus unter dem Eindruck des unerschrockenen Verhaltens der in Cäsarea versammelten

Judäer nach und lässt die in Jerusalem aufgestellten Feldzeichen mit dem Bildnis des Kaisers entfernen. Es gibt weder Tote noch Verletzte. Man gewinnt den Eindruck, dass beide Seiten sich hier gleichsam testen: Wie weit sind die anderen bereit zu gehen?

Schon der Anfang der Episode legt nahe, an ein Ereignis zu Beginn der Amtszeit des Pilatus zu denken. Eine der ersten Maßnahmen ist, dass er – nachdem er seine Stellung in Cäsarea angetreten hat – die neue Präsenz Roms auch in Jerusalem entsprechend dokumentiert und dabei zugleich die Loyalitäten unmissverständlich deutlich macht. Das Aufstellen römischer Feldzeichen in Jerusalem erscheint ihm als das geeignete Mittel; Pilatus handelt damit nicht anders, als es für eine römische Militärverwaltung in den Provinzen zu erwarten ist. Feldzeichen tragen nicht notwendig das Bild des Kaisers, so dass hier mit einer besonderen Präsentation zur öffentlichen Ehrung zu rechnen ist. Man erfährt allerdings nicht, wo genau die Standarten aufgestellt wurden. Als Neuling in Judäa könnte Pilatus möglicherweise die Widerstände unterschätzt haben.[150] Dafür spricht, dass er sich während dieser Aktion offenbar nicht selbst in Jerusalem aufhält; die Protestkundgebung findet dementsprechend an seinem Amtssitz Cäsarea statt.

Der Umstand, dass die Zeichen bei Nacht und Nebel und noch dazu verhüllt in die Stadt gebracht werden, weist durchaus darauf hin, dass sich Pilatus der potentiellen Provokation bewusst war und daher ohne vorheriges Aufsehen Fakten schaffen wollte. Josephus vermerkt dies nicht ausdrücklich; in *Antiquitates* wird er

150 Auf die Unerfahrenheit der Präfekten weist W. Eck, Die römischen Repräsentanten in Judaea, 49f., ausdrücklich hin.

jedoch genau dies hinzufügen: Pilatus habe bewusst seine Missachtung den jüdischen Gesetzen gegenüber zum Ausdruck bringen wollen (Ant 18,55, s. u.). Das stünde immerhin in deutlicher Spannung zur Toleranzregelung, die von kaiserlicher Seite unter Cäsar, Augustus und auch Tiberius den Juden zumindest zeitweise zugestanden wurde.[151] Eine bewusste Provokation kann damit nicht beabsichtigt sein.[152] Die Provokation durch die Aufstellung der Feldzeichen besteht nicht in ihrer Aufstellung, sondern in der Tatsache, dass sie ein Bildnis des Kaisers tragen und damit gegen das biblische Bilderverbot verstoßen (Ex 20,4; Dtn 4,14–24; 5,8).

Neben dem Adler, dem Namen der Legion und einem Legionssymbol (zumeist ein Tier) waren die Feldzeichen bzw. »Standarten« im Normalfall mit weniger aufwändigen Verzierungen versehen (z. B. Ähren, Eicheln oder Kränzen); für besondere Anlässe trugen sie aber auch Kaiserbildnisse und wurden in Friedenszeiten vor allem bei repräsentativen Veranstaltungen vorgeführt und mitunter sogar kultisch verehrt.[153]

Unklar bleibt schließlich, wer die bei Pilatus intervenierende Gruppe ist und wie groß man sie sich vorzustellen hat. Es muss sich um gesetzestreue Juden handeln, deren Verhalten geradezu an makkabäische Widerstandstraditionen erinnert, wenn sie lieber den

---

151 Vgl. zum Wohlwollen des Augustus Philon, LegGai 156–158; zu Tiberius vgl. LegGai 160f. Zu Cäsar vgl. Josephus, Ant 14,213–222.

152 Vgl. W. Eck, Die römischen Repräsentanten in Judaea, 55f.

153 Vgl. W. Liebenam, Art. Feldzeichen II, 2155–2160; grundlegend, auch zu den verschiedenen Arten der Feldzeichen K. M. Töpfer, Signa Militaria; es sind auch Frauenbildnisse auf Porträtmedaillons belegt, etwa der Kaisermütter.

Abb. 8: Römische Standarten, Ausschnitt des Reliefs an der Trajanssäule in Rom

Abb. 9: Goldmünze des Augustus (18 v. Chr.); Vorderseite: Bildnis des Augustus, Inschrift CAESAR AVGVSTO; Rückseite: Aquila (Adlersymbol) und zwei Feldzeichen im Tempel, Inschrift MAR VLT (Mars Ultor – »Mars ›der Rächende‹«)

Tod in Kauf nehmen als die Gesetze zu missachten.[154] Schon das regungslose Verharren in gebeugter Stellung über fünf Tage und Nächte hinweg ist keine historische

154 Vgl. etwa den Tod der makkabäischen Märtyrer (2Makk 6,28; 7,1–42; 13,14).

Schilderung, sondern lediglich eine literarische Stilisierung der Ernsthaftigkeit ihrer Frömmigkeit angesichts des Verhaltens des Pilatus. Es gibt zudem keine Anhaltspunkte, dass hohepriesterliche Kreise in den Zwischenfall verwickelt waren.

Dieselbe Episode liest sich in der Version der *Antiquitates* folgendermaßen:

»[55] Pilatus aber, der Statthalter von Judäa, führte das Heer von Cäsarea hinauf zum Winterquartier in Jerusalem und beabsichtigte in Missachtung der Gesetze der Judäer, die Bildnisse des Kaisers, die an den Feldzeichen angebracht waren, in die Stadt hinein zu bringen, obwohl das Gesetz uns verbietet, Bilder herzustellen. [56] Deshalb haben es auch die früheren Statthalter unterlassen, mit derart verzierten Feldzeichen in die Stadt zu kommen. Pilatus aber war der erste, der – ohne dass jemand davon wusste, da der Einzug des Nachts geschah – die Bilder nach Jerusalem brachte und dort aufstellte. [57] Sobald sie [die Judäer] es bemerkten, kamen sie in großer Zahl nach Cäsarea und demonstrierten über viele Tage für die Beseitigung der Bilder. Er aber gab nicht nach, weil er es für einen Frevel dem Kaiser gegenüber hielt. Weil sie nicht aufgaben, ihn zu bedrängen, ließ er am sechsten Tag unbemerkt eine bewaffnete Truppe kommen und setzte sich selbst auf die Tribüne. Diese war im Stadion so gebaut, dass sie eine Truppe in Wartestellung verbergen konnte. [58] Als aber die Judäer wiederum ihren Protest vorbrachten, ließ er sie auf ein vereinbartes Zeichen von den Soldaten umstellen und bedrohte sie mit der sofortigen Todesstrafe, wenn sie nicht den Aufruhr beenden und nach Hause gingen. [59] Sie aber warfen sich kopfüber nieder und entblößten ihre Nacken und sprachen, dass sie lieber den Tod empfingen als es zu wagen, die Weisheit der Gesetze zu missachten. Pilatus aber bewunderte ihren Ernst in Bezug auf die Einhaltung der Gesetze und ließ ohne Umschweife die Bilder von Jerusalem nach Cäsarea bringen« (Ant 18,55–59).

Bemerkenswert an diesem Text ist im Unterschied zu Bell 2,169–174, dass Josephus hier auch auf die Intentionen des Pilatus zu sprechen kommt. Doch passt hier einiges nicht recht zusammen.[155] Anders als im *Bellum* wird der Zwischenfall nicht am Beginn seiner Amtszeit verortet, sondern bleibt eigenartig zeitlos, steht ganz unverbunden im Kontext und wird mit einer jahreszeitlich bedingten Truppenverlagerung in Verbindung gebracht, die allerdings militärstrategisch fraglich ist. Warum dies mit der Absicht verbunden wird, Pilatus habe die Judäer bewusst provozieren wollen, indem er die Feldzeichen mit den Bildern des Kaisers in die Stadt bringen ließ, bleibt ebenfalls unklar, zumal er damit, wie Josephus ausdrücklich bemerkt bzw. behauptet, weniger Fingerspitzengefühl walten ließ als seine Vorgänger. Auch in dieser Version der Geschichte sind nicht die Feldzeichen selbst das Problem, sondern deren Verzierung mit dem Bild des Kaisers als Verstoß gegen das Bilderverbot.

Die beabsichtigte Provokation verbietet es auch, die Sache heimlich geschehen zu lassen, wie dies noch in *Bellum* notiert wurde. Unmotiviert ist schließlich auch die Erwähnung des sechsten Tages, da zuvor nur von »vielen Tagen« und nicht, wie in *Bellum*, von fünf Tagen des Protestes die Rede war. Ein weiterer Unterschied besteht in der Art und Weise, wie die Soldaten eingesetzt werden. Von einer dreifachen Kampfreihe ist nicht mehr die Rede, ein Detail, das offensichtlich nicht entscheidend war. Wichtiger ist, dass der Protest auch hier Erfolg hat, Pilatus die jüdischen Gesetze respektiert und der Konflikt keine Opfer fordert.[156]

---

155 Zu den sachlichen und historischen Unstimmigkeiten vgl. S. Mason, Josephus and the New Testament, 29–31.

156 In der Fastenrolle (Megillat Ta'anit), einer Liste von wichtigen

Ein vergleichbares Beispiel für die Spannung zwischen kaiserlichen Anordnungen und ihrer Umsetzung bzw. Durchsetzung besonders dem jüdischen Volk gegenüber bietet Philon in LegGai 209f. Der syrische Legat Petronius soll auf kaiserlichen Befehl dessen Statue in Jerusalem aufstellen lassen. Philon beschreibt den inneren Zwiespalt des Beamten: Einerseits ist er sich zwar der Folgen einer Verzögerung des Befehlsgehorsams gegenüber der kaiserlichen Anordnung bewusst, andererseits aber »konnte er sie nicht einfach so umsetzen, denn er wusste, dass die Juden, statt eines einzigen Todes lieber tausendmal sterben wollten, wenn das möglich wäre, als dass sie es zulassen würden, etwas Unerlaubtes zu tun. Alle Menschen nämlich wachen über ihre eigenen Sitten, besonders aber das jüdische Volk, denn es versteht die Gesetze als von Gott offenbarte Worte.«

Die Besonderheiten der Feldzeichenepisode in der Version der *Antiquitates* lassen erkennen, dass Josephus bei der Formulierung dieser Lesart der Geschichte einerseits seine Ausführungen im *Bellum* noch vor Augen hat. Er rückt aber das Agieren des Pilatus noch einmal in ein anderes Licht. Für Pilatus war die Aktion vor allem eine notwendige Loyalitätsbekundung dem Kaiser gegenüber. Ob ihm tatsächlich bewusst war, dass dies aufgrund jüdischer Gesetze ein Problem darstellen könnte, bleibt fraglich; nach der Version des *Bellum* könnte dies aufgrund der erst beginnenden Amtszeit durchaus plausibel sein. Die Verwunderung des Pilatus

---

Tagen im jüdischen Kalenderjahr, wird der 3. Kislev (November/Dezember) als Tag genannt, an dem »die Zeichen aus dem Hof« entfernt wurden, vermutlich eine Reminiszenz an die bei Philon und Josephus überlieferte Episode der Feldzeichen unter Pilatus.

über die religiöse Konsequenz der Judäer, die in beiden Versionen auffällig ist, deutet ebenfalls darauf hin, dass der Präfekt hier erste Erfahrungen mit den Einheimischen macht, die ihm entweder zumindest ansatzweise Respekt abnötigen oder ihn verunsichern, wie er sich demgegenüber verhalten solle. Jedenfalls stellt Josephus ihn als einen Präfekten dar, der seine Position durchaus behaupten kann, aber nicht in jedem Fall bis zum Äußersten geht und letztlich deeskalierende Vernunft walten lässt.[157]

2.4.2 Pilatus und die Weiheschilder bei Philon

Ein geradezu gegensätzliches Bild von Pilatus zeichnet Philon von Alexandrien in seiner Schrift *Legatio ad Gaium*. Wie oben etwas ausführlicher dargestellt, dokumentiert und reflektiert Philon darin die (erfolglose) Reise einer Beschwerdedelegation der jüdischen Gemeinde Alexandrias im Jahr 39/40 n. Chr. nach Rom an den Hof des Kaisers Gaius Caligulas.[158] Darin zitiert Philon einen Brief des Herodes Agrippa I., in welchem dieser wiederum eine Episode über Pilatus berichtet, die in einigen Aspekten der Feldzeichenepisode bei Josephus entspricht, auch wenn vordergründig nicht von Feldzeichen, sondern von Prunkschildern die Rede ist:

---

157 Es ist daher nicht unproblematisch, wenn H. K. Bond, Pontius Pilate, 77, resümiert, Pilatus sei bei Josephus – insbesondere in der Darstellung der *Antiquitates* – der erste Statthalter, der durch seine Missachtung des jüdischen Gesetzes dafür gesorgt habe, das Land in Richtung einer offenen Revolte zu drängen, auf diese Weise sogar Gottes Zorn über die jüdische Nation zu bringen. In den Pilatustexten des Josephus findet sich noch nicht einmal indirekt eine Andeutung in diese Richtung.

158 Siehe dazu oben B 2.3.

»[299] Pilatus war einer von den Herrschern, die als Präfekt von Judäa eingesetzt waren. Dieser ließ – *nicht zur Ehrung des Tiberius, als vielmehr um die Menge zu kränken* – im Palast des Herodes in der heiligen Stadt vergoldete Schilde aufstellen, die weder eine figürliche Darstellung noch irgendetwas anderes der verbotenen Dinge trugen, außer einer notwendigen Aufschrift, die folgende beiden Dinge benannte: den (Namen des) Aufstellenden und den (Namen dessen), für den die Aufstellung geschah. [300] Als aber die Menge dies bemerkte, da sich die Angelegenheit bereits herumgesprochen hatte, bestimmten sie die vier Söhne des Königs – weil diese in Würde und Rang Königen nicht nachstanden –, sowie die anderen Nachkommen und die Entscheidungsträger unter ihnen, und forderten, die Neuerung bezüglich der Schilde wieder rückgängig zu machen und die väterlichen Sitten nicht anzutasten, die seit ewigen Zeiten bewahrt und weder von Königen noch Kaisern missachtet wurden. [301] Als er es aber schroff ablehnte, *denn er war von Natur aus unnachgiebig und zudem anmaßend und rücksichtslos,* schrien sie: ›Riskiere keinen Aufstand! Zettele keinen Krieg an! Zerstöre den Frieden nicht! Die Schändung der alten Gesetze ist keine Ehre für den Kaiser. Tiberius soll dir nicht zum Vorwand dienen, das Volk zu beleidigen. Er wollte niemals etwas von unseren (Gesetzen) auflösen! Wenn du aber (dieses) behauptest, dann zeige einen Befehl, einen Brief oder etwas dergleichen vor, damit wir aufhören, dich zu bedrängen, Gesandte bestimmen und unser Anliegen dem Herrscher vortragen.‹ [302] Diese letzte Bemerkung hat ihn besonders aufgeregt, *da er befürchten musste, dass die Abgesandten auch seine sonstige Amtsführung aufdecken würden, indem sie die Korruption, die Gewalt, die Beraubungen, die Misshandlungen, die Beleidigungen, die ständigen Morde ohne Urteil – ja, die endlose und unerträgliche Grausamkeit anzeigen würden.* [303] Da er nun solch *ein boshafter und zorniger Mensch* war, geriet er in Verlegenheit, denn weder wagte er, die einmal aufgestellten (Schilde) zu beseitigen, noch wollte er den Untertanen irgendetwas zu deren Gefallen tun. Zugleich aber war ihm die Verlässlichkeit des Tiberius in diesen Dingen nicht unbekannt. Als aber die Beauftragten sahen und erkannten, dass er zwar sein Vorgehen bedauerte, es aber nicht zeigen wollte, richteten sie an Tiberius ein Bittgesuch. [304] Als er aber dieses gelesen hatte – was sagte er nicht alles über Pilatus, welche Drohungen stieß er aus! Wie sehr er aber in Zorn geriet (gleichwohl er stets seinen Zorn im Zaum hält), ist überflüssig, hier zu erzählen, weil die Maßnahmen für sich sprechen. [305] Unverzüglich nämlich und auch ohne den nächsten Tag abzuwarten, schickte er ein Antwortschreiben, in dem er über die Maßen die unüberlegten Neuerungen tadelte und verurteilte, und ordnete an, die Schilde abzunehmen und aus der Hauptstadt nach Cäsarea am Meer bringen zu lassen, die auch Augusta benannt ist nach deinem[159] Urgroßvater, damit man sie dort im Augustustempel aufstelle. Und sie wurden erneut aufgestellt und so wurde beides gewahrt, sowohl die Ehre des Kaisers als auch die althergebrachte Politik in Bezug auf die Stadt« (LegGai 299–305).

Dieser Abschnitt über Pilatus ist Teil eines erstaunlich langen Bittgesuches des jüdischen Königs Herodes Agrippa I.[160] an den Kaiser, das Philon im Wortlaut wiedergibt (LegGai 276–329). Agrippa habe dieses Schrei-

---

159 Die Anrede in der 2. Person Singular bezieht sich auf den mit dem Brief Agrippas angesprochenen Kaiser Caligula, dessen Urgroßvater der Kaiser Augustus ist.

160 Gemeint ist Marcus Iulius Agrippa I. (10 v. Chr. – 44 n. Chr.), ein Enkel Herodes des Großen, eng mit dem römischen Kaiserhaus verbunden und Freund des Caligula, der von Tiberius wegen seiner Parteinahme für Caligula als Nachfolger des Tiberius von diesem zunächst inhaftiert, von Caligula befreit und als König über die Gaulanitis (ehemals Herodes Philippus), Peräa und Galiläa (ehemals Herodes Antipas) und dann später (unter Claudius) auch über Judäa und Samaria eingesetzt wurde

ben verfasst, als er sich ebenfalls in Rom aufhielt und nachdem er mit einigem Entsetzen von dem Aufstand hörte, den die Absicht seines Freundes und Förderers Caligula verursachte, der im Jerusalemer Tempel eine Jupiterstatue aufstellen lassen wollte (LegGai 261–275). In seiner Petition versucht Agrippa »in Furcht und Ehrerbietung« (LegGai 276), Caligula nicht nur die Empörung der Juden zu erklären, sondern auch sein Wohlwollen zu gewinnen, damit er dieses Vorhaben aufgebe. Er appelliert an die Ehre des Kaisers und verweist auf dessen Vorgänger, die in hohem Maße ihren Respekt vor den Sitten und Gesetzen der Juden bewiesen hätten. Positiven Beispielen wie Augustus, Marcus Agrippa (dem Großvater des Caligula; LegGai 291–298)[161] oder auch Tiberius in seinem Agieren gegen Pilatus werden dem Caligula als herausragende Beispiele kluger Politik und staatsmännischer Tugend vor Augen gestellt. Und diesen, so der Duktus des Herodesbriefes, wolle Caligula doch nicht nachstehen.

Will man diese von Philon in seine Klageschrift aufgenommene Pilatusdarstellung im Verhältnis zu der des Josephus angemessen beurteilen, ist die eingangs skizzierte Perspektive der *Legatio* und die persönliche Beteiligung des Philon an den dort geschilderten Ereignissen in Rechnung zu stellen. In dem von Philon

---

(Herrschaftszeit insgesamt 41–44 n. Chr.); vgl. dazu Metzner, Die Prominenten, 393–399.

161 Marcus Vipsanius Agrippa (64–12 v. Chr.), war Freund und Schwiegersohn des Augustus, römischer Feldherr und 39–38 sowie 20–19 v. Chr. Statthalter in Gallien und gründete die germanische Stadt *Oppidum Ubiorum* (»Siedlung der Ubier«), aus der die so genannte *Colonia Claudia Ara Agrippinensium* hervorging (das heutige Köln). Sowohl Philon als auch Josephus (vgl. ausführlich Ant 16,12–65) bezeugen die respektvolle Freundschaft zwischen Marcus Agrippa und Herodes dem Großen.

zitierten Brief des Agrippa an Caligula geht es letztlich nicht um Pilatus selbst, sondern um das vorbildliche Agieren des Tiberius. Agrippa erzählt, dass Tiberius nach der brieflichen Intervention der jüdischen Repräsentanten dem rücksichtslosen (oder soll man es besser »gedankenlos« nennen?) Handeln des Pilatus unverzüglich einen Riegel vorgeschoben und die spannungsreiche Situation per Anordnung gelöst habe. Erstaunlicherweise entspricht auch die beschriebene Situation kaum der charakterlichen Zeichnung des Präfekten als eines korrupten, grausamen und vor Raub und Mord nicht zurückschreckenden Tyrannen. Zudem wird auch nicht konkret gesagt, worin die Kränkung der Juden durch die Schilde eigentlich bestanden habe. Die Aufregung erscheint ganz unmotiviert, denn es wird ausdrücklich notiert, dass die Schilde nichts Verbotenes trugen, außer einer notwendigen bzw. unvermeidlichen Inschrift mit dem Namen des Stifters (Pilatus) und dem des Geehrten (Tiberius; LegGai 299).

Sollte also die Inschrift auf den Ehrenschilden den Aufruhr provoziert haben?[162] Sie könnte in einer Kurzform folgendermaßen gelautet haben:[163]

TIBERIO AVGVSTO
PONTIVS PILATVS

Aber solche Inschriften gab es in der Öffentlichkeit viele (vgl. nur den »Stein des Pilatus« oder auch die Münzprägungen),[164] ohne dass dies ein Problem gewesen wäre. In LegGai 133 beispielsweise erwähnt Philon im

162 Vgl. H. K. Bond, Pontius Pilate, 38.

163 Vgl. A. Demandt, Hände in Unschuld, 85; K. Jaroš, In Sachen Pontius Pilatus, 49.

164 Siehe dazu oben B 1.2.

Zusammenhang mit dem Pogrom in Alexandria unter Flaccus, dass durch die Zerstörung der Synagogen auch die dort befindlichen Ehrengaben *der jüdischen Bevölkerung* für den Kaiser vernichtet wurden: Ehrenschilde (griech. τιμὰς ἀσπίδων *timās aspídōn*), vergoldete Kränze, Stelen und Inschriften. Dies gehörte offenbar auch für jüdische Bürger zu den religiös unanstößigen Möglichkeiten, um ihre Loyalität dem Kaiser gegenüber auszudrücken. Agrippa selbst beschwört in seinem Brief an Caligula diese Loyalität der Juden dem Kaiser gegenüber (LegGai 279f.), mit der Beteuerung: »Sie behaupten nicht nur, kaisertreu (griech. φιλοκαίσαρες *philokaísares*) zu sein, sondern sie sind es tatsächlich« (280).

Die Reaktion der aufgeregten Menge erscheint somit völlig überzogen, wenn sie in ihrer Wut Pilatus sogar vor einem Krieg warnen (LegGai 301). Hier bleiben Fragen offen, auch hinsichtlich der Plausibilität der Klage über Pilatus.[165] Immerhin erkennt Pilatus die problematische Lage und seine Fehleinschätzung, kann aber die Aufstellung der Schilder nicht ohne Gesichtsverlust (auch dem Kaiser gegenüber) rückgängig machen. Erst der Kaiser regelt die Angelegenheit im Sinne

165 Vgl. dazu jedoch H. K. Bond, Pontius Pilate, 39, wonach in der Inschrift selbst das Moment des Anstoßes gelegen haben müsse. Sie geht für die Rekonstruktion von dem für Inschriften und auch Münzen üblichen Muster aus, wonach die Weiheinschrift etwa gelautet haben könnte: TI(berio) CAESARI DIVI AVGVSTI F(ilio) AVGVSTO PONTIFICI MAXIMO. Das Problem sei also die Nennung des »göttlichen Augustus«. Doch entspricht dies nicht der Angabe bei Philon, die Inschrift hätte »den (Namen des) Aufstellenden und den (Namen dessen), für den die Aufstellung geschah« (LegGai 299), enthalten. Die Inschrift auf einem Ehrenschild, die zudem dem besonderen Anlass angepasst wird, ist nicht zwingend mit sonstigen Inschriften oder Münzprägungen zu vergleichen. Auch notiert Philon nichts von einer Anstößigkeit der Inschrift.

beider Seiten: Pilatus, der mit der Aufstellung die Loyalität zum Kaiser ausdrücken wollte, kann sein Gesicht wahren und die Belange der Jerusalemer kommen ebenfalls zur Geltung.

Die offensichtlich übertriebene Darstellung des Pilatus als eines völlig unfähigen und für den Posten ungeeigneten Beamten hat ihre Funktion nicht darin, Pilatus wahrheitsgemäß zu beschreiben. Dann hätte Tiberius ihn eigentlich gleich wieder seines Amtes entheben müssen. Ein Präfekt, der so agiert, wie es Pilatus hier zugeschrieben wird, hätte sich keinesfalls zehn, geschweige denn achtzehn Jahre im Amt halten können.[166] Lasterkataloge sind zumeist rhetorische Übertreibungen, die in der Steigerung von scheinbar harmloseren Vergehen oder Untugenden bis hin zu großen Freveltaten weniger eine konkrete Realität abbilden als vielmehr der moralischen Diskreditierung dienen und bei den jeweiligen Leserinnen und Lesern ein bestimmtes Verhalten oder eine bestimmte Haltung evozieren wollen.

Stellt man die bewusste literarische Verwendung des von Philon zitierten Agrippabriefes in Rechnung, dann wird deutlich, dass – wie Agrippa in seinem Brief – auch Philon ein rhetorisches Anliegen verfolgt. Da Caligula, der ihn so beschämt hat, zur Zeit der Abfassung der *Legatio* bereits tot ist, kann das Ziel nicht sein, diesen zu einem entsprechenden Handeln gegenüber Flaccus zu bewegen. Philon resümiert in seinem immer noch schwelenden Zorn über die Brüskierung in Rom, dass Caligula zu einem solchen weitsichtigen Handeln nicht willens und damit kein Kaiser war, dessen die jüdische Bevölkerung mit loyaler Ehrerbietung gedenken

166 Siehe dazu oben B 1.6.1.

könnte, wie dies mit Augustus oder Tiberius der Fall war. Ging es in der Auseinandersetzung um Pilatus lediglich um Schilde, die noch nicht einmal ein Bild trugen und nicht öffentlich, sondern im ehemaligen Herodespalast und damit im Jerusalemer Amtssitz des Präfekten aufgestellt wurden, so wollte jetzt Caligula sogar eine Statue seiner selbst im Tempel aufstellen lassen (LegGai 306).[167] Wenn das eine schon nicht richtig war, so ist das andere erst recht ein Frevel, der eines Kaisers nicht würdig ist. Wahrscheinlich hat Philon bereits den neuen Kaiser Claudius als Nachfolger des Caligula im Blick, um diesen gleichsam präventiv zu mahnen, nicht der Politik seines Vorgängers den Juden gegenüber zu folgen und Judäa nicht den Präfekten, sondern dem (damals noch im Amt befindlichen) Herodianer Agrippa weiterhin zu überlassen.[168]

Woher Philon diese Pilatusüberlieferung bzw. den Brief des Agrippa hat, ist nicht zu klären.[169] Es könnte

---

167 Eusebius, *Demonstratio evangelica* (»Erweis des Evangeliums«) VIII 2,123, behauptet dies auch von den Ehrenschilden und sorgt damit für die Plausibilität des Anstoßes; Origenes, *Matthäuskommentar* 17,25, macht aus den Schilden Kaiserstatuen; in einem Kommentar Ephrem des Syrers (4. Jh.) zum *Diatessaron* (»Vier-Evangelien-Harmonie«) des Tatian wird daraus sogar ein Schweinekopf (20,16), wohl deshalb, weil das Symbol der zehnten römischen Legion ein Eber war; vgl. dazu A. Demandt, Hände in Unschuld, 88 f.

168 Vgl. H. K. Bond, Pontius Pilate, 33–36. Claudius wird in LegGai 206 erwähnt.

169 Josephus spricht in Ant 18,289–301 von einer mündlichen Intervention des Agrippa in diesem Fall und erwähnt keinen Brief. P. W. van der Horst, Philo's *Flaccus*, 5 f., hält es aufgrund einer Bemerkung des Eusebius, Kirchengeschichte II 5,7, für möglich, dass sowohl die *Legatio ad Gaium* als auch *In Flaccum* zu einem insgesamt fünfteiligen Werk gehört haben könnten, dessen erster Band von der Regentschaft des Pilatus gehandelt habe.

sich auch (wie in solchen Werken nicht selten) um eine literarisch gestaltete Fiktion handeln, die umso deutlicher die Position ihres Autors repräsentieren würde. Aufgrund der auch bei Josephus belegten Freundschaft zwischen Agrippa und Caligula, dem freundschaftlichen Duktus des zitierten Briefes und der Tatsache, dass Philon selbst in die römischen Verhandlungen mit Caligula involviert war und zeitnah darüber schreibt, wäre es auch nicht unwahrscheinlich, dass Philon ein mehr oder weniger authentisches Dokument integriert hat, das vielleicht für den Kontext der *Legatio ad Gaium* bearbeitet wurde. Zu dieser Bearbeitung könnte die übertriebene und insgesamt nicht ganz stimmige Zeichnung des Charakters des Pilatus gehören, die zudem sehr auffällig der generalisierenden Darstellung schlechter Präfekten in Flacc 105 entspricht. Auch die sachlichen Unausgeglichenheiten könnten Indiz für eine solche rhetorisch motivierte Bearbeitung sein.

Die polemische Aufarbeitung einer derartigen Beschämung, wie sie Philon in Rom erlebt hat, lebt von pauschalisierenden Klischees, die er sehr deutlich in seiner Streitschrift gegen den ägyptischen Präfekten Flaccus entwirft. Den Pilatus erwähnt Philon in diesem Zusammenhang jedoch nicht.[170] In Flacc 105 schreibt Philon ganz allgemein, dass bereits unter Augustus und Tiberius etliche der Provinzgouverneure »ihre Fürsorgepflicht und Machtstellung in Vetternwirtschaft und Tyrannei verkehrten und ihre Länder mit unerhörten Übeln erfüllten: Korruption, Beraubung, Falschurteile, Verbannung und

170 Das erklärt sich wahrscheinlich daraus, dass diese Schrift zwar in zeitlicher Nähe zur *Legatio* entstanden ist, wahrscheinlich aber nach dieser (vgl. P. W. van der Horst, Philo's *Flaccus*, 4 f.).

Vertreibung von Menschen, die keine Verbrechen begangen hatten, Ermordungen einflussreicher Bürger ohne Urteile.« Pilatus ist – wie gesagt – an dieser Stelle nicht eigens erwähnt; im Fokus steht der ägyptische Präfekt, dem Philon regelrecht eine »angeborene Neigung zur Tyrannei« (Flacc 1) zuschreibt. Doch verrät Philons Aussage einiges über seine kritische Haltung zur römischen Provinzverwaltung, die *cum grano salis* auch für Pilatus in Anschlag gebracht werden kann. Auch wenn seine Einlassung über Pilatus in LegGai 299–305 *literarisch* die Position des Agrippa wiedergibt, so entspricht diese doch der kritischen Haltung des Philon. Die Charakterisierung des Pilatus in der *Legatio* entspricht in der Sache dem, was Philon dann auch im *Flaccus* klischeeartig als seine Auffassung über die Provinzpräfekten zum Ausdruck bringt.

Gelegentlich hat man gemeint, dass Philon mit der Schilderepisode im Grunde dasselbe Ereignis in Verbindung mit Pilatus beschreibt, wie es Josephus in Ant 18 und in Bell 2 über die Feldzeichen berichtet, die Pilatus heimlich in Jerusalem aufstellen ließ.[171] Doch sind die Unterschiede groß, denn römische Standarten bzw. Feldzeichen sind keine Weihe- oder Ehrenschilder.

Bei Letzteren handelt es sich um vergoldete oder auch polierte Bronzeschilder, die dem runden Kampfschild (*clipeus* oder *clupeus*, griech. ἄσπις *áspis*) der republikanischen Zeit nachgebildet waren.[172] Sie sind von den *scuta* (griech. θυρέος *thyréos*), den größeren und fast

171 Vgl. dazu D. R. Schwartz, Pontius Pilate, 399; ders., Josephus and Philo on Pontius Pilate, der diese Einschätzung wieder stark macht; sowie J. S. McLaren, Power and Politics in Palestine, 82–84.

172 Vgl. O. Fiebiger, Clipeus, 55–56; L. Lammert, Schild, 425 f.

Abb. 10: Münze des Augustus mit Rundschild
(*clupeus virtutis*, ca. 19–15 v. Chr.);
Vorderseite: Bildnis des Augustus, Inschrift CAESAR AVGVSTVS;
Rückseite: SIGNIS RECEPTIS, Rundschild mit CL(upeus)
• V(irtutis) zwischen Legionsadler und Standarte, um das Schild
S(enatus)-P(opulus)-Q(ue)-R(omanorum)

Abb. 11: Römischer Legionärsschild (*scutum*), Dura Europos
(ca. 120–130 cm x 60–70 cm, Holz mit Lederbeschichtung)

mannshohen Schutzschildern der Legionäre zu unterscheiden.[173]

Die traditionellere, ältere Form des Rundschildes wurde als *clupeus virtutis* (»Tugendschild«) für Ehrungen nachgebildet, mit dem auch verdiente Soldaten ausgezeichnet wurden. Tacitus erwähnt die Aufstellung eines *clupeus aureus* (»goldener Schild«) für den verdienten Feldherrn Germanicus in Rom (Annales II,83).

Sueton, *De vita Caesarum* (»Vom Leben der Kaiser«) 16, erwähnt, dass zu den vielen Ehrenbezeugungen für Caligula auch ein goldener Schild (*clipeus aureus*) gehörte, der von Priestern in einer rituellen Zeremonie unter Beisein des Senates und anderer Honoratioren ins Capitol getragen und dort aufgestellt worden sei. In der Regel trugen diese Ehrenschilde Bildnisse der Geehrten.[174]

Daher ist es durchaus nachvollziehbar, dass Philon die Tatsache eigens betont, dass es sich bei den von Pilatus aufgestellten Schilden »nur« um solche mit einer Inschrift handelte und diese nichts enthalte, was das jüdische Gesetz verbiete. In den »Res Gestae« (»Taten«) des Augustus (Monumentum Ancyranum 34) wird ein goldener Schild (*clupeus aureus*) erwähnt, der vom Senat dem Augustus geweiht wurde und als Inschrift die vier Kardinaltugenden (Tapferkeit, Güte, Gerechtigkeit

---

173 Vgl. O. Fiebiger, Scutum, 914–920; B. Burandt, Der römische Legionär, 42–46; zum Ganzen vgl. A. Nabbefeld, Römische Schilde.

174 Vgl. auch Plinius der Ältere, *Historia naturalis* (»Naturgeschichte«) 35,2–3, der von silbernen Schilden (*clipei argentae*) spricht, die mit Bildnissen versehen sind, um das Aussehen der Geehrten für die Nachwelt zu bewahren. Den Ursprung dieser Art der künstlerischen Darstellung auf Schilden führt Plinius bis in die trojanische Zeit zurück.

Abb. 12: Relief eines römischen Rundschilds mit Jupiter-Ammon (*clupeus*)

Abb. 13: *clupeus virtutis* des Augustus (26 v. Chr.)

und Loyalität) trug. Im Unterschied dazu tragen die Feldzeichen bei Josephus ausdrücklich das Bildnis des Kaisers, woran sich der Protest festmacht.

Zu den Unterschieden im Vergleich mit den Feldzeichen des Josephus gehört in Philons Pilatusepisode die Erwähnung einer Delegation führender Persönlichkeiten der Juden, die in der Angelegenheit bei Pilatus vorstellig werden (LegGai 300). Eine solche Konstellation erwähnt Josephus im Zusammenhang mit den Feldzeichen nicht. Philon nennt unter anderen »vier Söhne des Königs«, doch bleibt unklar, welcher König gemeint ist: der ehemalige und von Rom abgesetzte Archelaos, Ethnarch von Judäa, dessen Stellung Pilatus eingenommen hatte? Doch sind von Archelaos keine Nachkommen bekannt. Oder hat Agrippa in seinem Brief – etwas anachronistisch – die vier Söhne Herodes des Großen im Sinn, der als letzter jüdischer König diesen Titel getragen hatte? Letzteres könnte durch die Bemerkung naheliegen, sie seien »in Würde und Rang« Königen gleichwertig angesehen. Der Anachronismus einer solchen Aussage könnte auf der literarischen Ebene durchaus eine rhetorische Funktion haben, nämlich die Autorität der Delegation und damit den Ernst des Konfliktes zu unterstreichen.[175]

Und schließlich ist es im Philontext letztlich der Kaiser, der die Angelegenheit aufgrund der Intervention der hochrangigen jüdischen Delegation regelt, ohne dass jemand dabei zu Schaden kommt. Der bei Josephus berichtete Zwischenfall wurde ohne Intervention von höherer Instanz beigelegt, allerdings ebenfalls ohne gewaltsame Ausschreitungen. Philon hat bei seiner Darstellung natürlich seine eigene und gescheiterte Delegation an den Kaiser Caligula im Blick. Anders als Caligula hat Tiberius die jüdische Delegation nicht verhöhnt, sondern ernst genommen und entsprechende Maßnahmen gegen Pilatus eingeleitet. Man muss also berücksichtigen, dass Philon wiederum ein bestimmtes Interesse verfolgt.

175 Vgl. K. Jaroš, In Sachen Pontius Pilatus, 50f.: »Diese ganze Szene ist schlicht und einfach von Philo erfunden, um die Herodeer dem Kaiser Claudius ans Herz zu legen.«

Wenn es sich also sehr wahrscheinlich um zwei verschiedene Episoden handelt, dann stellt sich die Frage, in welchem zeitlichen und sachlichen Verhältnis sie zueinander stehen. Ist es denkbar, dass Pilatus einen ähnlichen Fehler mehrfach machte? Oder hat vielleicht Philon im Sinne seiner politischen Rhetorik den ursprünglichen Vorfall so stark literarisch bearbeitet und verändert, um seine Interessen darin zur Geltung zu bringen?

Für die Feldzeichenepisode lag es nahe, diesen Zwischenfall am Anfang der Amtszeit des Pilatus anzusetzen, da die Maßnahme geeignet war, die römische Präsenz und Autorität eines neu eingesetzten Präfekten in Judäa zu dokumentieren, Stärke zu demonstrieren und die Machtverhältnisse klarzustellen. Dass daraus ein Lehrstück für ihn wird, hat der neue Präfekt nicht ahnen können. Vermutlich hat er schlicht die Lage falsch eingeschätzt bzw. die Folgen seines Agierens nicht überschaut. Man kann demgegenüber mit guten Gründen die Aufstellung der Schilde *im Herodespalast* als eine Loyalitätsbekundung gegenüber dem Kaiser Tiberius ansehen, zu der sich Pilatus veranlasst sah, nachdem der Prätorianerpräfekt Seianus bei Tiberius in Ungnade gefallen und im Jahr 31 n. Chr. hingerichtet worden war.[176] Aufgrund seiner vormaligen engen Verbindung mit Seianus bestand für Pilatus durchaus die Gefahr, ebenfalls die Gunst des Kaisers und damit zumindest sein Amt zu verlieren.[177] Die (mehr oder weni-

---

176 Siehe dazu oben B 1.2.

177 H. K. Bond, Pontius Pilate, 45f. Allerdings ist das Argument problematisch, die Aufzählung der Vergehen des Pilatus in LegGai 302 setze voraus, dass dazu einige Zeit einzuräumen sei. Die Liste hat – wie gezeigt – rhetorischen Charakter und ist kein historisch fundiertes Urteil.

ger öffentliche) Ehrenbekundung für den Kaiser durch die Aufstellung von Ehrenschilden könnte eine Maßnahme gewesen sein, mit der Pilatus dieser Gefahr begegnen wollte. Philon nennt immerhin ausdrücklich die Ehrung des Kaisers als Absicht (LegGai 299). Die Aufstellung im Herodespalast erklärt letztlich – bei allem literarischen Interesse des Philon – auch die Intervention der Herodianer.

Angesichts dieser Konstellation ist es umso erstaunlicher, dass Tiberius trotz der schwerwiegenden Diskreditierung des Pilatus als grausamen Despoten nicht dessen Absetzung betreibt, sondern lediglich die Beschwerdeangelegenheit zur Befriedung der Lage regeln lässt. Wenn die Charakterisierung zutreffend wäre, dass Pilatus »ein boshafter und zorniger Mensch« gewesen sei, und seine Regentschaft von »Korruption, Gewalt, Beraubungen, Misshandlungen, Beleidigungen, ständigen Morden ohne Urteil – ja, durch endlose und unerträgliche Grausamkeit« geprägt gewesen sei (LegGai 302f.), dann wäre kaum erklärlich, dass Tiberius darauf nicht entsprechend reagiert hätte. Die Tatsache, dass Pilatus – noch dazu im Herodespalast und nicht öffentlich in der Stadt – keine Feldzeichen mit Bildnissen, sondern auch für jüdisches Befinden unproblematische Schilde ohne bildliche Darstellung aufstellen bzw. -hängen ließ, spricht für seine diplomatische Lernfähigkeit. Die Intervention der jüdischen Delegation beim Kaiser, die nach LegGai 303 fast wie abgesprochen klingt, diente letztlich seinen eigenen Interessen: Er konnte die Schilde nicht selbst wieder abhängen, weil er dann die Ehrung für den Kaiser rückgängig gemacht hätte. Wenn aber der Kaiser selbst es anordnete, dann würde die Befolgung dieses Befehls selbst zu einem weiteren Loyalitätsbeweis. Der Schlusssatz in LegGai 305 spricht genau dieses aus: »[…] und so wurde beides gewahrt, sowohl die Ehre des Kaisers als auch die althergebrachte Politik in Bezug auf die Stadt«.

2.5 *Loyaler Beamter oder grausamer Herrscher?*

An dem Vergleich der Pilatustexte bei Josephus und Philon ist deutlich geworden, dass beide Autoren in der Auswahl und der Darbietung ihres Materials über den Präfekten Judäas je eigene Perspektiven entwickeln, die durch ihre jeweiligen Interessen bestimmt sind. Entsprechend unterschiedlich fällt das Pilatusbild aus. Eine historisch verlässliche Rekonstruktion der Person des Pilatus ist mit dem vorhandenen Material nicht möglich.[178] Es hat sich gezeigt, dass insbesondere die negative und klischeehafte Charakterisierung, ja regelrechte Verleumdung in Philons *Legatio ad Gaium* kaum geeignet ist, die Persönlichkeit und die Amtsführung des Präfekten angemessen zu erfassen. Für die Beurteilung der Rolle des Pilatus im Prozess gegen Jesus bieten diese Differenzierungen jedoch einen wichtigen Referenzrahmen.

Anders als Philon stellt Josephus Pilatus als einen loyalen Beamten Roms dar, der eine kluge, auf Sicherheit und Stabilität der römischen Herrschaft ausgerichtete Politik betreibt. Imperiale Härte gegen mutmaßliche und tatsächliche Unruhestifter schließen Einsicht und Nachgiebigkeit nicht aus, vielmehr ergänzen sich beide Aspekte seiner Regentschaft gegenseitig. Das ist genau das, was von einem Provinzpräfekten erwartet

---

178 S. Mason, Josephus and the New Testament, 34, vergleicht die Geschichtsdarstellung des Josephus mit dem Anschauen eines Kinofilms über antike Geschichte: »Reading his narratives is very much like watching a film on ancient history: Ridley Scott's *Gladiator* or the BBC-HBO series *Rome*.«

wird. Wäre Pilatus der gewesen, als den ihn Philon in der *Legatio ad Gaium* beschreibt, hätte sich Pilatus keinesfalls so lange im Amt halten können.[179] Die wenigen über ihn berichteten Episoden lassen ein umfassendes Bild zwar nicht zu, doch schon die Tatsache, dass nur ganz wenige Ereignisse aus einer ungewöhnlich langen Amtszeit überhaupt überliefert werden, spricht für sich und gegen den Duktus der katalogartigen Aufzählung fortwährender Vergehen eines grausamen Präfekten bei Philon.

Insbesondere die Ereignisse um den Bau der Wasserleitung sprechen eine hinreichend deutliche Sprache.[180] Es ging um eine Infrastrukturmaßnahme, die der Stadt Jerusalem zugutekommen sollte. Pilatus hat sich nach der Darstellung des Josephus auch hier nicht anders verhalten, als es von einem Präfekten erwartet wird. Er musste vorausschauend und klug handeln, potentielle Anlässe für einen Aufruhr richtig einschätzen, auf den Ernstfall vorbereitet sein und gegebenenfalls auch dosierte Gewalt einsetzen; hart in der Sache, aber letztlich auch auf Schadensbegrenzung ausgerichtet. Genauso agierte er wohl bei dieser Gelegenheit: Die Soldaten waren verkleidet unter der Menge, so dass eine offene Provokation vermieden wurde und man sie gegebenenfalls auch stillschweigend wieder abziehen konnte. Sie waren mit Stöcken, nicht mit Schwertern ausgestattet, und an der Eskalation waren – jedenfalls nach der Darstellung des Josephus – die beteiligten Protestler nicht unschuldig, die die Soldaten zu härterem Einsatz provozierten, als es ursprünglich intendiert war. Jedenfalls notiert Josephus in der Version der

---

179 Vgl. bereits E. Fascher, Pilatus, 1322f.
180 Siehe oben B 1.6.2.

Geschichte in *Antiquitates* ausdrücklich, dass die Eskalation nicht beabsichtigt war (18,62).

Dies alles klingt bei Weitem nicht nach Willkürherrschaft, und vor diesem Hintergrund ist zumindest eine gewisse Vorsicht geboten, die Regentschaft des Pilatus in Judäa negativ zu bewerten, wie es mitunter geschieht, wenn man der philonischen Darstellung folgt oder isoliert auf bestimmte mehr oder weniger dramatisch erzählte Ereignisse schaut, wie etwa die mutmaßliche »Niedermetzelung«[181] der Galiläer in Lk 13,1–3 oder auch das Vorgehen gegen die Samaritaner (Ant 18,85–87) und von hier aus die anderen Episoden – und nicht zuletzt auch die Hinrichtung Jesu – unter einem negativ bestimmten Vorzeichen liest. Bei dem Zwischenfall mit den Galiläern bleibt weitgehend im Dunkeln, was die Hintergründe und Motive dieses Ereignisses waren; bei der Samaritanerepisode handelt es sich um ein aus der Sicht des Präfekten notwendiges und präventives Vorgehen gegen eine bewaffnete Gruppe mit mutmaßlich messianischen Ambitionen.[182] Zudem ist bei keiner der von Pilatus erwähnten Aktionen gegen Judäer in übertriebener Weise von Tausenden von Toten die Rede, wie Josephus in anderen Kontexten durchaus notiert und dies auch bei Pilatus hätte tun können.[183] Dazu gab es offensichtlich keinen Anlass. Nur abschließend notiert sei noch einmal die Be-

---

181 J. Blinzler, Die Niedermetzelung von Galiläern.

182 Siehe dazu oben B 1.6.4.

183 Vgl. etwa die Aktion des ägyptischen Präfekten Tiberius Iulius Alexander (Bruder des Philon von Alexandrien und als *jüdischer* Römer Statthalter von Ägypten) gegen einen Aufruhr von Juden in Alexandrien, der nach der Darstellung des Josephus zu einem regelrechten Krieg eskaliert ist, an dessen Ende 50.000 Tote »in Haufen umherlagen« (Bell 2,492–498).

obachtung, dass in keiner der bekannten Überlieferungen der Hohepriester (konkret: Kaiphas) genannt wird. Auch wenn dies ein *argumentum e silentio* darstellt, also eine Schlussfolgerung aus dem Schweigen der Quellen, so wird man daraus doch ableiten können, dass der Hohepriester bzw. der aristokratische Adel die Politik des Pilatus mitgetragen hat.

Setzt man all diese Aspekte ins Verhältnis zur ungewöhnlich langen Amtszeit des Pilatus, dann bleibt die Zahl der von ihm überlieferten Ereignisse relativ übersichtlich. Seine Amtsführung erscheint in diesem Licht als das, was man von einem römischen Provinzpräfekten erwarten kann: Loyalität dem Kaiser und dem Imperium gegenüber, die Sorge für Ruhe und Sicherheit in seinem Machtbereich auch unter einem jeweils – aus seiner Sicht – angemessenen Einsatz militärischer bzw. polizeilicher Gewalt sowie ein geschicktes und politisch kluges, aber im Ganzen wenig ambitioniertes Agieren innerhalb der gegebenen Machtstrukturen. Dass der neue Legat Vitellius die Beschwerde einer samaritanischen Lokalbehörde für seine politischen Interessen nutzte, um Pilatus (und mit ihm letztlich auch den Hohepriester Kaiphas) aus dem Amt zu drängen, war eine politische Intrige und nicht die Konsequenz einer verbrecherischen Politik oder grausamen Willkürherrschaft.

2.6 Pilatus und Jesus im Testimonium Flavianum

In den lose aneinandergereihten Episoden über Pilatus in den *Antiquitates* des Josephus findet sich ein überraschender Text,[184] der auf eigentümliche Weise die Hin-

184 Die Bezeichnung »Testimonium Flavianum« benennt den Text

richtung Jesu durch Pilatus bezeugt und in der Sache auf die im Anschluss zu behandelnde Thematik des Prozesses gegen Jesus im Neuen Testament hinführt:

»[63] Es lebte aber in dieser Zeit Jesus, ein weiser Mann, wenn es überhaupt angemessen ist, ihn einen Menschen zu nennen. Denn er war ein Wundertäter, ein Lehrer der Menschen, die mit Freude die Wahrheit [d. h. seine Lehre] annahmen, und nicht nur viele der Juden, sondern auch der Griechen überzeugte er. Dieser war der Christus. [64] Und obwohl Pilatus ihn auf Betreiben unserer führenden Männer mit dem Kreuz bestrafte, ließen die, die ihn vormals geliebt haben, nicht davon ab. Denn er erschien ihnen am dritten Tag wieder lebendig, wie die göttlichen Propheten dieses und tausend andere wundersame Dinge über ihn gesagt hatten. Bis jetzt aber ist der (Volks-)Stamm der Christen, wie sie nach jenem genannt werden, noch nicht verschwunden« (Ant 18,63f.).

In der Forschung ist umstritten, ob dieser Text auf Josephus selbst zurückgeht oder eine spätere Einfügung von christlicher Hand darstellt, die das Schicksal Jesu im Werk des jüdischen Historikers verankern wollte. Ein maßgebliches Indiz für letztere Position ist der für Josephus ungewöhnliche Satz, der wie ein Bekenntnis klingt: »Dieser war der Christus« (18,63). Nach 1Joh 5,1 beruht der christliche Glaube auf dem Bekenntnis, »dass Jesus der Christus ist«, und damit auf der Identifikation Jesu von Nazareth mit dem erwarteten Messias. Das legt den Schluss nahe, der Text bei Josephus könnte ein Zusatz von christlicher Hand sein.[185] In die-

---

des Josephus über Jesus von Nazareth als »Flavianisches Zeugnis« nach dem römischen Cognomen Flavius.

185 Vgl. auch das in seinem Wortlaut wegen der Formulierung in der Vergangenheitsform durchaus ambivalente Bekenntnis des

sem Fall wäre er für das Pilatusbild bei Josephus nicht relevant.

Doch ist der Text vielschichtiger als die genannte Alternative nahelegt. In Ant 18,63 wird Jesus als »weiser Mann« vorgestellt, was jedoch sogleich relativiert wird: »[...] wenn es überhaupt angemessen ist, ihn einen Menschen zu nennen.« Durch seine außergewöhnlichen Taten und seine Lehre von der Wahrheit habe er auf viele – Juden wie Nichtjuden – gleichermaßen anziehend gewirkt. Der Hinweis auf die Erscheinung vor seinen Anhängern »am dritten Tag« erinnert deutlich an das alte Bekenntnis von Tod, Auferweckung und Erscheinungen Jesu, das bereits Paulus in 1Kor 15,3–5 zitiert. Von einer Auferweckung Jesu ist jedoch nicht die Rede. Die Erscheinungen werden unter die »tausend wundersamen Dinge« gerechnet, die von Propheten über ihn vorausgesagt worden seien. Auch klingt der letzte Satz über die fortdauernde Existenz der Christen reichlich distanziert.

Derartige inhaltliche Spannungen in einem Text sind oft Indizien für eine Bearbeitung, die die ursprüngliche Kohärenz beeinträchtigt. Es ist daher wahrscheinlich, dass christliche Leser des Josephus – vielleicht unter dem Einfluss des Eusebius von Cäsarea[186] – eine ursprüngliche Notiz über die Hinrichtung Jesu durch Pi-

---

Hauptmanns unter dem Kreuz im Markusevangelium: »Dieser Mensch war tatsächlich Gottes Sohn« (Mk 15,39; vgl. Mt 27,54). In Ant 20,200 berichtet Josephus von der Hinrichtung des Jakobus und bezeichnet ihn als »Bruder des *Jesus, der Christus genannt wird*«. Diese Art der Titulatur Jesu ist für Josephus plausibler als die Formulierung in Ant 18,63.

186 Vgl. K. A. Olson, Eusebius and the *Testimonium Flavianum*, der Eusebius für den Autor des Textes hält; vgl. dagegen jedoch A. Whealey, Josephus, Eusebius of Caesarea, and the *Testimonium Flavianum*.

latus mit Ergänzungen versehen haben, die ihrem christlichen Jesusbild entsprachen.[187]

Umstritten, aber wohl genuin christlichen Ursprungs, ist auch das sog. *Testimonium Slavianum,* das in der altslavischen Ausgabe des »Jüdischen Krieges« aus dem 11. Jh. im Kontext der Pilatusepisoden nach Bell 2,174 eingefügt ist. Inhaltlich steht es dem *Testimonium Flavianum* der *Antiquitates* nahe, ist aber deutlich ausführlicher.[188] Nachdem die jüdischen Autoritäten vergeblich Jesus befahlen, als Messias in die Stadt einzuziehen und Pilatus und die römischen Truppen zu vertreiben, zeigen sie ihn beim Statthalter an, der daraufhin kaltblütig ein Blutbad anrichtet, Jesus aber dann doch freilässt, weil dieser seine im Sterben liegende Frau geheilt habe. Nach einem Bestechungsversuch der Juden überlässt Pilatus ihnen Jesus und sie selbst kreuzigen ihn. Hier ist die legendarische Pilatustradition bereits mit Händen zu greifen.

Geht man mit der Mehrheit der Forschung von einer christlichen Bearbeitung des *Testimonium Flavianum* aus, so bleibt als ursprüngliche Version ein Text des Josephus, der im Duktus demjenigen seiner Überlieferung über Johannes den Täufer nicht unähnlich ist. Auch den Täufer stellt Josephus als Tugendlehrer dar, der aufgrund seines großen Einflusses auf die Menschen durch sein Reden von Gerechtigkeit und tugendhaftem Leben von Herodes Antipas ermordet wurde, weil dieser darin die Gefahr eines Aufruhrs gesehen habe (Ant 18,116–119).

Aus der Sicht der Leserinnen und Leser ähnlich unangemessen wie die Hinrichtung des Täufers erscheint

187 Vgl. F. W. Horn, Das Testimonium Flavianum, bes. 135f.

188 Vgl. dazu G. Theißen / A. Merz, Der historische Jesus, 93–95.

auch die Hinrichtung Jesu durch Pilatus, für die zudem kein Grund genannt wird. Umso bemerkenswerter ist die Formulierung des Josephus, Pilatus habe Jesus »auf Betreiben unserer führenden Männer mit dem Kreuz bestraft«. Diese eher beiläufige Aussage unterstützt die sich aus anderen Zusammenhängen ebenfalls naheliegende Schlussfolgerung, dass Pilatus und »unsere führenden Männer« – d.h. die Jerusalemer Priesteraristokratie und allen voran der Hohepriester – in einem engen politischen Zweckbündnis standen.[189] Zugleich werden die Machtverhältnisse deutlich: Die Jerusalemer Aristokratie hat zwar politischen Einfluss auf Pilatus und kann ihm gegenüber durchaus eigene Interessen durchsetzen, aber die Exekutionsgewalt liegt in den Händen des Präfekten. Wie bei den anderen Pilatusepisoden, so bleibt Josephus auch in diesem Fall die Einzelheiten und Hintergründe des Vorgehens gegen Jesus schuldig und bewertet auch das Urteil nicht.

Die Bemerkung über Jesu Kreuzigung durch Pilatus zeigt schließlich, dass die Existenz einer Gruppe, deren Mitglieder sich Christen nennen, dem Josephus bekannt war und mit einem von Pilatus hingerichteten Mann zu tun hatte, nach dem sie benannt wurden.[190] Das ist der Grund, warum Josephus sie hier in seine Pilatusepisoden aufnimmt. In der Sache weiß das *Testimonium Flavianum* nicht viel mehr, als auch Tacitus über

---

189 Vgl. dazu D. Sänger, »Auf Betreiben der Vornehmsten unseres Volkes«; siehe auch unten B 3.3.

190 F. W. Horn, Das Testimonium Flavianum, 117, vermutet, Josephus könne sowohl in Galiläa als auch später in Rom Kenntnis der Jesusbewegung bzw. von Christen erhalten haben, wobei die Bekanntschaft mit schriftlichen Quellen der christlichen Überlieferung unwahrscheinlich sei.

die »Chrestianer« berichtet (Annales XV,44), wobei dieser allerdings die Beteiligung der jüdischen Führung nicht erwähnt.[191]

3. Pilatus und die Geschichte Jesu

Nach der Erörterung der historisch-biographischen Aspekte zur Person des Pilatus und der Pilatusüberlieferungen bei Philon und Josephus führt das *Testimonium Flavianum* zu dem am besten bekannten und beschriebenen Ereignis aus der Amtszeit des Pilatus: dem Urteil über Jesus von Nazareth und dessen Hinrichtung. Auch wenn es für den Präfekten Judäas historisch gesehen nicht mehr als eine Episode unter vielen anderen gewesen sein mag, so ist sie im Rückblick diejenige mit der nachhaltigsten Wirkung.

Methodisch ist zu berücksichtigen, dass keiner der kanonisch gewordenen christlichen Texte primär an Pilatus interessiert ist. Auf theologische Weise und zur Stärkung des Glaubens der Christusanhänger (vgl. Joh 20,31) deuten sie das Lebensschicksal Jesu als ein Heilsereignis. Der zentrale Aspekt ist dabei der Tod Jesu am Kreuz, für den historisch gesehen der amtierende Präfekt verantwortlich war.[192] Das macht Pilatus jedoch nicht zu einer Nebenfigur, denn immerhin wird sein Name in allen Evangelien erwähnt, im Unterschied etwa zur Identität des Hohepriesters, dessen Name in der Passionsgeschichte bei Markus und Lukas fehlt.[193]

191 Siehe dazu oben B 1.2.

192 Vgl. dazu J. Schröter, Jesus von Nazaret, 293–298.313–321.

193 Lukas erwähnt Hannas und Kaiphas allerdings am Anfang des Evangeliums in 3,2 bei der historischen Einordnung der erzählten Zeit.

Aber die Beschreibung des Agierens wie auch der Persönlichkeit des Pilatus bleibt in den Evangelien stets auf das Schicksal Jesu bezogen.

Grundlage der folgenden Darstellung sind die Texte der vier kanonisch gewordenen Evangelien. In einem ersten Teil werden die historischen Fragen im Zusammenhang mit dem Prozess gegen Jesus behandelt.[194] Dies geschieht vor dem Hintergrund dessen, was bei Josephus und Philon über die Persönlichkeit sowie über die Umstände und die Weise der Amtsführung des Pilatus erhoben werden konnte. Sowohl die kurze Notiz des Tacitus über die Hinrichtung Jesu als auch das sog. *Testimonium Flavianum* belegen zudem das historische Faktum, dass Jesus von Pilatus zum Tode verurteilt und hingerichtet wurde. Der jüdische Autor Josephus differenziert insofern, als er dieses Urteil auf das »Betreiben *unserer* führenden Männer« zurückführt und damit die maßgebliche Beteiligung der jüdischen Autoritäten notiert, ohne die Pilatus wohl kaum gegen Jesus vorgegangen wäre. Wenn wir davon ausgehen können, dass nicht nur Tacitus, sondern auch das *Testimonium Flavianum* in seinem ursprünglichen Kern von der Evangelienüberlieferung unabhängig ist, dann ist damit für deren historische Einschätzung ein Vorzeichen gesetzt, welches die Frage nach den beteiligten

194 An dieser Stelle sei auf ein terminologisches Problem hingewiesen, das sich aus sprachlich-stilistischen Gründen kaum vermeiden lässt. Wenn in der Darstellung vom »Prozess Jesu« oder dem »Prozess gegen Jesus« die Rede ist, dann ist damit zunächst einmal das literarisch vielschichtige Geschehen bezeichnet, das in den Evangelien von der Gefangennahme Jesu bis zu seiner Hinrichtung führt. Der Sprachgebrauch ist deswegen problematisch, weil es historisch keineswegs ausgemacht ist, dass wir es auch in einem juristischen Sinn mit einem regulären Gerichtsprozess zu tun haben (vgl. unten B 3.3).

Kräften und ihren Interessen mitbestimmt. In jedem Fall hat Josephus die Beteiligung der jüdischen Führungsschicht in Jerusalem als treibende Kraft gegen Jesus für plausibel gehalten.

In einem zweiten Teil werden die spezifischen Pilatus*bilder* der Evangelien nachgezeichnet. Dabei ist zu berücksichtigen, dass die vier kanonischen Evangelien keine voneinander unabhängigen Überlieferungen darstellen.

Das Markusevangelium als die älteste erhaltene Evangelienschrift (entstanden ca. 65–70 n. Chr.) bildet den *literarischen* Ausgangspunkt der Jesusüberlieferung, auf den sich die anderen Evangelisten in ihrer Darstellung des Lebens und Sterbens Jesu beziehen. Matthäus und Lukas (beide Evangelien entstanden ca. 80–90 n. Chr.) greifen das Material des Markus auf und ergänzen es durch weitere Überlieferungen, die sie zum Teil gemeinsam haben,[195] zum Teil nur jeweils allein als sogenanntes »Sondergut« bieten. Vor allem Letzteres betrifft auch die Pilatusüberlieferung. Das Johannesevangelium (entstanden ca. 90–120 n. Chr.) setzt mit hoher Wahrscheinlichkeit das Markus- und das Lukasevangelium voraus, bietet aber eine ganz eigenständige Erzählung und Interpretation des Lebens und Sterbens Jesu. Diese weist zum Teil große Unterschiede zu den drei anderen sog. synoptischen Evangelien auf, die trotz unterschiedlicher Materialfülle aufgrund des

---

195 Der gemeinsame Bestand von Matthäus und Lukas über Markus hinaus wird in der Forschung zumeist auf die Benutzung einer gemeinsamen schriftlichen Quelle neben dem Markusevangelium zurückgeführt. Da dies im Wesentlichen Wortüberlieferungen betrifft, wird diese Schrift »Logienquelle« genannt. Doch gibt es für die Existenz dieser Quelle keine überlieferungsgeschichtlichen Hinweise; sie muss daher aus dem Matthäus- und Lukasevangelium hypothetisch erschlossen werden. Entsprechend unsicher ist die Rekonstruktion.

vergleichbaren literarischen Aufbaus in der Darstellung des Lebens Jesu eine Zusammenschau (Synopse) ermöglichen. Entsprechend signifikant ist auch die Pilatusdarstellung bei Johannes.[196]

Da das Markusevangelium das älteste Evangelium ist, werden sich Darstellung und Rekonstruktion der historischen Ereignisse um den Tod Jesu daran orientieren, die anderen Evangelien jedoch stets mit einbeziehen. Damit ist nicht *a priori* eine Priorität des Markusevangeliums in historischer Hinsicht vorausgesetzt. Angesichts des literarischen Charakters aller Evangelien könnte dies nur zu Fehlurteilen führen. Man wird methodisch damit zu rechnen haben, dass alle Evangelien auch historische Details bieten, die andere nicht bieten (insbesondere etwa das Johannesevangelium im Gegenüber zu den Synoptikern) bzw. manches auch im Hinblick auf ihre literarische Darstellungsabsicht bewusst auslassen oder verändern.

Zu berücksichtigen ist ferner, dass das Markusevangelium zwar das älteste literarische Zeugnis in der frühen christlichen Überlieferung darstellt, die Erinnerung der Jesusgeschichte jedoch auf ältere und wohl weitgehend mündlich überlieferte Traditionen zurückgeht. Das kann hier nicht im Detail erörtert werden. Bereits Paulus setzt im 1. Korintherbrief ein Wissen um die Passionsgeschichte und ihre Akteure voraus, wel-

196 Die Namen »Markus«, »Matthäus«, »Lukas« und »Johannes« werden im Verlauf der Darstellung aus pragmatischen Gründen für die Bezeichnung der jeweiligen Autoren der Evangelien verwendet. Damit ist keine Aussage über die historische Verfasserschaft impliziert. In der Forschung wird überwiegend davon ausgegangen, dass die Verfasser unbekannt und die jetzt geläufigen Namen spätere Zuschreibungen sind.

ches in der christlichen Überlieferung lebendig war, lange bevor Markus sein Evangelium niedergeschrieben hat.[197]

3.1 Pilatus und der Prozess gegen Jesus

3.1.1 Jesus als politischer Provokateur

In den neutestamentlichen Evangelien spielt Pilatus erst im Kontext der Passionsgeschichte eine prominente Rolle.[198] Hinsichtlich des konkreten Vorgehens der Behörden gegen Jesus setzt diese mit der Gefangennahme im Garten Gethsemane ein. Dem gehen bereits einige Hinweise auf die Gefährdung Jesu und seinen bevorstehenden Tod voraus, durch die die Leserinnen und Leser auf dieses Geschehen vorbereitet werden.[199] Folgt man dem Erzählfaden des Markusevangeliums, so versuchten nach Mk 3,6 die »Pharisäer und Herodianer«, Jesus zu töten, weil er ihrer Überzeugung nach gegen das Gesetz verstoßen habe.[200] Hinzu kommen drei Leidensvorhersagen in Mk 8,31; 9,31; 10,32–34, die

---

197 Vgl. 1Kor 2,7f.: »[7] Wir reden von Gottes geheimnisvoll verborgener Weisheit, welche Gott vor allen Zeiten bestimmt hat zu unserer Herrlichkeit, [8] die (jedoch) keiner der Herrscher dieser Welt erkannte. Denn wenn sie sie erkannt hätten, dann hätten sie den Herrn der Herrlichkeit nicht gekreuzigt.« Siehe dazu unten B 4.

198 Allein das Lukasevangelium erwähnt Pilatus zuvor bei der zeitgeschichtlichen Einordnung der Jesusgeschichte in 3,1 sowie im Zusammenhang mit dem Vorfall in Galiläa in 13,1.

199 Wegen dieser konsequenten Ausrichtung auf die Passion Jesu hatte Martin Kähler in einem programmatischen Vortrag von 1892 die Evangelien als »Passionsgeschichten mit ausführlicher Einleitung« bezeichnet und dabei vor allem auf das Markusevangelium abgehoben (M. Kähler, Der sogenannte historische Jesus, 59f. Anm. 1).

200 Siehe dazu oben B 1.6.3.

auf die Passionsgeschichte vorausweisen. Während Mk 8,31 ankündigt, dass »der Menschensohn [gemeint ist Jesus] von den Ältesten, den Oberpriestern und den Schriftgelehrten verworfen und getötet werden wird«, spricht 9,31 allgemein von der Auslieferung an »die Menschen«. In 10,33f. ist dann differenzierter davon die Rede, dass der Menschensohn an die Oberpriester und Schriftgelehrten ausgeliefert, von ihnen zum Tod verurteilt und »den Heiden« übergeben werden wird, die ihn schließlich verspotten, misshandeln und töten. Implizit kommt damit bereits an dieser Stelle Pilatus ins Spiel, denn der römische Präfekt ist der Einzige, der hier als »Heide«, d.h. als nichtjüdischer Regent angesprochen sein kann.

Die Beteiligung am Vorgehen gegen Jesus wird im Verlauf der Erzählung zunehmend enger fokussiert. Sind am Anfang noch die Pharisäer und Herodianer genannt, später die Ältesten, Oberpriester und Schriftgelehrten und schließlich die Oberpriester, Schriftgelehrten und »die Heiden«, so erscheint in der Passionsgeschichte schließlich der Hohepriester als die eigentlich treibende Kraft. Die Pharisäer und Herodianer spielen in der Passion Jesu keine Rolle mehr, obwohl Jesus nach Mk 8,15 immerhin noch vor ihnen gewarnt hatte und sie in Mk 12,13 noch ein letztes Mal an ihn herantreten mit der Frage, ob man dem Kaiser Steuern zahlen solle oder nicht. Die zelotische Bewegung war nicht zuletzt wegen ihrer Steuerverweigerung bekannt (Josephus, Bell 2,118), so dass diese Frage politisch brisant ist.[201]

Die Umstände, die zum Tod Jesu führen, gehen also auf eine längere Auseinandersetzung jüdischer Grup-

201 Siehe dazu oben B 1.5.

pen und Behörden mit Jesus, seiner Botschaft und seinem Wirken zurück. Da Jesus aus Galiläa stammt und damit aus dem Herrschaftsbereich des Herodes Antipas, kommt er zunächst mit dem Präfekten Judäas nicht in Konflikt. Eine Konfliktlinie jedoch deutet die bereits erwähnte Auseinandersetzung mit der Herrschaft des Herodes an, vor der Jesus seine Jünger ebenso warnt wie vor den Pharisäern (Mk 8,15). Hinter dieser Warnung steht die Hinrichtung Johannes des Täufers durch Herodes. Herodes, so heißt es in Mk 6,14–16, sei bereits auf Jesus aufmerksam geworden und habe ihn aufgrund seines Wunderwirkens für den von den Toten wieder auferstandenen Johannes gehalten. Der politisch motivierte Tod Johannes des Täufers durch Herodes Antipas wird vor diesem Hintergrund zu einer Vorausdarstellung des Schicksals Jesu.

Allerdings sind sich Jesus und Herodes während des öffentlichen Wirkens Jesu wahrscheinlich nie begegnet, sieht man von dem in Lk 23,6–12 erzählten Ereignis einmal ab.[202] Doch deutet sich auch in den mittelbaren Auseinandersetzungen Jesu mit dem galiläischen Tetrarchen bzw. den Herodianern die politische Dimension seines Wirkens an, die für den Prozess vor Pilatus eine wesentliche Rolle spielen wird. In der Nachfolge des Täufers übernimmt Jesus gleichsam die Mission des Täufers und damit auch das Risiko, mit den Mächtigen seiner Zeit in einen Konflikt zu geraten, der mehr ist als nur eine schriftgelehrte Auseinandersetzung um die rechte Auslegung des Gesetzes. Im Markusevangelium ist dies programmatisch als ein Vorzeichen vor die Geschichte Jesu gesetzt, mit dem der Evangelist in 1,14f. bereits am Anfang des öffentli-

---

202 Siehe dazu oben B 1.6.3.

chen Wirkens Jesu auf das Schicksal des Täufers vorausweist:

»[14] Nachdem aber Johannes ausgeliefert worden war,[203] kam Jesus nach Galiläa und verkündigte das Evangelium Gottes [15] mit den Worten: ›Der Zeitpunkt ist gekommen und die Königsherrschaft Gottes ist nahe. Kehrt um und glaubt dieser guten Botschaft‹.«

Mit diesem Umkehrruf knüpft Jesus ausdrücklich an die Verkündigung des Täufers an.[204] Besondere Brisanz bekommt das Zentrum der Botschaft, das mit dem Begriff der »Königsherrschaft Gottes« (griech. ἡ βασιλεία τοῦ θεοῦ *hē basileía toû theoû*) zusammengefasst wird. Die Vorstellung von der Herrschaft Gottes als König in bzw. über Israel hat aus der Tradition und der Geschichte Israels heraus eine eminent politische Bedeutung.

Exemplarisch wird diese politische Dimension an Psalm 2 im Kontext der sog. Jahwe-König-Psalmen anschaulich (vgl. z. B. Ps 47; 96–99). Jeder in Israel eingesetzte König gilt danach als Gottessohn und als »Gesalbter«, d. h. als Messias bzw. *Christos* (hebr. מָשִׁיחַ *mashíaḥ* »Messias, Gesalbter«, griech. χριστός *christós* »Christus, Gesalbter«), weil zum Thronbesteigungsritual bei der Einsetzung eines Königs die Salbung[205] gehört. Sie ist Zeichen der Verleihung der Königswürde und gött-

---

203 Gemeint ist: von Herodes Antipas gefangen genommen wurde.

204 Matthäus verstärkt diese Kontinuität dadurch, dass er bereits die Verkündigung des Täufers gleichermaßen mit dem Umkehrruf zur Königsherrschaft »der Himmel« (als Umschreibung des Gottesnamens) zusammenfasst (vgl. Mt 3,1 f. und 4,17).

205 Hebr. משח *masháḥ* »salben, bestreichen«; griech. χρίω *chríō* »salben, bestreichen«.

lichen Vollmacht, die alle fremden Machtansprüche über Israel ausschließt. Psalm 2 lässt an der politischen Dimension der Königsherrschaft des Messias keinen Zweifel. Der Psalm geht nicht nur von der Feindschaft der Nationen und ihrer Herrscher »gegen Gott und seinen Gesalbten« aus (2,1f.), sondern fordert am Schluss auch die Könige und Richter auf Erden auf, den von Gott selbst »gezeugten« Sohn (2,7) zu fürchten, weil »sein Zorn bald entbrennen« werde (2,10–12). Diese Vorstellungen erklären, warum messianische Erwartungen stets politisch waren und die Macht der Fremdherrscher über Israel infrage stellten. Vielleicht ist dies auch der Grund dafür, dass Ps 2 – anders als etwa Ps 110 – trotz seiner Bedeutung für die Königsideologie Israels und die messianischen Vorstellungen des Judentums im Neuen Testament letztlich nur eine untergeordnete Rolle spielt. In den Evangelien wird Ps 2 erstaunlicherweise überhaupt nicht zitiert, obwohl er viele Aspekte der Jesusgeschichte spiegeln könnte. Man wollte wohl nicht Gefahr laufen, Jesus als politischen Aufrührer darzustellen. Damit hätte man dem Todesurteil gegen ihn einen legitimen Rechtsgrund gegeben.[206] Das Schicksal Jesu wird erst im theologisch deutenden Rückblick transparent: Angesichts der Freilassung von Petrus und Johannes vor dem Hohen Rat erkennen die Jesusgläubigen nach Apg 4,25 in Ps 2,1f. die alttestamentlich vorhergesagte Verschwörung der Mächtigen gegen Jesus wieder. In einem Dankgebet deu-

206 Vgl. dazu M. Karrer, Der Gesalbte, 106–108.128 mit Anm. 152; Ausnahmen sind etwa PsSal 17 und einige wenige Qumrantexte (4Q174), vgl. A. Steudel, Psalm 2 im antiken Judentum. Ps 2 hat im frühen Judentum insgesamt keine breite Rezeption erfahren, was möglicherweise mit politischen Entwicklungen zu tun hat. Bedeutsamer war die Verheißung eines ewigen Königtums für das Haus Davids nach 2Sam 7,12–16, mit welcher Ps 2 oft verbunden wird. Zur Bedeutung von Ps 2 im Blick auf die Jesusgeschichte vgl. auch M. Theobald, »Ihr habt die Blasphemie gehört!«, 236–239.

ten sie den Psalm ganz konkret auf die Situation Jesu und nennen die Namen: »Herodes und Pontius Pilatus mit den Völkern und den Stämmen Israels« (4,27).

Die Vorstellung von der Königsherrschaft Gottes in Israel und der Befreiung des Volkes von der Fremdherrschaft durch einen Messias, einen neuen »gesalbten« König, war in ihrer politischen Dimension insbesondere für die zelotische Bewegung bedeutsam. Sie ist letztlich auch der ideologische Hintergrund für den offenen Ausbruch der jüdischen Kriege gegen die Römer. Da es seit Herodes dem Großen keinen jüdischen König bzw. keinen »König Israels« mehr gab und Judäa seit der Absetzung des Ethnarchen Herodes Archelaos und der Einrichtung der römischen Präfektur nicht einmal mehr von einem jüdischen Herrscher verwaltet wurde, lag hier ein schwelender Konflikt, durch den die Machtstellung des Präfekten permanent infrage gestellt wurde.[207] Wer die Königsherrschaft Gottes verkündet, riskiert, in die Nähe derer gestellt zu werden, die die Römerherrschaft beseitigen wollen und die – wie Josephus ausdrücklich über die Zeloten schreibt – »mit großer Zähigkeit an der Freiheit hängen und Gott allein als ihren Herrn und König anerkennen« (Ant 18,23). Die Tatsache, dass die Jesusbewegung ihren Ursprung in Galiläa hat, jener Region, aus der auch der Urheber der zelotischen Bewegung stammte, machte den Galiläer Jesus und seine Gruppe als Verkündiger einer Gottesherrschaft verdächtig.

Versteht man die Verkündigung Jesu vor diesem Hintergrund, dann wird deutlich, warum es für Jesus gefährlich werden konnte, wenn man an ihn messia-

207 Siehe dazu oben B 1.5.

nisch-königliche Erwartungen herantrug und er ihnen womöglich offen entsprochen hätte. Die Frage des Pilatus an Jesus, ob er ein Messiaskönig sei, hat dieser mit seiner Reich-Gottes-Verkündigung letztlich selbst provoziert, obwohl er keine politischen Umsturzambitionen verfolgte. Er proklamierte die Gottesherrschaft explizit als ein neues Gesetzesethos (vgl. Mt 5–7) und als barmherzige Zuwendung Gottes zu Armen und gesellschaftlichen Randgruppen (so besonders im Lukasevangelium). Matthäus und Lukas verstärken damit Akzente, die auch bei Markus angelegt und vorausgesetzt sind.

Bildete für Johannes den Täufer noch das unmittelbar erwartete Endgericht Gottes den Horizont seiner Botschaft, so war die Verkündigung Jesu auf die Lebensnähe der Barmherzigkeit Gottes ausgerichtet, die für ihn das Kriterium der Auslegung des Gesetzes und die Voraussetzung der Sündenvergebung darstellte. In dieser Verheißung realisiert sich Gottes Herrschaft unter den Menschen, ohne dass damit die zukünftige Erwartung einer Vollendung des Gottesreiches ausgeschlossen wäre.[208] Die Präsenz der Gottesherrschaft erschließt sich in Gleichnissen und Wundergeschichten, insbesondere den Dämonenaustreibungen und Heilungen. Aussagen wie beispielsweise Mk 2,27: »Der Sabbat ist um des Menschen willen gemacht und nicht der Mensch um des Sabbats willen«, oder auch Lk 6,36: »Seid barmherzig, wie euer Vater barmherzig ist«, sprechen zwar eine deutliche Sprache, worin sich für Jesus die Nähe der barmherzigen Herrschaft Gottes manifestiert. Doch selbst der im Gefängnis sitzende Täufer ist durch die Ambivalenz der Verkündigung Jesu verunsichert und bezeugt damit die messianische Erwartung,

208 Vgl. J. Schröter, Jesus von Nazaret, 188–213.

die man mit Jesus verband. Die Frage des Täufers ist zwar nur bei Matthäus und Lukas überliefert (Mt 11,2–6 par. Lk 7,18–23), kann aber in ihrem Duktus als historisch glaubwürdig gelten:

»[2] Johannes aber, als er im Gefängnis von den Werken des Christus hörte, schickte seine Jünger [3] und ließ ihn durch sie fragen: ›Bist du der Kommende oder sollen wir einen anderen erwarten?‹ [4] Und Jesus antwortete und sprach zu ihnen: ›Geht hin und berichtet Johannes, was ihr hört und seht: [5] Blinde sehen wieder, Lahme gehen umher, Aussätzige werden geheilt und die Tauben hören, Tote stehen auf und den Armen wird Gutes verkündigt. [6] Und gepriesen sei, wer nicht an mir Anstoß nimmt.‹«

Die Unsicherheit in der Frage, ob Jesus »der« Messias sei und damit implizit, ob er Israel von der Fremdherrschaft der Römer befreien würde, durchzieht die Evangelien gleichsam wie ein roter Faden. Nicht ohne Grund spricht Jesus nach Mk 4,11 im Zusammenhang seiner Gleichnisdeutung von der Herrschaft Gottes als eines »Geheimnisses«, das sich allenfalls den Verständigen erschließe. Lukas thematisiert das Problem in seinem Evangelium noch am Schluss nach der Kreuzigung im Munde der beiden Jünger, die enttäuscht durch den Tod Jesu nach Emmaus zurückkehren (Lk 24,21): »Wir aber hofften, dass er es sei, der Israel erlösen würde« – eine Hoffnung, die scheinbar ein für alle Mal mit dem Tod Jesu am Kreuz zunichtegemacht worden war. Nach Lukas kommt sie nach der Auferstehung erneut auf, wird aber einmal mehr nicht erwartungsgemäß erfüllt. Der auferstandene Christus verweist vielmehr auf die Wirkung des Geistes in der Mission (Apg 1,6–8).

Für politische Ambitionen Jesu, die etwa mit den Absichten der Zeloten vergleichbar wären, gibt es in der gesamten Überlieferung keine stichhaltigen Anhaltspunkte. Umso erstaunlicher ist, dass sich in den Schilderungen des Prozessgeschehens die Anklage auf die Frage nach dem Königtum Jesu zuspitzt und die Szenerie bis zur Kreuzigung prägt. Die Ambivalenz des Auftretens Jesu ist vor allem in der Darstellung des Markusevangeliums regelrecht theologisches Programm. Es gibt den Leserinnen und Lesern die Frage auf, *in welchem Sinn* Jesus »der Christus« sein kann, wenn sich einerseits Petrus nach Mk 8,29 emphatisch zu Christus bekennt, Jesus aber andererseits seine Jünger sogar bedroht, dies niemandem zu sagen (8,30).[209] Den Implikationen und den Risiken eines solchen Anspruches musste sich Jesus bewusst gewesen sein. Markus spitzt dies im Evangelium auf geradezu dramatische Weise zu. Nachdem Jesus immer wieder seine Jünger, Geheilte, ja sogar Dämonen beschworen hatte, seine Hoheit als Gottessohn, Davidssohn und Messias nicht zu enthüllen, zieht er bei seinem letzten Besuch in Jerusalem unter dem lauten Jubel der Menge in die Stadt: »Hosanna, gesegnet sei der Kommende im Namen des Herrn, gesegnet sei die kommende Königsherrschaft unseres Vaters David, Hosanna in der Höhe!« (11,9f.)[210] Mit dem Einzug in Jerusalem beginnt nach der Darstellung des Markusevangeliums die offene Konfrontation Jesu mit den Mächtigen in Jerusalem, an deren Ende seine Kreuzigung durch Pilatus steht.

---

209 Forschungsgeschichtlich verbindet sich diese Frage mit dem von William Wrede eingeführten Begriff des »Messiasgeheimnisses«, der besonders für das Verständnis des Markusevangeliums von Bedeutung war (W. Wrede, Das Messiasgeheimnis in den Evangelien); vgl. dazu kritisch J. U. Beck, Die Messiasgeheimnis-Theorie als Zugang zum Markusevangelium.

210 Vgl. J. Schröter, Jesus von Nazaret, 262f.

Es ist selbstverständlich, dass in der Darstellung und Beschreibung der Verkündigung Jesu historische Erinnerung und literarisch-theologische Absichten ineinandergreifen. Die vorangehenden Überlegungen stecken daher lediglich den notwendigen Rahmen ab, in welchem das Agieren des Pilatus und der jüdischen Oberen gegen Jesus einerseits in historischer Hinsicht erklärbar wird, andererseits aber auch die je spezifische theologische Absicht der Evangelisten herauszuarbeiten ist.

3.1.2 Hohepriesterliche Interessen

Wenn Jesus keine politischen Umsturzambitionen hegte, dann hatte sein Kommen nach Jerusalem sicher nicht das Ziel (wie dies gelegentlich gedeutet wurde), einem »Showdown« gleich nun im Zentrum der Macht die Mächtigen herauszufordern. Die Darstellung des Markusevangeliums (der Matthäus und Lukas gefolgt sind), wonach Jesus nur einmal in Jerusalem gewesen sei, ist historisch wenig wahrscheinlich. Sie erweist sich als eine literarische Konzeption, die das Wirken Jesu als eine mehr oder weniger geradlinige Bewegung von Galiläa nach Jerusalem schildert. Vermutlich war Jesus mehrfach zu Wallfahrtsfesten in Jerusalem, wie es auch das Johannesevangelium voraussetzt, darunter mehrere Passafeste.[211]

Die synoptische Passionsgeschichte ist also eine literarische Verdichtung jener Konflikte, die das Auftreten Jesu begleiteten, sich über einen längeren Zeitraum zu-

211 Johannes erwähnt sechs Festaufenthalte: Joh 2,13 (Passafest); 5,1 (unbestimmt); 6,4 (Passafest); 7,2 (Laubhüttenfest); 10,22 (Tempelweihfest); 11,55 (Passafest). Die letzten drei Feste liegen innerhalb eines längeren, letzten Aufenthaltes Jesu in Jerusalem.

spitzten und schließlich zu einer Gelegenheit für seine Gegner führten, ihn bei Pilatus anzuklagen. In diesem Zusammenhang ist noch einmal bemerkenswert, dass unter den zahlreichen Gruppen, die sich nach Mk 11–12 mit Jesus in Jerusalem auseinandersetzen, die Pharisäer und Herodianer in Mk 12,13–17 (vgl. Mt 22,16) erneut auftreten, die bereits am Anfang des Wirkens Jesu in Galiläa einig waren, dass er sterben müsse (Mk 3,6). Ging es damals noch um den Vorwurf der Missachtung des Sabbats, so ist es jetzt die brisante Steuerfrage, mit der sie Jesus auf ein politisch relevantes Glatteis führen. Markus lässt keinen Zweifel daran, dass es ganz bestimmte jüdische Kreise sind, die in Jesus eine Gefahr sehen und ihn deshalb beseitigen wollen. Gefahr aber wofür?

An verschiedenen Stellen wird erkennbar, dass es nicht einfach nur um Fragen der Gesetzesauslegung ging – das waren keine für eine Kapitalgerichtsbarkeit relevanten Dinge, schon gar nicht für eine römische Gerichtsinstanz. Es muss also um andere Interessen gegangen sein, für die Jesus eine Gefahr darstellte. Bei näherem Hinsehen spielt der Tempel dabei eine besondere Rolle.[212] Nach dem Einzug in Jerusalem erzählt Markus von der sog. Tempelreinigung (Mk 11,12–25). Die Aktion im Tempel, bei der Jesus in einer gerichtsprophetischen Zeichenhandlung einige Tische von Geldwechslern und Opfertierverkäufern umstößt, richtet sich nicht gegen den Tempel und den Opferkult, sondern gegen die Art und Weise, wie beides von den dafür Verantwortlichen »vermarktet« wird.

Der Tempel war in Jerusalem ein wichtiger Wirtschaftsfaktor, von dem viele Menschen abhängig wa-

212 Vgl. dazu J. Schröter, Jesus von Nazaret, 278–285.

ren. Mit seiner Zeichenhandlung greift Jesus diese Strukturen an und stellt damit direkt die Macht derer infrage, die davon am meisten profitieren, nämlich die Priesterschaft und allen voran der Hohepriester. Das Gerichtswort Jesu ist eine offene Anklage, die an die Gerichtsworte der großen Propheten Jesaja und Jeremia anknüpft (Mk 11,17): »Steht nicht geschrieben: Mein Haus soll ein Haus des Gebetes für alle Völker sein? Ihr aber habt daraus eine Räuberhöhle gemacht!«[213] Und es führt, so der Evangelist, unmittelbar zu einem erneuten Todesbeschluss der Priesterschaft.

Das Johannesevangelium stellt die sog. »Tempelreinigung« bereits an den Anfang einer mehrjährigen Wirksamkeit Jesu. Daher ist umstritten, ob dieses Ereignis der unmittelbare Auslöser für das aktive Vorgehen gegen Jesus war oder nicht vielmehr den Anfang eines schwelenden Konfliktes markiert. Weil aber Johannes eine theologische Deutung des Todes Jesu mit dieser Umstellung verbindet, die noch dazu mit jenem Tempelwort spielt, das in der synoptischen Tradition im Prozess Jesu ausdrücklich als Falschaussage bezeichnet wird (vgl. Joh 2,19), ist seine Platzierung der Episode literarisch motiviert. In dem ohnehin etwas merkwürdigen Verhör Jesu durch den Hohepriester bei Johannes spielt die Tempelfeindschaft Jesu dementsprechend keine Rolle (Joh 18,19). Anders in der synoptischen Tradition: Die Stellung Jesu zum Jerusalemer Tempel wird zu einem Hauptgegenstand im Verhör durch den Hohepriester, bei dem auch die Ansage über den Untergang Jerusalems und des Tempels eine zentrale Bedeutung gewinnt (vgl. Mk 13,1f.).

213 Vgl. Jes 56,7; Jer 7,11.

Die Geschichte der Tempelreinigung ist bei Markus gerahmt durch die Episode von einem Feigenbaum, der keine Früchte trägt und auf das Wort Jesu hin verdorrt (Mk 11,12–14.20–21). Der verdorrte Feigenbaum als Symbol für das Volk Israel ist eine weitere zeichenhafte Anklage gegen die, die durch ihre Machenschaften Israel in den Untergang treiben, ein Motiv, das auch im Gleichnis von den bösen Weingärtnern aufgenommen wird, die Gottes Weinberg aus reiner Gier an sich reißen (12,1–12). Jesus soll also beseitigt werden, nicht, weil er in bestimmten Gesetzesfragen anderer Meinung war, sondern weil er die Machtinteressen der Priesterschaft und des Hohepriesters massiv und öffentlich angegriffen und damit auch einen nachhaltigen Zuspruch in der Öffentlichkeit gefunden hat (vgl. 11,18).

Auch anhand der Geschichte Jesu wird deutlich, dass es Vertreter der Jerusalemer Priesteraristokratie sind, die ein massives Interesse haben, Jesus zu beseitigen, vielleicht sogar gemeinsam mit dem galiläischen Tetrarchen Herodes Antipas. Dessen Bedeutung bleibt in diesem Zusammenhang aber im Dunkeln.

3.1.3 Das Verhör durch Kaiphas

In der Erzählung des Markusevangeliums besteht der Prozess gegen Jesus aus zwei Teilen: einer Anklage vor dem Hohen Rat und einer Anklage vor dem Präfekten. Das sog. *ius gladii*, die »Schwertgewalt«, d. h. das Recht, Todesurteile zu fällen und zu vollstrecken, lag in Judäa aufgrund der politischen Verhältnisse allein beim Präfekten. In Joh 18,31 wird dies ausdrücklich und historisch zutreffend notiert.[214] Daher war eine Überstellung Jesu an Pilatus unumgänglich. Zudem musste Jesus et-

214 Siehe dazu oben B 1.4.

was vorgeworfen werden, das Pilatus von der Notwendigkeit und Rechtmäßigkeit eines Todesurteils überzeugte. Selbst der offene Anspruch eines Einzelnen, der (oder *ein*) Messias zu sein, möglicherweise mit einer kleinen Anhängerschar, war nicht automatisch ein Grund, ihn zu kreuzigen, zumal wenn er noch nicht als gewalttätig aufgefallen war. Darin besteht ein großer Unterschied zwischen Jesus und seinen Anhängern und jenen anderen Gruppen, die angeführt von (zelotischen) Messias- oder Königsprätendenten das Land unsicher machten.

Vielfach wird aus solchen Analogien und Erfahrungen abgeleitet, dass auch die Jesusbewegung für Pilatus suspekt gewesen sein müsste und er dadurch ein Eigeninteresse gehabt habe, dem Treiben Jesu ein Ende zu setzen. Wie oben dargestellt, berichtet Josephus über einige Pseudopropheten bzw. »Königsanwärter« mit messianischen Ambitionen, die er aber für Betrüger und Räuber hält und die fast alle auf Betreiben Roms umgekommen sind.[215] Die Tatsache, dass Pilatus nicht

---

215 Josephus, Ant 20,97f. nennt einen gewissen Theudas, der auch in Apg 5,36 erwähnt wird; vgl. weiterhin den Zwischenfall unter Pilatus in Ant 18,85–87 (siehe dazu oben B 1.6.4); sowie Bell 2,261 (= Ant 20,167–172); 4,85; 5,317; Vita 40. Zu nennen sind an dieser Stelle auch Judas ben Ezekia, Simon und Athronges (siehe dazu oben B 1.4) und nicht zuletzt die etwas kuriose Episode über den »ungebildeten Bauern« Jesus ben Ananias, der als Einzelgänger mit einer Wehklage über den bevorstehenden Untergang Jerusalems zu einem Ruhestörer wurde. Nachdem einige Maßregelungen seitens der Bürgerschaft nicht fruchteten, wurde er dem Statthalter Albinus vorgeführt, von diesem brutal gefoltert und anschließend wieder freigelassen. Sein fortgesetztes Geschrei fand erst ein Ende, als er bei der Belagerung der Stadt (zufällig?) von einem Geschoss tödlich getroffen wurde (Bell 6,300–309). Vgl. dazu M. Hengel, Die Zeloten, 230–234.

selbst gegen Jesus vorging, sondern erst durch den Hohepriester in das Geschehen involviert wurde, spricht eher dafür, dass von römischer Seite aus zunächst kein akuter Grund für eine Verfolgung oder gar Hinrichtung Jesu vorlag. In dieser Hinsicht unterscheiden sich die Evangelienberichte auch von den Pilatuserzählungen bei Philon und Josephus, in denen Pilatus selbst agiert und der Hohepriester nicht einmal erwähnt wird.

Nachdem Jesus mit seinen Jüngern zum Passafest nach Jerusalem gekommen war und ein letztes Passamahl gefeiert hatte (Mk 14,12–26), wurde er im Ölbaumgarten Gethsemane verhaftet (14,32–51). Daran beteiligt war einer seiner Jünger, Judas Iskariot, der die *jüdischen* Behörden über Jesu Aufenthaltsort informiert hatte.[216]

Das Passafest zur Zeit Jesu war in hohem Maße mit endzeitlichen und messianischen Erwartungen aufgeladen. Man feierte die Befreiung Israels aus der ägyptischen Sklaverei, den Exodus und den Einzug ins verheißene Land. Für viele konnte unter der römischen Besatzung zur Zeit Jesu von einer solchen Freiheit nicht die Rede sein. Schon die hohe Zahl der Festpilger[217] musste den Präfekten beeindrucken und zu

216 Über die Gründe und Motive des Judas kann man nur spekulieren. Markus spricht von Geldgier (Mk 14,10f.), andere Evangelisten beschäftigen sich differenzierter mit diesem Thema; bei Johannes wird Judas sogar von Jesus selbst beauftragt. Vgl. dazu M. Meiser, Judas Iskariot, bes. 49–57, mit dem Resümee: »*Wir wissen nichts.*«

217 Man rechnet mit bis zu 100.000 Menschen; die Schätzungen der Einwohnerzahl Jerusalems schwanken zwischen 20.000 und 40.000. Josephus schreibt, dass am Passafest mehr Tiere geopfert werden, als an jedem anderen Fest und dass stets eine gewaltige Menge an Menschen auch aus dem Ausland zusam-

entsprechenden Vorsichtsmaßnahmen bewegen. Zu hohen Festen, insbesondere zum Passafest, hielt sich deshalb der Präfekt in Jerusalem auf, um die Präsenz Roms zu demonstrieren. Die Stadt war überfüllt, und da die Passafeier in Jerusalem stattfinden musste, wurde für die Zeit des Festes das Stadtgebiet auf die umliegenden Bezirke ausgeweitet. Dazu wurde unter anderem der Ölberg östlich von Jerusalem zum erweiterten Stadtgebiet erklärt, wo sich Jesus aufhielt, um die Passanacht zu verbringen.

Markus vermerkt ausdrücklich, dass es eine von den »Oberpriestern, Schriftgelehrten und Ältesten« beauftragte und bewaffnete Truppe gewesen sei, also kein römisches Kommando, sondern wahrscheinlich die jüdische Tempelaufsicht, die Jesus folgerichtig zu einem Verhör vor dem Hohepriester führten. Eine Nacht-und-Nebel-Aktion der Priesterschaft also, die möglichst wenig Aufsehen erregen sollte und im Johannesevangelium auch eindrücklich als solche beschrieben wird (Joh 18,1–11.20).[218] Als Erzähler legt jedoch Markus großen Wert darauf, dass mit dem Hohepriester der »*ganze* Hohe Rat« zusammengekommen sei (14,55; vgl. auch Lk 23,1), um das Vorgehen gegen Jesus als einen regulären Prozess der obersten jüdischen Gerichtsinstanz

---

menströmte (Ant 17,213f.). Die Zahlenangaben sind jedoch hochgradig unsicher, da es keine verlässlichen Kriterien für derartige Schätzungen gibt.

218 Im Johannesevangelium (Joh 18,3.12) wird daraus jedoch eine ganze »Kohorte« (griech. σπεῖρα *spe̅ra*, lat. *cohors*), also eine ca. 500 (!) Mann starke *römische* Truppe, die Jesus verhaftet, angeführt von einem Offizier (griech. χιλίαρχος *chilíarchos*). Aber das ist offensichtlich eine literarische Übertreibung und Zuspitzung der politischen Bedeutung des Geschehens, die letztlich das Gespräch um die königliche Macht Jesu vorbereitet (18,36–38); vgl. H. K. Bond, Pontius Pilate, 166f.

darzustellen. Doch ist das angesichts der beschriebenen Umstände unwahrscheinlich. Ein Kapitalprozess, in welchem es auf ein rechtmäßiges Todesurteil hinauslaufen sollte, konnte nicht nur aus einem *ad hoc* anberaumten nächtlichen Verhör mit zweifelhaften Zeugen bestehen. Schon der Ort der Befragung im Haus des Hohepriesters spricht gegen eine offizielle Verhandlung bzw. einen regulären Prozess vor dem Hohen Rat.

Der Hohe Rat war die oberste jüdische Gerichtsinstanz und bestand aus 71 vorwiegend sadduzäischen Mitgliedern, denen der Hohepriester vorstand. Gerichtsort war die sog. »Quaderhalle« im Tempel. Im babylonischen Talmud wird als Voraussetzung für einen Kapitalprozess festgehalten, dass ein »Ausrufer« vor der Verurteilung die Anklage verkünden solle, damit es ausreichend Gelegenheit für Zeugenaussagen bzw. zur Entlarvung falscher Zeugenaussagen geben könne. Als Beispiel wird auf den Fall eines gewissen »Jeschu« verwiesen, der am Vortag eines Passafestes hingerichtet worden sei, nachdem zuvor ein Ausrufer vierzig Tage die Anklage proklamiert hatte, aber ohne Erfolg für den Delinquenten (bSan 43a; vgl. auch mSanh 6,2). Unklar ist, ob mit »Jeschu« Jesus gemeint ist; dann wäre sein Fall hier im Rückblick noch stärker als in der Evangelientradition als regelkonformer Prozess geschildert. Die Anklage lautete auf »Zauberei und Volksverführung«, verbunden mit dem merkwürdigen Hinweis, »Jeschu« habe der Regierung nahegestanden. Historisch hat diese Notiz kaum einen Wert, und aufgrund einiger Indizien ist es unwahrscheinlich, dass es sich um Jesus von Nazareth handelte, nicht zuletzt, weil auch fünf der Jünger dieses »Jeschu« zum Tode verurteilt werden.

Man wird also davon ausgehen müssen, dass es der Hohepriester Kaiphas (dessen Namen Markus nicht nennt) und einige seiner Gefolgsleute waren, die Jesus in jener nächtlichen Aktion festnehmen ließen und verhörten. Gemeinsam verständigen sie sich auf Anklagepunkte, mit denen sie ihn bei Pilatus verklagen konnten, und zwar so, dass der Präfekt selbst ein Todesurteil verhängen und vollstrecken würde.[219]

Die Befragung durch den Hohepriester (Mk 14,55–65) wurde im Blick auf ihre Historizität in der älteren Forschung mitunter in Zweifel gezogen. In der Tat birgt sie einige historische Probleme bzw. offene Fragen, etwa nach dem Gegenstand der Anklage. Bei Johannes bleibt sie ganz vage; es wird nur kurz vermerkt, der Hohepriester Hannas (nicht Kaiphas) habe Jesus »über seine Jünger und über seine Lehre« befragt (Joh 18,19); Kaiphas ist bei Johannes nur eine Zwischenstation zwischen Hannas und Pilatus (18,24.28). Substantieller ist die markinische Fassung. Danach führte das Verhör durch Kaiphas zunächst aufgrund widersprüchlicher Zeugenaussagen zu keinem Ergebnis; der Vorwurf, Jesus habe die Absicht, den Tempel einzureißen, um einen neuen, nicht mit Händen gemachten zu errichten, wird ausdrücklich als Falschaussage bewertet (Mk 14,56–59). Der Hohepriester selbst stellt dann die entscheidende Frage: »Bist du der Christus, der Sohn

219 Dass eigenmächtiges Handeln negative Konsequenzen auch für einen Hohepriester haben konnte, zeigt ein Fall, den Josephus in Ant 20,200–203 berichtet. Der Hohepriester Ananus wollte ein Machtvakuum in der Besetzung der Präfektur im Übergang von Festus zu Albinus dazu nutzen, um Jakobus, den Bruder Jesu, der Übertretung des Gesetzes anzuklagen und steinigen zu lassen. Wahrscheinlich waren es Pharisäer, die den Vorwurf und das (vollstreckte) Urteil für falsch hielten und sich sowohl bei Herodes Agrippa I. als auch bei Albinus beschwerten, woraufhin dieser als eine seiner ersten Amtshandlungen Ananus aus dem Amt entließ.

des Hochgelobten?« (14,61) Literarisch wird damit im Kontext des Evangeliums das Bekenntnis des Petrus aus 8,29 wieder aufgenommen. Jesus bestätigt dies zwar, verweist aber auf eine *endzeitliche* Erscheinung des Menschensohns als Richter (14,62). Ein wirklicher Grund für ein Todesurteil ist dies nicht, denn es ist fraglich, ob sich aus der Aussage Jesu der Tatbestand einer Gotteslästerung ergibt, wie dies der Hohepriester erstaunlich schnell konstatiert (14,63 f.).

Allerdings gab es in den verschiedenen Strömungen des Judentums unterschiedliche Auffassungen, was eine Gotteslästerung sei. Während etwa die Pharisäer lediglich das Aussprechen des Gottesnamens als todeswürdige Lästerung verstanden,[220] hatten die Sadduzäer und andere Gruppen ein sehr viel weiteres Verständnis. Danach fielen unter diese Anklage nicht nur das Aussprechen des Gottesnamens, sondern auch Angriffe auf den Tempel und den Kult, Übergriffe auf die Tempelgeräte oder auch die Verleumdung hoher Vertreter des Volkes, allen voran des Hohepriesters. Dazu gehörte nicht zuletzt auch der Vorwurf der Volksverführung als Falschprophet, die nach Dtn 17,12 f. zur Abschreckung mit der Todesstrafe belegt wird: »[12] Wenn jemand in Vermessenheit handelt, so dass er dem Priester nicht gehorcht, der eingesetzt ist, den Dienst des Herrn, deines Gottes, zu tun, oder dem Richter, dieser soll sterben, und du sollst das Böse aus Israel wegschaffen, [13] damit das ganze Volk davon höre und sie sich fürchten und nicht mehr vermessen handeln.« Der Prophet Jeremia etwa ist unter solchen Voraussetzungen von den Priestern angeklagt und mit der Todesstrafe bedroht worden

220 Vgl. neben Lev 24,16 auch Mischna, Traktat Sanhedrin (Gerichtshof) VII,5a: »Der Lästerer ist erst schuldig, wenn er den Gottesnamen deutlich ausspricht.«

(Jer 26,8–11). Auch im zeitgenössischen Judentum sind solche Rechtsvorstellungen belegt, etwa in der Tempelrolle von Qumran (11QTempel 64,6–13): »Wer sein (Gottes) Volk verleumdet und sein Volk an eine fremde Nation ausliefert und seinem Volk Böses antut: Du sollst ihn an einen Baum hängen und er soll sterben. Gemäß dem Zeugnis zweier Zeugen und dem Zeugnis von drei Zeugen soll er getötet werden, und sie sollen ihn an einen Baum hängen.« Selbst Josephus stellt fest, dass die Sadduzäer, aus deren Reihen in der Regel die Hohepriester kamen, »in Bezug auf ihre Gerichtsurteile härter waren als alle anderen Juden« (Ant 20,199).[221]

Pilatus hätten allerdings innerjüdisch-theologische Auseinandersetzungen um Gesetzesfragen und einen irgendwann am Ende der Zeiten kommenden Menschensohn nicht interessiert. Im Johannesevangelium wird dieses Desinteresse ausdrücklich vermerkt, wenn Pilatus den Fall recht schnell an die jüdischen Ankläger zurückverweisen will mit dem Hinweis, sie sollten ihn nach ihrem Gesetz verurteilen, also die Sache unter sich ausmachen (Joh 18,31).[222] Doch Jesus erweist sich in den Augen seiner sadduzäischen Ankläger nicht nur als ein Falschprophet, der das Volk verführt. Mit seiner Verkündigung von der Gottesherrschaft gefährdet er zugleich auch die Stabilität der Machtverhältnisse. Diese Verbindung war geeignet, um Pilatus dazu zu bringen, sich mit der Sache zu befassen.

221 Vgl. dazu M. Theobald, »Ihr habt die Blasphemie gehört!«, bes. 241–252.

222 Siehe dazu unten B 3.2.4.

3.1.4 *Die Verhandlung vor Pilatus*

Erstaunlich an den Erzählungen über den Prozess Jesu ist, dass konkrete Anklagepunkte vor Pilatus nicht genannt werden und man als Leser oder Leserin nicht weiß, woraufhin Pilatus Jesus eigentlich verhören bzw. verurteilen soll. Es ist lediglich von einer »schweren Anklage« die Rede (Mk 15,3; vgl. Mt 27,12), gegen die sich Jesus zur Verwunderung des Pilatus nicht verteidigt. Hier gibt es Lücken in der Überlieferung und auch in der literarischen Darstellung, die an Details offenbar nicht interessiert ist.[223]

Es gehört zu den Überraschungen sowohl im Markus- und Matthäus- als auch im Johannesevangelium, dass Pilatus unmittelbar, nachdem man Jesus zu ihm gebracht hatte, diesen mit der Frage konfrontiert: »Bist du der *König der Judäer*?« Diese Frage erscheint unmotiviert, denn davon war zuvor nie die Rede, selbst im Verhör vor dem Hohen Rat nicht. Allein Lukas wird konkreter: Er führt die Frage des Pilatus auf die Anklage zurück, Jesus habe zur Verweigerung der Steuerzahlung aufgefordert, dadurch das Volk gegen den Kaiser aufgewiegelt und behauptet, er sei »der gesalbte (d.h. von Gott legitimierte und rechtmäßige) König« (Lk 23,2). Keiner dieser Vorwürfe – das wissen die Leserinnen und Leser des Evangeliums hinreichend – ist haltbar. Lukas macht damit an dieser Stelle einen Aspekt der Sendung Jesu explizit, der in der überlieferten

223 C. Cohn, Der Prozeß und Tod Jesu aus jüdischer Sicht, 202–204, vermutet, dass das Verhör durch Pilatus wohl unter Ausschluss der Öffentlichkeit im Prätorium stattfand. Dieses Detail führt im Johannesevangelium zu der merkwürdigen Situation, dass Pilatus mehrfach aus dem Prätorium hinausgehen muss, um während des Verhörs mit den Anklägern sprechen zu können; siehe dazu B 3.2.4.

Tradition des Markusevangeliums sein Wirken und die gesamte Passionsgeschichte durchzieht bis hin zum Kreuzestitel (Mk 15,26) und in Mk 15,35 sogar noch einmal zugespitzt wird, wenn die Spötter unter dem Kreuz Jesus als »König *Israels*« bezeichnen.

Die Differenz zwischen »König der Judäer« und »König Israels« ist allerdings markant, da die Formulierung ὁ βασιλεὺς τῶν Ἰουδαίων *ho basileús tōn Ioudaíōn* nicht einfach Jesus als »König *der Juden*« bezeichnet. Der Titel bezieht sich vielmehr speziell auf die Einwohner Judäas, muss also in diesem Kontext als »König der *Judäer*« aufgefasst werden. Judäa aber hatte seit der Absetzung des Archelaos keinen jüdischen König, sondern wurde von Rom direkt durch Präfekten verwaltet. Wenn nach Johannes die Oberpriester der Freilassung Jesu widersprechen mit dem Ruf: »Wir haben keinen König, außer dem Kaiser« (Joh 19,15) und Pilatus damit endgültig überzeugen, Jesus kreuzigen zu lassen, so gibt dies die politische Lage der Dinge einschließlich einer für die Priesterschaft plausiblen Loyalitätsbekundung angemessen wieder. Die Bezeichnung »König *Israels*« ist demgegenüber ein weiter gefasster Titel, der aus jüdischer Sicht eher eine eschatologisch-messianische Bedeutung besitzt und in der konkreten Situation den Spott über Jesus verschärft.[224] Dieser Spott fehlt bei Johannes, der in Abweichung von der synoptischen Tradition bereits beim Einzug nach Jerusalem *die Volksmenge* Jesus als »König Israels« begrüßen lässt (Joh 12,13; vgl. Lk 19,38). Die Frage des Pilatus jedoch, ob Jesus »König *der Judäer*« sei, ist aus römischer Perspektive eine eminent politische Frage. Da Jesus sie ausdrücklich bejaht (Mk 15,2 parr.), stellt er – ohne

224 Vgl. etwa PsSal 17,42: »Dies ist die Majestät *des Königs Israels,* die Gott anerkannte um ihn einzusetzen über das Haus Israel, um es zu regieren.«

dass dies der Erzähler explizit reflektiert – in den Augen des Pilatus *de facto* die Macht Roms über Judäa infrage. Daher ist anzunehmen, dass der Hohepriester die Anklage gegen Jesus in dieser Weise politisierte, um Pilatus zum Handeln zu zwingen. In der kurzen und im Detail unzureichenden Erzählung des Markus wird dies in 15,12 noch ansatzweise erkennbar, wenn Pilatus die Ankläger Jesu fragt: »Was also wollt ihr, dass ich mit dem mache, *den ihr den ›König der Judäer‹ nennt*?«

Die Tatsache, dass Jesus aus Galiläa stammte, dass er mit einer Jüngerschar unterwegs war, in der sich sogar Leute befanden, die als »Zeloten« bezeichnet werden und zum Teil wohl sogar Waffen mit sich führten (vgl. Lk 22,36–38.47–51), sowie die mutmaßliche Ankündigung der Zerstörung Jerusalems (Mk 13,1f.) konnten eine solche Anklage durchaus hinreichend glaubwürdig erscheinen lassen. Alle Evangelisten sind sich zudem darin einig, dass Jesus von seinen Anhängern verlassen worden war. Offenbar hat niemand für ihn Partei ergriffen. Mit Widerspruch gegen die Entscheidung des Präfekten war also nicht zu rechnen, zumal Jesus sich im Sinne der Anklage schuldig bekannte, wenn er auf die Frage des Pilatus, ob er der König der Judäer sei, antwortete: »Du sagst es« (Mk 15,2). Allerdings ist keineswegs sicher, ob Jesus tatsächlich so geantwortet hat. Ähnlich hatte er sich im Verhör des Hohepriesters verhalten (Mk 14,64). Doch auch das Schweigen eines Delinquenten zu den Anklagen wurde gemeinhin als Schuldeingeständnis gewertet.

Es ist immer wieder bestritten worden, dass die Antwort Jesu auf die Frage des Pilatus als Geständnis aufgefasst werden könne, weil Pilatus dies nicht sofort als Grund für das Urteil bestätigt, sondern Jesus dennoch freilassen wollte. Manche

Kommentatoren verstehen diese Aussage deshalb in einem eher distanzierenden Sinn: »Das sagst du!«[225] Als Indiz dafür könnte gelten, dass Jesus nach Joh 18,34 auf die Frage des Pilatus keine Antwort gibt, sondern eine Gegenfrage stellt: »Fragst du das von dir selbst oder haben es dir andere über mich gesagt?« Diese Frage spiegelt jedoch nur die Tatsache, dass die Anklage als »König der Judäer« tatsächlich von der jüdischen Priesterschaft kam und nicht aufgrund eines eigenen Interesses des Pilatus. Auch bei Johannes bestätigt Jesus die Frage des Pilatus, wenngleich der Evangelist den Sinn seiner Antwort vom Politischen ins Geistliche transzendiert (»Mein Reich ist nicht von dieser Welt«, 18,36 f.).[226]

In diesem Zusammenhang gibt auch die Episode um den »Räuber« Barabbas einige Fragen auf. Er sei, so Mk 15,7, mit anderen für einen (nicht näher bestimmbaren) Aufruhr verantwortlich, bei dem es zu einem Mord gekommen sei.[227] Angesichts vergleichbarer Episoden über Aufrührer bei Josephus, bei denen Rom mit Exekutionen nicht zimperlich ist und keine Zeit mit langen Prozessen verschwendet, klingt diese Notiz über Barabbas recht unspektakulär. Er und seine Komplizen – und das heißt in diesem Kontext: im Unterschied zu Jesus – sind also zu Recht inhaftiert, wahrscheinlich mit der Absicht, sie am Passafest zum Zwecke der Abschreckung hinzurichten. Die unerwartet hinzukommende Causa Jesu und damit die Störung des geplan-

---

225 Vgl. z. B. W. Bösen, Der letzte Tag des Jesus von Nazareth, 220.

226 Siehe dazu unten B 3.2.4.

227 Lk 23,19 lokalisiert den Mord prominent in Jerusalem. Überzogen sind Deutungen, die aus Barabbas den Befehlshaber »eines zelotischen Kommandos« machen (W. Bösen, Der letzte Tag des Jesus von Nazareth, 224). M. Hengel, Zeloten, 339, spricht vorsichtiger von einem Angehörigen der »zelotischen Bewegung«.

ten Ablaufes bringt nach der Darstellung des Markus den Präfekten dazu, einem Festbrauch folgend einen Gefangenen amnestieren zu wollen, um Jesus wieder freilassen zu können und die Hinrichtung der bereits rechtmäßig Verurteilten sicherzustellen. Doch dieses Ansinnen misslingt durch die aufgebrachte Menge, die stattdessen den »Räuber« Barabbas forderte. Aufgrund der erwiesenen Schuld des Barabbas konnte das nicht im Sinne des Präfekten sein, aber Pilatus hatte sich nun entweder selbst in diese missliche Lage manövriert oder war durch die Forderung der Menge hineingeraten.

Umstritten ist, ob es solche Amnestien anlässlich von Festen – hier konkret das Passafest – gegeben hat. Laut dem jüdischen Recht der Mischna sind Amnestien zu Festtagen vorgesehen, auch wenn sich daraus keine regelrechte Rechtsinstitution ableiten lässt.[228] Darüber hinaus wäre ein solcher jüdischer Rechtsbrauch nicht ohne Weiteres auf römisches Recht zu übertragen, zumal insbesondere in solchen *ad-hoc*-Fällen wie bei der Anklage Jesu durch den Hohepriester der Präfekt letztlich nach eigenem Ermessen entscheidet. Es ist aber durchaus wahrscheinlich, dass Pilatus unter den gegebenen Umständen eine solche Möglichkeit jüdischen Rechtes ergriffen bzw. vorgeschlagen haben könnte, wenn es seinen Interessen diente. Auch römische Rechtspraxis erlaubte die

---

228 Mischna, Traktat Pesachim VIII,6a: »Für einen Leidtragenden und einen, der an einem Trümmerhaufen eine Öffnung macht und *ebenso für einen, dem man versprochen hat, ihn aus dem Gefängnis herauszulassen,* ferner für einen Kranken und einen Greis, die so viel wie eine Olive vom Passa essen können, darf man zwar schlachten, für alle diese aber schlachtet man nicht um ihrer selbst willen, damit sie es nicht zur Untauglichkeit bringen.« Vgl. dazu A. Strobel, Stunde der Wahrheit, 120–123.

sog. *abolitio publica*, das Fallenlassen einer Anklage im öffentlichen Interesse.[229] Das Vorgehen im Fall des Barabbas ist nach diesem Rechtsmuster und angesichts der vorauszusetzenden Konfliktkonstellation historisch durchaus plausibel.

Nachdem Pilatus Barabbas freigelassen und den Strafbefehl gegen Jesus erteilt hatte, überlässt er den Rest dem Exekutionskommando. Da mit Jesus noch zwei weitere »Räuber« (griech. ληϲταί *lēstaí*) gekreuzigt werden, kann man davon ausgehen, dass diese Exekutionen am Passafest geplant waren und Jesus gewissermaßen aufgrund der aktuellen Umstände »nur« mitgekreuzigt wurde. Barabbas hat »Glück« gehabt.

Für die Eindämmung des »Räuberunwesens«[230], das nach Josephus seit Judas dem Galiläer enorm zugenommen habe (Ant 18,7–10), war der Präfekt ohnehin zuständig; erst recht für die Bekämpfung zelotischer Gefährdungen der öffentlichen Ordnung. »Räuber« wurden vorzugsweise *ad bestias*[231] (»zu den Bestien« in der Arena) oder auch *ad crucem* (»ans Kreuz«) verurteilt.[232] In Bell 2,253 erzählt Josephus, der Statthalter Fe-

229 Vgl. Digesten XLVIII 16,12, dazu R. Leonhard, Abolitio, 105; T. Mommsen, Römisches Strafrecht, 452–456. Verwiesen wird auch gern auf die Amnestie einiger inhaftierter Sikarier durch den Statthalter Albinus während eines nicht näher bestimmten Festes, vgl. Josephus, Ant 20,208–210. Allerdings ist dies nicht vergleichbar, denn hier geht es um den Fall einer Entführung des Sohnes des Hohepriesters und die Erpressung der Freilassung anderer Sikarier, bei dem das Nachgeben des Albinus die Entführer nur dazu brachte, dies immer wieder zu tun, um ihre Leute freizupressen.

230 Auch Paulus erwähnt unter seinen zahlreichen Belastungen auf seinen Reisen die Gefahr, unter die Räuber zu fallen, vgl. 2Kor 11,26.

231 Vgl. z. B. Bell 6,418; 7,24.37 f.

232 Dem römischen Juristen und Prätorianerpräfekten Iulius Pau-

lix habe eine Räuberbande ausgehoben, die zwanzig Jahre lang unter der Führung eines Eleazar ihr Unwesen in Judäa getrieben hätte. Felix ließ nicht nur viele der Räuber ans Kreuz schlagen, sondern auch Bürger, die mit ihnen gemeinsame Sache gemacht hatten. Ob diese Maßnahme bereits die Zeloten als politische Gruppe umgreift, ist nicht sicher auszumachen. Josephus charakterisiert mit dem Begriff λησταί *lēstaí* (»Räuber«) Aufständische und im Kontext des jüdischen Krieges insbesondere die Zeloten, die seiner Auffassung nach den Untergang über Jerusalem gebracht haben.[233] Nicht immer unterscheidet Josephus klar zwischen gewöhnlichen Straßenräubern und politisch motivierten Freiheitskämpfern.

Markus hebt nicht eigens hervor (wie die anderen Evangelisten es in unterschiedlichem Maße tun), dass Pilatus Jesus für unschuldig hielt. Die mit Jesus hinge-

---

lus (3. Jh. n. Chr.) werden die fünf Bücher der sog. *Sententiae receptae* zugeschrieben, einer Sammlung und Kommentierung von geltenden Urteilssprüchen; darin heißt es in einer *Lex Cornelia de sicariis et veneficis*, d. h. einem Gesetz über gewalttätiges Bandenwesen und Giftmorde, das auf Lucius Cornelius Sulla (2./1. Jh. v. Chr.) zurückgeht (V 23,1): »Alle diese Schandtaten verdienen in den höheren Schichten mit der Todesstrafe bestraft zu werden, die niederen Stände werden jedoch ans Kreuz geheftet oder vor die Bestien geworfen (*in crucem tolluntur aut bestiis obiciuntur*).« Vgl. auch Sententiae receptae V 17,2: »Die höchsten Strafen sind Kreuz, Verbrennung und Enthauptung.« Als mildere Strafe gilt die Verbannung. Im Hebräischen ist der Begriff λησταί *lēstaí* sogar als Lehnwort (לִיסְטִים *listīm*) für bandenmäßig organisierte Verbrecher übernommen worden; vgl. M. Hengel, Zeloten, 32–35.37 f.

233 Vgl. z. B. den Bericht über den Sieg der »Räuber« (= Zeloten) über Cestius in Bell 2,517–565; sowie Bell 4,128–146; 7,256: Die Freiheitsforderung sei nur der Deckmantel für die Befriedigung von Grausamkeit und Geldgier. In Ant 18,10 heißt es, insbesondere die Jugend habe sich anstacheln lassen und damit das Verderben heraufgeführt. Siehe dazu auch oben B 1.5.

richteten »Räuber« waren es wohl sicher nicht (Mk 15,7). Das unterscheidet die Causa Jesu auch von anderen Fällen, die man oft zum Vergleich herangezogen hat: Während Aufruhr und marodierende Messiasprätendenten von den römischen Instanzen selbst verfolgt wurden, musste Pilatus im Fall Jesu aufgrund einer Anklage (*accusatio* bzw. griech. ἔνδειξις *éndeixis*, vgl. Josephus, Ant 18,63f.) Dritter handeln, die Jesus nicht nur verklagten, sondern bereits festgenommen hatten und dem Präfekten vorführten.[234] Vielleicht auch deshalb war Pilatus skeptisch und sah vermutlich in Jesus keine akute Gefahr, und schon gar nicht in der überzogenen politischen Dimension der Anklage als »König der Judäer«. Der Hinweis des Evangelisten Markus, Pilatus habe das Spiel der Ankläger durchschaut, dass sie ihn aus »Missgunst« verklagt hatten (Mk 15,10; vgl. Mt 27,18), deutet an, dass der Präfekt die politische Anklage nicht wirklich ernst nahm. Das zeigt nicht zuletzt auch die Kreuzesinschrift, die in allen Evangelien genannt, wenn auch im Wortlaut unterschiedlich formuliert ist.

3.1.5 Das Urteil des Pilatus

Vor allem in der älteren Forschung ist die Frage diskutiert worden, ob Pilatus ein reguläres Todesurteil gesprochen oder sich lediglich das Urteil des Hohepriesters zu eigen gemacht und die Exekution angeordnet habe. Lk 24,20 scheint Ersteres nahezulegen, wenn die beiden Jünger Jesu auf dem Weg nach Emmaus rekapitulieren, die »Oberpriester und führenden Männer« hätten Jesus dem Todesurteil (sc. durch Pilatus) ausge-

234 Vgl. dazu T. Mommsen, Römisches Strafrecht, 345–351.

liefert und ihn kreuzigen *lassen*.[235] Doch ist dies eher eine lukanische Sicht der Dinge.[236] Der Begriff κρίμα *kríma* (»Urteil, Gerichtsverfahren, Streitfall«) kann auch im Sinne eines Befehls zur Vollstreckung eines Urteils verstanden werden. Josephus spricht lediglich davon, Pilatus habe »auf Betreiben der führenden Männer bei uns« Jesus mit dem Kreuz bestraft.[237] Auch das von Matthäus und Johannes festgehaltene Detail, Pilatus habe von einer Richtertribüne aus das Urteil gefällt (Joh 19,13; vgl. Mt 27,19), ist kein historischer Beweis für einen regulären Prozess.[238] Doch geht dieses literarische Detail zumindest davon aus, dass Pilatus nicht nur einen Vollstreckungsbefehl gegeben hat, sondern eben auch das dazu nötige und verbindliche Urteil fällte.[239] Josephus erwähnt die Richtertribüne (griech. βῆμα *bēma*, lat. *tribunal*) des Pilatus in Jerusalem im Kontext der Affäre um die Wasserleitung,[240] womit der Ort einer öffentlichen Anhörung bezeichnet wird.

---

235 Vgl. J. Blinzler, Der Prozeß Jesu, 199, M. Wolter, Lukasevangelium, 781.

236 Siehe dazu dazu unten B 3.2.3.

237 Siehe dazu oben B 2.6. Tacitus hingegen setzt selbstverständlich voraus, dass Pilatus Jesus rechtmäßig verurteilt habe, siehe dazu oben B 1.2.

238 Nach Apg 25,10 gilt die Richtertribüne des Präfekten bereits in einem repräsentativen Sinn als »Richtstuhl des Kaisers« (griech. βῆμα Καίσαρος *bēma Kaísaros*).

239 Erstaunlicherweise wird ein Urteil bei Lukas nicht explizit formuliert, sondern nach Lk 23,24f. gibt Pilatus lediglich der Forderung der Ankläger Jesu nach. Allerdings bietet Lukas dann auch den Kreuzestitulus, der ein die Schuld feststellendes Urteil voraussetzt, siehe dazu unten B 3.2.3.

240 Siehe dazu oben B 1.6.2. Josephus erwähnt z. B. auch, dass der Statthalter Gessius Florus auf dieser Tribüne zu Gericht saß und sich dazu die Oberpriester und die Stadtoberen einfanden (Bell 2,301).

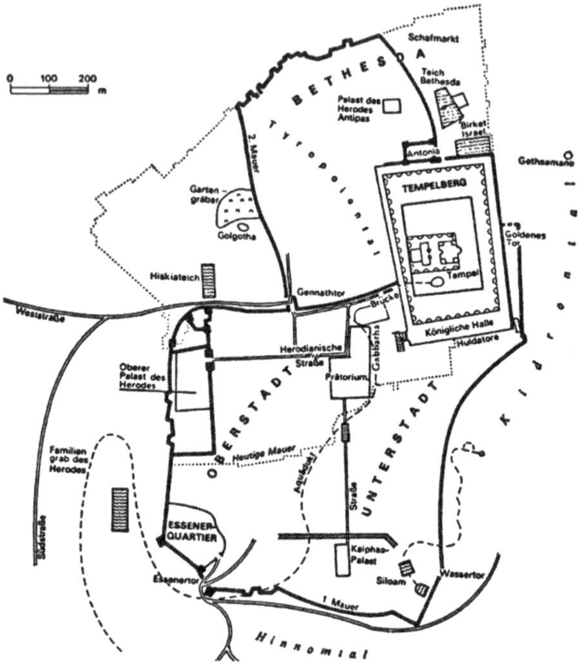

Abb. 14: Jerusalem zur Zeit Jesu

Das Johannesevangelium nennt den Ort der Verurteilung Jesu konkret mit dem Namen »Lithostrotos, hebräisch Gabbatha« (Joh 19,13) und bezeichnet damit den in der Stadt gepflasterten (= *lithostrotos*) und erhöhten (= *gabbeta*) Platz vor dem ehemaligen Palast Herodes des Großen.[241] Bei ihren Jerusalemaufenthalten haben die Präfekten stets im komforta-

241 Vgl. W. Bösen, Der letzte Tag des Jesus von Nazareth, 230f. C. Cohn, Der Prozeß und Tod Jesu aus jüdischer Sicht, 205f., macht darauf aufmerksam, dass es ein hebräisches oder aramäisches Wort »Gabbatha« nicht gebe; jedoch bedeutet die hebräische Wurzel *gabāh* »hoch sein«.

blen Herodespalast in der östlichen Oberstadt residiert.[242] Die Pracht des Palastes hat auch Josephus beeindruckt, der ihn in Bell 5,172–183 ausführlich beschreibt und zutiefst bedauert, dass er durch einen von »Verschwörern« gelegten Brand zu Beginn des jüdischen Krieges zerstört wurde. Ein davon zu unterscheidendes Prätorium, wie der Jerusalemer Amtssitz des Pilatus im Neuen Testament heißt, kennt Josephus offenbar nicht; auch bei Philon und erstaunlicherweise im Lukasevangelium fehlt dieser Begriff. Die Apostelgeschichte nennt den Ort sogar nach dem Namen seines vormaligen Bewohners »Prätorium des Herodes« (Apg 23,35). Nach Mk 15,16 wird das Prätorium als αὐλή *aulē* (»Hof, Palast«) bezeichnet, wie der Herodespalast auch bei Josephus gelegentlich genannt wird.

Mitunter wird in der späteren christlichen Überlieferung ab dem 4. Jh. der alte Palast der hasmonäischen Könige in der Stadtmitte als Prätorium identifiziert, seit der Kreuzfahrerzeit auch die Festung Antonia an der Nordwestecke des Tempelareals. Beides ist aber unwahrscheinlich.[243] Den Hasmonäerpalast, erbaut Ende des 2. Jh. v. Chr. und bis zum Bau eines neuen Palastes auch von Herodes dem Großen als Residenz genutzt, lokalisiert Josephus oberhalb der Südwestecke des Tempels gegenüber der heutigen Klagemauer (Bell 2,344). Wenn der Evangelist Lukas voraussetzt, dass sich während des Prozesses gegen Jesus neben Pilatus auch Herodes Antipas in Jerusalem aufhält (Lk 23,6–12),[244] dann kommt für seinen Aufenthalt nur der Hasmonäerpalast infrage. Dieser kann also nicht identisch sein mit dem Prätorium des Pilatus.

---

242 Vgl. Josephus, Bell 2,46; Ant 17,257 (jeweils von Sabinus); Bell 2,301 (von Florus); Philon, LegGai 299 (von Pilatus, siehe oben B 2.4.2).

243 Vgl. dazu W. Bösen, Der letzte Tag des Jesus von Nazareth, 205–213.

244 Siehe oben B 1.6.3.

Die Ursprünge der Antonia reichen bis in die Zeit des Nehemia nach dem Exil, als die Stadt und ihre Mauern wieder aufgebaut wurden. Herodes der Große hatte sie ausbauen lassen und zu Ehren des römischen Feldherrn und Triumviratsherrschers Marcus Antonius benannt, dem er viel verdankte. Durch ihre Lage ermöglichte sie eine unmittelbare Kontrolle über den Tempel; seit hasmonäischer Zeit wurden auch die Kultgewänder des Hohenpriesters dort verwahrt und ihr Gebrauch kontrolliert (vgl. Josephus, Ant 15,403–409; 18,90–95). Unter der römischen Herrschaft war ständig eine Kohorte der zehnten römischen Legion (»Fretensis«) in der Festung stationiert.

Pilatus hatte als Präfekt die Pflicht, Maßnahmen (*coercitiones*) zur Aufrechterhaltung bzw. Wiederherstellung von Ordnung und Sicherheit zu ergreifen. Sehr wahrscheinlich hat er – darauf deutet der Kreuzestitulus[245] hin – in diesem Rahmen unter Inanspruchnahme der Möglichkeit einer in den Provinzen verbreiteten *cognitio extra ordinem,* also einer Schuldfeststellung nach eigenem Ermessen und unter Abweichung von formalen Prozessregularien (z. B. dem Verzicht auf Zeugenaussagen), Jesus eines *crimen laesae maiestatis populi Romani* (»Verbrechens der Verletzung der Würde des römi-

245 Eine römische Praxis, den Grund der Hinrichtung am Kreuz anzubringen oder dem Delinquenten um den Hals zu hängen, ist auch sonst belegt, vgl. Dio Cassius, Römische Geschichte 54,3,7; Sueton, Caligula 32,2; Domitian 10,1. Dieser Usus ist aber kaum obligatorisch zu nennen und nur bei Einzelhinrichtungen überhaupt sinnvoll. M. Theobald, »Ihr habt die Blasphemie gehört!«, 235 f., sieht in der Kreuzesinschrift einen wesentlichen historischen Haftpunkt für das Urteil über Jesus. Vgl. N. Förster, Der titulus crucis, der erneut für die Historizität der Inschrift plädiert.

schen Volkes«) für schuldig befunden und zur Kreuzigung verurteilt.[246]

Die Kreuzigung gilt weithin als eine typisch römische Todesstrafe – und war zugleich nirgends so verachtet wie bei den Römern.[247] Herodot schreibt sie den Persern zu, die sie als abschreckende Strafmaßnahme im Mittelmehrraum etabliert hätten. Auch im Alten Testament finden sich Hinweise, etwa in Dtn 21,22 (»Verflucht ist, wer am Holz hängt«), eine Stelle, die Paulus auf die Kreuzigung Jesu bezieht (Gal 3,13). Spektakulär sind jene Berichte, in denen römische, aber auch nichtrömische Machthaber scharenweise Menschen kreuzigen ließen.[248]

In seiner umfangreichen Anklageschrift gegen den damaligen korrupten sizilianischen Statthalter Gaius Verres und seine grausamen Tötungsmethoden, der sogar wissentlich gegen römische Bürger die Kreuzesstrafe verhängte, nennt der römische Jurist und Rhetor Cicero sie die »grausamste und scheußlichste Hinrichtungsart«.[249] Ein römischer Bürger dürfe einer solchen Entwürdigung nicht unterzogen werden: »Es ist eine Untat, einen römischen Bürger zu fesseln, ein Ver-

---

246 J. Blinzler, Der Entscheid des Pilatus, 174, weist zu Recht darauf hin, dass Provinzialstrafverfahren ohnehin nicht an den Rechtsnormen gemessen werden dürfen, wie sie in Rom bzw. für römische Bürger galten.

247 Vgl. dazu M. Hengel, Mors turpissima crucis; H.-W. Kuhn, Die Kreuzesstrafe während der frühen Kaiserzeit.

248 Vgl. die Kreuzigung von 800 Gegnern der Hellenisierungswelle in Jerusalem durch den hasmonäischen König Alexander Jannäus (Josephus, Ant 13,12–15); Kreuzigungen durch Felix (Bell 2,253; Gessius Florus: Bell 2,305 f.) und vor allem die Massenkreuzigungen während der Belagerung Jerusalems, wo es sogar an Material und Platz für die vielen Kreuze fehlte (Bell 5,448–451).

249 Cicero, In Verrem [»Gegen Verres«] 5,162–165: *crudelissima taeterrimaque supplicio* (165).

brechen, ihn zu geißeln, geradezu ein Mord, ihn zu töten – wie sollte ich erst seine Kreuzigung nennen?«[250] »Selbst das Wort ›Kreuz‹«, so heißt es an anderer Stelle, »sei fern nicht nur dem Leib römischer Bürger, sondern auch ihrem Sinn, ihren Augen, ihren Ohren!«[251] Aufruhr, Raub, Mord stehen an oberster Stelle der Vergehen, die mit der Kreuzesstrafe geahndet werden, aber auch Fahnenflucht, Hochverrat und das sog. *crimen laesae maiestatis* (s.o.).

Es dürfte deutlich geworden sein, dass das Urteil des Pilatus gegen Jesus andere Hintergründe hat, als die Analogien in der Geschichte der Römer mit aufrührerischen Juden suggerieren – Erfahrungen, die auch Pilatus als Präfekt gemacht hat. Das historisch glaubwürdige Zugeständnis des Pilatus, dass Jesus von einem ihm zugeneigten Menschen – möglicherweise sogar ein Sympathisant aus den Reihen des Hohen Rates (vgl. Mk 15,43; Lk 23,50–52) – bestattet werden durfte und damit auch dem jüdischen Brauch einer Bestattung vor Einbruch der Dunkelheit bzw. vor dem Sabbat Genüge getan werden konnte (vgl. Mk 15,42), zeigt letztlich, dass dem Präfekten nicht daran gelegen war, diese Sache durch unnötige Härte weiter eskalieren zu lassen.

All das passt sehr gut in das Bild von Pilatus und seinem Agieren als Präfekt von Judäa, das in Teil A dieser Studie herausgearbeitet wurde. Seine Rolle in der Causa Jesu bestätigt nicht nur die politischen Verbindlichkeiten in der Vernetzung mit dem Hohepriester und dessen Einfluss in Jerusalem. Selbstverständlich ist Pilatus Herr des Verfahrens, aber seine Macht und die

---

250 Cicero, In Verrem [»Gegen Verres«] 5,170. Vgl. auch Tacitus, Historiae IV,11: »Todesstrafe der Sklaven«; Josephus, Bell 7,203: »der erbärmlichste Tod«.

251 Cicero, Pro Rabirio [»Verteidigung des Rabirius«] 5,16.

Sicherheit seiner Stellung hängen eben auch davon ab, wie geschickt er sich mit den verschiedenen Interessen arrangieren konnte. Das macht ihn auch erpressbar und führt in diesem konkreten Fall zu einem gewissen Handlungsdruck durch die Fakten, die der Hohepriester und die mit ihm verbundenen »Vornehmen des Volkes« (Ant 18,64) aufgrund ihrer eigenen Interessen geschaffen haben.

Was der Hohepriester Kaiphas im Johannesevangelium gleichsam prophetisch in Bezug auf das Volk ausspricht, entspricht *cum grano salis* der Situation des Pilatus: »Es ist für euch zum Vorteil, dass ein Mensch stirbt anstelle des Volkes, als dass das ganze Volk zu Schaden komme« (Joh 11,50). Die politische Anklage gegen Jesus durch den Hohepriester war in einer Weise betrieben worden, die Pilatus unter Zugzwang setzte, weil Ruhe und Ordnung an einem politisch ohnehin sensiblen Passafest in Gefahr waren. Da es offenbar auch keine Fürsprecher für Jesus gab, war es für Pilatus das kleinere Übel, die Vorwürfe gegen Jesus ernst zu nehmen, ihn zur Vermeidung größerer Unruhen zum Tod zu verurteilen und mit den anderen »Räubern« hinrichten zu lassen. Unabhängig davon, ob er selbst von der Unschuld Jesu überzeugt war oder nicht, reichte es für den Präfekten völlig aus, dass Jesus ihm als eine Gefahr für die öffentliche Ordnung vorgeführt wurde, sich gegen die Vorwürfe noch nicht einmal selbst verteidigte und auch sonst keine Fürsprecher hatte.

Fasst man all diese Überlegungen zusammen, so ist wahrscheinlich, dass Pilatus aufgrund des Druckes durch den Hohepriester und in einer aufgeheizten Stimmung am Passafest sich die Anklage der Priesterschaft zu eigen machte, die Jesus politische Umsturzabsichten unterstellte. Unter historischen Gesichtspunkten spricht nichts für ein reguläres Gerichtsverfahren, weder vor dem Hohen Rat noch vor Pilatus. Vor dem Hintergrund der Anklage der Priesterschaft gegen Jesus erscheint dessen Hinrichtung als eine Präventivmaßnahme, die Pilatus nicht viel kostete und mit der er der Unruhe der Festmenge und dem Druck des Hohepriesters begegnen konnte.

3.2 Der literarische Pilatus der Evangelien

Nachdem die historische Rolle des Pilatus im Prozess gegen Jesus erörtert wurde und dabei bereits etliche Aspekte aus den vier Evangelien zur Sprache kamen, soll im Folgenden die für jedes Evangelium charakteristische *Eigenart* des Pilatusbildes nachgezeichnet werden. Dies steht nicht mehr unter einem historischen Interesse, auch wenn hier und da weitere historische Details benannt werden. Es geht vielmehr um die Frage, wie die Evangelisten Pilatus und sein Agieren im Prozess gegen Jesus darstellen und mit welchen Interessen diese Darstellung verbunden ist. Literarisch ist dabei – wie eingangs in diesem Abschnitt beschrieben – zu bedenken, dass das Markusevangelium als die älteste erhaltene schriftliche Erzählung des Lebens Jesu eine wichtige Quelle war, die nicht nur Matthäus und Lukas, sondern auch Johannes kannten und benutzten. Die Veränderungen und Eigenarten in der Pilatusdarstellung bei Matthäus, Lukas und Johannes sind daher als bewusste Akzentsetzungen in Auseinandersetzung mit Markus als Quelle zu verstehen. Auffällig ist vor allem, dass die Rolle des Pilatus in den von Markus abhängigen Evangelien stetig an Bedeutung gewinnt. Schon Matthäus baut sie deutlich aus, Lukas ebenfalls und Johannes räumt nicht nur der Interaktion zwischen Pilatus und der Priesterschaft großen Raum ein, sondern vor allem auch dem Gespräch zwischen Jesus und Pilatus.

3.2.1 *»Bist du der König der Judäer?«*

In der Darstellung des *Markusevangeliums*, entstanden um das Jahr 70 vor dem Hintergrund der Eroberung und Zerstörung Jerusalems durch die Römer,[252] erscheint Pontius Pilatus auf eigentümliche Weise unbeteiligt und desinteressiert an dem Vorgehen der jüdischen Behörden gegen Jesus. Ähnlich wie Josephus enthält sich Markus einer Wertung des Agierens des Präfekten und vermeidet auch ausdrückliche Schuldzuschreibungen. Das in knappen Strichen skizzierte Verhör verdient eigentlich diesen Namen nicht, denn es besteht nur aus drei Sätzen. Auf die Frage, ob Jesus der König der Judäer sei, folgt dessen bedeutungsoffene Antwort »Du sagst es«, und auf die erneute Frage, ob Jesus nicht auf die »harten Anschuldigungen« der »Oberpriester« (15,1–5) antworten wolle, schweigt dieser und Pilatus kann sich nur wundern.

Viel mehr als mit Jesus muss sich Pilatus mit dessen Anklägern auseinandersetzen. Erkennbar gegen seinen Willen wird Pilatus von ihnen gedrängt, sich mit dem Fall Jesu zu beschäftigen, und das noch dazu am Morgen des Passafestes, bei dem eine Störung und unnötige Turbulenzen kaum im Interesse des Präfekten gewesen sein dürften. Immerhin durchschaut Pilatus, dass die Anklage gegen Jesus auf tönernen Füßen steht und dass »die Oberpriester« ihn »aus Neid« ausgeliefert haben (15,10). Allerdings fehlt bei Markus erstaunlicherweise die Feststellung, auf die alle anderen Evangelisten großen Wert legen, dass Pilatus Jesus für

252 Vgl. U. Schnelle, Einleitung, 268–270.

unschuldig hält und ihn deshalb freilassen will. Allein die erneute Frage auf die Kreuzigungsforderung des von den »Oberpriestern« aufgewiegelten Volkes, was Jesus denn Übles getan hätte (15,14), deutet vage in diese Richtung.

Im Unterschied zu den anderen Evangelisten ist die offizielle Feststellung der Unschuld Jesu und damit eine Entlastung des Pilatus ebenso wenig ein tendenzielles Anliegen des Markus wie eine Verstärkung der Verantwortung der jüdischen Seite. Da aber Pilatus der Kreuzigungsforderung allzu schnell nachgibt und die Kreuzigung Jesu anordnet, wird der Eindruck verstärkt, dass ihm – wie Markus auch ausdrücklich vermerkt – mehr an der Beschwichtigung des Tumultes als an der Causa Jesu gelegen ist. Er wolle, so beurteilt es Markus, »dem Volk entgegenkommen« (15,15) und gibt den Aufrührer und Mörder Barabbas frei. Der Evangelist lässt aber keinen Zweifel daran, dass es die Oberpriester waren, die das Volk gezielt aufgewiegelt hatten, um auf diese Weise den Präfekten unter Druck zu setzen (15,11). Sie sind es letztlich auch, deren Anklage er als Grund für die Hinrichtung Jesu akzeptiert, um eine weitere Eskalation zu verhindern.

Für Pilatus ist der Fall damit erledigt. Den Rest, die Exekution Jesu und der anderen Verurteilten übernehmen die Soldaten. Erst im Zusammenhang mit dem Begräbnis Jesu kommt Pilatus wieder ins Spiel, weil er den Leichnam freigeben muss. Auch hier ist – wie in der ersten Begegnung mit Jesus – wieder davon die Rede, dass Pilatus sich »wunderte« (15,44), dieses Mal über dessen schnellen Tod. Markus notiert, Josef von Arimathäa, ein Mitglied des Hohen Rates, sei »ein Wagnis eingegangen«, den Leichnam Jesu zur Bestattung zu fordern (15,43). Aber die Furcht ist unbegründet; Pilatus bleibt am Fall Jesu eher desinteressiert, und auch potentielle Anhänger dieses Gekreuzigten haben nichts zu befürchten. Der Präfekt hatte Jesus nicht aktiv verfolgt, und so verfolgt er auch dessen Sympathisanten nicht.[253] Vor diesem Hintergrund könnte man sogar vermuten, Josefs Wagnis als jüdischer Ratsherr habe nicht Pilatus gegenüber bestanden, sondern gegenüber den jüdischen Anklägern Jesu aus dem Hohen Rat. Die Sympathien des Josef von Arimathäa zeigen, dass keineswegs »der ganze Hohe Rat« mit dem Vorgehen gegen Jesus einverstanden war, wie es das Markusevangelium dargestellt hatte (Mk 14,55; vgl. Mt 26,59).

Auch wenn Markus das Betreiben des Hohen Rates und des Hohepriesters gegen Jesus für dessen Verurteilung und Hinrichtung verantwortlich macht, so ist es am Ende doch der Präfekt, der Jesus zum Tode verurteilt und dieses Urteil vollstrecken lässt. Pilatus erscheint allerdings als ein Beamter, der leicht unter Druck zu setzen und dessen Handeln unter solchen Umständen kalkulierbar ist. Das muss nicht notwendig als Ausweis von Schwäche gewertet werden; zu einer solchen Einschätzung gibt Markus keinen Anlass. Die nüchterne und knappe Darstellung des Pilatus legt vielmehr den Schluss nahe, dass in der Sicht des Markus Pilatus und damit eben auch die politische Dimension der Anklage gegen Jesus eine eher untergeordnete Bedeutung hatten.

Nicht zuletzt das Zeugnis des römischen Hauptmanns unter dem Kreuz macht das theologische Interesse deutlich: »Wahrhaftig, dieser Mensch *war* Gottes Sohn!« (Mk 15,39) Wie auch immer dieser Satz als Aus-

---

253 Nach EvPetr 2 war Josef von Arimathäa nicht nur mit Jesus, sondern auch mit Pilatus befreundet.

sage eines *römischen Centurio* und vor allem seine Vergangenheitsform zu verstehen ist – mit ihr gelangt das *theologische* Programm des Evangeliums zu seinem Höhepunkt. Markus hatte sein Evangelium mit dem Satz überschrieben: »Anfang des Evangeliums von Jesus Christus, Gottes Sohn« (Mk 1,1). Mit dem Tod des Gottessohnes am Kreuz wird der Bogen zum Anfang geschlagen, so dass die auf die Vergangenheit bezogene Aussage des Hauptmanns die irdische Geschichte des Gottessohnes im Blick hat, die sich vom Anfang seiner Wirksamkeit bis zu seinem Ende hin erstreckt. Damit ist die Geschichte des Gottessohnes noch nicht zu Ende, aber bekanntlich endet das Markusevangelium auf eine unbefriedigende Weise mit der Furcht der Frauen, die trotz der Verkündigung der Auferstehung durch einen »jungen Mann« vor dem leeren Grab fliehen (16,8). Die Gottessohnschaft Jesu aber durchzieht das Evangelium bis hin zum Verhör durch den Hohepriester, der darauf seine Anklage gründet (14,61–64).[254] Obwohl Pilatus ausweislich des Kreuzestitulus Jesus als »König der Judäer« verurteilt und hinrichtet, kreuzigt er im eigentlichen Sinn – und ohne es zu wissen – den Sohn Gottes. Man ist fast geneigt, im Sinne des Paulus zu ergänzen: »[...] wenn er es gewusst hätte, hätte er den Gottessohn nicht gekreuzigt« (vgl. 1Kor 2,8).[255] Doch hätte Markus dagegen wohl Einspruch erhoben.

254 Vgl. Mk 1,1.11; 3,11; 5,7; 9,7; 13,32; 14,61; 15,39.

255 Siehe dazu unten B 4.

3.2.2 *»Hände in Unschuld«*

Deutlich profilierter als bei Markus ist die Rolle des Pilatus im *Matthäusevangelium,* wenngleich er dort wie bei Markus ebenfalls nur im Prozess gegen Jesus auftritt. Der Evangelist ist ein jüdischer Toragelehrter und Christusgläubiger, für den das spannungsreiche Verhältnis zwischen Jesus und den Pharisäern bzw. pharisäisch geprägter Frömmigkeit besonders prägend ist und offenbar auch die Realität seiner Gemeinde in den 80er Jahren des 1. Jh. bestimmt.[256]

In der knappen Darstellung der Überstellung Jesu vom Hohen Rat an Pilatus folgt Matthäus ganz parallel der Erzählung des Markus, abgesehen von einer Ergänzung über das Ende des Judas (Mt 27,3–10).[257] Auch die Frage der Amnestie und die Barabbasszene folgen der Vorlage; Matthäus fügt beides jedoch in die reguläre Verhandlung mit ein. Entscheidend für das Pilatusbild des Matthäus ist die nachdrückliche Betonung der Unschuld des Präfekten. Sie geht einher mit einer in wirkungsgeschichtlicher Hinsicht folgenreichen Belastung nicht nur der jüdischen Ankläger Jesu, sondern des ganzen jüdischen Volkes durch die kollektive, ja generationenübergreifende Schuldübernahme: »Sein Blut (komme) über uns und unsere Kinder« (Mt 27,25). Auch das Schweigen Jesu verstärkt der matthäische Bericht.

Um diese Tendenzen angemessen bewerten zu können, muss das judenchristliche Milieu beachtet werden, in welchem das Matthäusevangelium entsteht. Wie kein anderes Evangelium

256 Vgl. M. Konradt, Das Evangelium nach Matthäus, 17–24, bes. 18 f.

257 Vgl. dazu M. Meiser, Judas Iskariot, 97–111.

ist die Jesusdarstellung des Matthäus von einer noch sehr ernsthaften Auseinandersetzung mit dem Judentum geprägt.[258] Der Evangelist und seine Gemeinde erweisen sich gerade in der Auseinandersetzung als mit dem Judentum eng verbunden, und Matthäus ist darum bemüht, Jesus als vollmächtigen Lehrer der Mosetora darzustellen (vgl. bes. die Bergpredigt in Mt 5–7). Folgerichtig ist der Streit Jesu mit den Pharisäern als Auslegern des Gesetzes besonders ausgeprägt (vgl. bes. Mt 23). Man gewinne – so ein moderner Kommentator – den Eindruck einer Gemeinde, »die in einem noch *ganz vom Judentum bestimmten Bereich* lebt und die jüdische Synagoge quer über der Straße stehen sieht«.[259]

In die Episode vor Pilatus fügt Matthäus zwei weitere Szenen ein, die nur er bietet. Sie rücken in besonderer Weise die mit der Schuldübernahme der Menge bereits aufgeworfene Frage nach der Schuld am Tod Jesu noch stärker in den Mittelpunkt. Zunächst mischt sich die Frau des Pilatus in das Verhandlungsgeschehen ein. Während der Präfekt auf einer Tribüne mit Richtstuhl sitzt, mit dessen Erwähnung Matthäus offenbar ein offizielles Gerichtsverfahren voraussetzt, lässt sie ihn durch Boten warnen: »Habe du nichts mit diesem Gerechten zu schaffen. Denn ich habe heute im Traum viel gelitten seinetwegen« (27,19). Der Name von Pilatus'

258 U. Schnelle, Einleitung, 192, betont hingegen den »Bruch mit Israel«, von dem der Evangelist und seine Gemeinde geprägt seien; vgl. auch U. Luz, Das Evangelium nach Matthäus, 70f. Vorsichtiger formuliert M. Konradt, Das Evangelium nach Matthäus, 19: »Deutlich ist, dass sich der Evangelist und seine Gemeinden in einem bedrängenden Konflikt mit ihrer jüdischen Umwelt befinden.« Zu Recht warnt Konradt davor, Matthäus und seine Gemeinden bereits außerhalb des Judentums zu verorten.

259 E. Schweizer, Christus und Gemeinde, 12.

Frau wird ebenso wenig genannt wie eine Reaktion des Präfekten auf ihr Anliegen. Es bleibt eine geheimnisvolle Notiz, die genug Stoff für spätere Legendenbildung bietet; die Frau des Präfekten bekommt darin nicht nur einen Namen, sondern wird zu einer frühen Jesusanhängerin bzw. Christin, zumindest aber zu einer »gottesfürchtigen« Sympathisantin des Judentums.[260]

Bereits Matthäus setzt wohl implizit voraus, dass die Frau des Pilatus Jesus gegenüber Sympathien hegt, wenn sie ihn als »Gerechten« bezeichnet. Das schließt die Überzeugung von Jesu Unschuld ein, steht aber im Kontext des Evangeliums in enger Verbindung zur traditionsreichen Vorstellung von der Tötung der Gerechten durch die Autoritäten des Volkes, die Jesus in der großen prophetischen Scheltrede Mt 23,29–39 anklagt. Der Traum von Pilatus' Frau ruft diesen Zusammenhang im unmittelbaren Kontext von Anklage und Verurteilung noch einmal in Erinnerung: Jesus wird als einer der Gerechten Israels verurteilt.

Da Träume zumeist auf das Wirken von Göttern zurückgeführt werden, bekommt die Aussage der Frau des Pilatus den ambivalenten Charakter eines göttlichen Orakels. Welcher Gott käme als Urheber bei einer *Römerin* infrage? Das bleibt seltsam offen; man könnte durchaus auch an einen der römischen Götter denken. Matthäus verwendet bereits am Beginn seines Evangeliums mehrfach das Motiv des Traumes als Movens der Geschichte Jesu, doch ist dort stets als Urheber der Gott Israels benannt bzw. vorausgesetzt (1,20; 2,12–22). Im Fall der Frau des Pilatus bleibt dies offen und steigert das Rätselhafte der Episode, da ein göttlicher Ursprung

---

260 Siehe dazu unten den Exkurs unter C 1.

des Traumes in letzter Konsequenz – wenn Pilatus die Warnung ernst genommen hätte – auf eine Verhinderung des Todes Jesu und damit seines Sterbens zur Rettung seines Volkes (vgl. Mt 1,21) hinausliefe.

Matthäus erwähnt als einziger der Evangelisten die Frau des Pilatus, daher ist der historische Wert der Szene umstritten. Dennoch erscheint die Einmischung einer Frau in die Geschäfte des Präfekten vor dem Hintergrund der römischen Verwaltungsgeschichte nicht ungewöhnlich.[261] Da Frauen hochgestellter Beamter an deren Status partizipierten, befürchtete man gelegentlich einen unangemessenen Einfluss auf die Amtsgeschäfte. Anfänglichen Bedenken in der Kaiserzeit gegenüber wurde es erst unter Tiberius selbstverständlich, dass die Präfekten mit ihren Frauen in den Provinzen leben durften.[262] Das gibt der Episode noch keine historische Relevanz, lässt aber das Motiv zumindest auf literarischer Ebene plausibel erscheinen und dabei auch die Gestaltung sowie das spezifische Interesse des Evangelisten erkennen.

Obwohl die Intervention der Frau des Pilatus diesen eigentlich moralisch in seiner Haltung und seinem »Wissen« (27,18) um die Intrigen der Ankläger stützt, kommt auch sie nicht gegen den Druck der Oberpriester und Ältesten an. Ihre Bitte bleibt folgenlos. Pilatus muss »einsehen, dass er nichts ausrichten konnte« (27,24). Er erscheint damit bei Matthäus als schwacher Präfekt, der sich zum Spielball der Interessen der Ober-

261 Vgl. A. Schlatter, Der Evangelist Matthäus, 773, der einige Analogien nennt; allerdings ist die Motivation der Einmischung durch einen Traum spezifisch für Matthäus.

262 Vgl. R. Metzner, Die Prominenten im Neuen Testament, 181f.

priesterschaft machen lässt, die demgegenüber »das ganze Volk« auf ihre Seite bringt.

Umso mehr liegt Pilatus daran, seine Unschuld zu beteuern. Matthäus unterstreicht dies durch jene berühmte Szene, in der Pilatus sich in symbolträchtiger Weise öffentlich die »Hände in Unschuld« wäscht: »Schuldlos bin ich an seinem Blut. Seht ihr (selbst) zu!« (27,24) Eine merkwürdige Konstellation: Pilatus als verantwortlicher Richter weist die Verantwortung für den Tod Jesu von sich – und muss ihn doch zum Tode verurteilen und das Urteil auch vollstrecken lassen.[263] Die Handwaschung als symbolischer bzw. ritueller Ausdruck der Schuldlosigkeit an einer Bluttat ist kein römischer, sondern ein jüdischer Ritus (vgl. Dtn 21,1–9; 2Sam 3,28; Ps 26,6 u. ö.).[264] Das macht zwar erneut die

---

263 Vgl. a. a. O., 178.

264 Tertullian, De oratione (»Über das Gebet«) 13, bezeichnet die Handwaschung als christliche Geste zur Vorbereitung auf das Gebet, schärft aber mit Blick auf Pilatus ein, dass nicht (nur) die äußerliche Reinigung, sondern die Reinigung des Geistes notwendig sei: »Dieses sorgsam bedenkend und den Grund erforschend, verstand ich, dass es eine Erinnerung an Pilatus sei, der bei der Auslieferung des Herrn seine Hände wusch. Wir beten den Herrn an, wir liefern ihn nicht aus, doch müssen wir dem Beispiel des Auslieferers [gemeint ist Pilatus] in entgegengesetzter Weise folgen und deshalb nicht die Hände waschen, außer wegen einer Belastung des Gewissens durch andere menschliche Angelegenheiten. Im Übrigen sind die Hände (rein) genug, die einmal mit dem ganzen Leib in Christus abgewaschen sind.« Nach De baptismo (»Über die Taufe«) 9 sieht Tertullian u. a. im Wasser, mit dem sich Pilatus die Hände wäscht, eine Analogie zum Taufwasser: »Das Zeugnis der Taufe setzt sich fort bis zur Passion [Christi]; als er zur Kreuzigung ausgeliefert wird, kommt das Wasser ins Spiel – siehe die Hände des Pilatus; (auch) als er durchbohrt wird, bricht Wasser hervor, – siehe die Lanze des Soldaten.« Für Tertullian war Pilatus ohnehin »bereits selbst in seinem Gewissen ein Christ«

Szene historisch fragwürdig, ja vielleicht sogar »bizarr«[265], doch ist sie für das Agieren eines Präfekten in Judäa einer aufgebrachten jüdischen Menge gegenüber auch nicht gänzlich unplausibel. Die Parallelität der Formulierungen zur Abweisung der Verantwortung der Oberpriester und Presbyter am Verrat des Judas (27,4) zeigt jedoch, dass Pilatus sich ebenso wenig wie jene der Verantwortung für den Tod Jesu entziehen kann.[266]

Eine besondere heilsgeschichtliche Relevanz bekommt die Szenerie dadurch, dass Matthäus in der Schuldzuweisung an »das ganze Volk« (griech. πᾶς ὁ λαός *pās ho laós*) einen Begriff verwendet, der in der biblischen Überlieferung speziell Israel als erwähltes Gottesvolk bezeichnet.[267] Zuvor war im Text neutraler von der »Festmenge« (griech. ὄχλος *óchlos*) die Rede (27,24), die nun als Repräsentanz des Gottesvolkes (griech. ὁ λαός *ho laós*) identifiziert wird. Es ist dieses Gottesvolk, das – von der Oberpriesterschaft dazu verleitet – bewusst die Verantwortung für die Schuld am Tod Jesu übernimmt: »Sein Blut (sei) auf uns und unseren Kindern« (Mt 27,25). Die Formulierung entstammt der Sphäre des Rechts und stellt eine kapitale Schuld fest. »Sein Blut auf ihm« bedeutet: Er muss für seine Schuld die Konsequenzen tragen.[268] Bei Matthäus wird aus dieser Schuld*spruch*formel eine Schuld*übernahme*formel.

(*ipse iam pro sua conscientia Christianus*), der dem Kaiser von Christus berichtete (Apologeticum [»Verteidigung«] 21,24).

265 U. Luz, Das Evangelium nach Matthäus 4, 268.

266 Vgl. M. Konradt, Das Evangelium nach Matthäus, 434 f.

267 Vgl. im Evangelium besonders Mt 1,21: »Er wird sein Volk (griech. λαός *laós*) retten von ihren Sünden.«

268 Vgl. z. B. Lev 20,9; Dtn 19,10 und besonders Jer 26,15 – der vom Volk mit dem Tod bedrohte Prophet warnt: »Doch sollt ihr gewiss sein, dass, wenn ihr mich tötet, ihr unschuldiges Blut auf euch laden werdet, auf diese Stadt und ihre Einwohner. Denn

Die Szene insgesamt ist natürlich eine überzeichnende Zuspitzung, die keinem historischen Anspruch genügt. Die Tatsache, dass daraus wirkungsgeschichtlich eine pauschale Verurteilung des jüdischen Volkes abgeleitet wurde, basiert auf einer verheerenden Verkennung der hermeneutischen Funktion dieser Aussage in einer ganz spezifischen sozial- und religionsgeschichtlichen Konstellation. Es geht Matthäus aufgrund seiner eigenen angespannten Situation als *jüdischer* Christusglaubender darum, die Verantwortung für und die Schuld an Jesu Tod jenen Kräften innerhalb des Judentums zuzuschreiben, mit denen er und seine Gemeinden selbst im Konflikt stehen. Immerhin sind auch bei Matthäus die treibenden Kräfte die Oberpriester, die »das ganze Volk« manipulieren und instrumentalisieren.

Matthäus liegt also nicht so sehr an einer Entlastung des Pilatus als vielmehr an einer Belastung der *jüdischen Machteliten*. Er klagt ihren interessegeleiteten Missbrauch des jüdischen Gesetzes an, wodurch sie die Tötung der »Gerechten« als Gottes Gesandter rechtfertigen (vgl. Mt 23,29–39). Wie oben beschrieben, wurde Jesus aus diesem Grund auch von Pilatus' Frau ein »Gerechter« genannt und nicht einfach etwa als unschuldig bezeichnet (auch wenn Letzteres sicher impliziert ist). Daran wird nicht zuletzt die literarisch-theologische Gestaltung des Evangelisten sichtbar.

Selbst das von Markus abweichende Detail, dass Pilatus in der Barabbasszene die Frage nach der Freilassung auf die Alternative zuspitzt: »Wen wollt ihr, dass ich euch freigebe, Jesus Barabbas oder Jesus, der Chris-

---

wahrhaftig, der Herr hat mich zu euch gesandt, dass ich dies alles reden soll vor euren Ohren.«

tus genannt wird?« (27,17), nimmt eher eine provokative Perspektive in Richtung Gottesvolk ein. Sie wollen lieber einen berüchtigten Verbrecher als den Gesalbten Gottes. Die im Evangelium beschriebene Feindschaft zwischen Jesus und den Pharisäern bzw. den jüdischen Machteliten ist jedoch – darauf ist noch einmal deutlich hinzuweisen – Ausdruck einer tiefen Verwurzelung des Autors im Judentum. Dadurch ist er zu einer solchen massiven und mit einer neuen Auslegung des Gesetzes verbundenen Kritik überhaupt fähig und legitimiert.

Der Bezug der Verurteilung und Hinrichtung Jesu zur Heilsgeschichte Gottes mit Israel wird bei Matthäus durch einen veränderten Wortlaut des Kreuzestitulus deutlich. Das Spiel mit dem Jesusnamen in der Barabbasszene hat darauf indirekt schon vorbereitet. Der Kreuzestitulus lautet nicht mehr nur – wie bei Markus – »König der Judäer«, sondern: »*Dieser ist Jesus,* der König der Judäer« (27,37). Bei Matthäus steht dieser erweiterte Kreuzestitulus in deutlicher Korrespondenz zur Namensverheißung am Anfang: »Du sollst seinen Namen ›Jesus‹ nennen, denn er wird sein Volk retten von ihren Sünden« (1,21). Auf diese Verheißung weist nun fast schon in zeugnishafter Weise auch das auf der Tafel festgehaltene Urteil des römischen Präfekten hin.

Nachdem Pilatus Josef von Arimathäa erlaubt hatte, den Leichnam Jesu zu bestatten (27,58), bietet Matthäus erneut eine Sonderüberlieferung mit der Episode über die Bewachung des Grabes (27,62–66). Auch hier muss Pilatus um Erlaubnis gebeten werden, und der Text setzt voraus, dass der Präfekt *römische* Wachposten aufstellen lässt. Die Begründung der »Oberpriester und Pharisäer« lautet: Sie befürchten einen Leichendiebstahl, mit dem eine Auferstehung Jesu behauptet werden könnte – und damit »der letzte Betrug schlimmer wird als der erste« (27,64). Pilatus reagiert eher entnervt. Er will mit dem Ganzen nichts mehr zu tun haben und gewährt kurzerhand die Wachposten. Mit dem Ausgang der Grabesepisode hat Pilatus tatsächlich nichts mehr zu tun, denn seltsamerweise erstatten die römischen Wachen nicht ihm, sondern den Oberpriestern Bericht von den Ereignissen (28,11).

So zeichnet Matthäus ein ambivalentes Pilatusbild: Der Präfekt versucht auf eine eher gekünstelte Weise durch ein jüdisches Schuldabweisungsritual, sich von seiner Verantwortung zu befreien, was ihm jedoch nicht gelingt. Daran ändert die Schuldübernahme »des ganzen Volkes« nichts, auch wenn dessen Verantwortung damit in den Vordergrund rückt. Trotz der unbeantworteten Frage, was Jesus denn Übles getan habe (27,23), stellt Pilatus nicht ausdrücklich die Unschuld Jesu fest. Auch die Intervention seiner Frau ignoriert er, und er ist es dann schließlich, der den Befehl zur Hinrichtung geben muss (27,26).

3.2.3 »Ich finde keine Schuld an diesem Menschen«

Im *Lukasevangelium*, verfasst gegen Ende des 1. Jh. von einem mit der jüdischen und griechisch-römischen Kultur gleichermaßen vertrauten und vielleicht sogar in Rom selbst lebenden Autor,[269] spielt der Name des Pilatus bereits am Beginn eine Rolle. Der mit einem historischen Anspruch schreibende Evangelist (vgl. Lk 1,1–2) ist in besonderer Weise an einer Einordnung der Jesuserzählung in die Zeitgeschichte interessiert. Zu diesem Zweck nennt er in 3,1f. eine Reihe von politi-

269 Vgl. M. Wolter, Lukasevangelium, 4–10; U. Schnelle, Einleitung, 311–316.

schen Persönlichkeiten, die seiner Darstellung ein gewisses Gewicht verleihen und den Rahmen zunächst für das Auftreten Johannes des Täufers markieren:

»[1] Im fünfzehnten Jahr der Herrschaft des Tiberius als Kaiser, als Pontius Pilatus Judäa verwaltete und Herodes als Tetrarch in Galiläa, Philippus aber, sein Bruder, in Ituräa und der Gegend der Trachonitis, sowie Lysanias in Abilene herrschten, [2] unter den Hohepriestern Hannas und Kaiphas, da erging das Wort Gottes an Johannes, den Sohn des Zacharias, in der Wüste.«

Damit sind bereits im Vorfeld der Jesusgeschichte alle relevanten politischen Größen benannt, auch wenn die beiden Hohepriester in der Passionserzählung nicht wieder vorkommen. Dass selbst der amtierende Hohepriester im Prozess gegen Jesus ganz zurücktritt, gehört zu den Besonderheiten des Lukasevangeliums. Das hängt wohl mit dem Gewicht zusammen, das Lukas dem römischen Präfekten in diesem Zusammenhang einräumt. Lukas ist auch der einzige der Evangelisten, der neben seiner Beteiligung am Prozess gegen Jesus eine weitere Episode aus der Wirkungszeit des Pilatus erzählt, nämlich den Zwischenfall mit Galiläern, bei dem Opfer zu beklagen waren (Lk 13,1–3). Dass damit kein negatives Bild des Pilatus gezeichnet wird, sondern er lediglich als ein konsequent handelnder Präfekt erscheint, ist bereits erwähnt worden.[270]

Im Prozess gegen Jesus fällt in Bezug auf die Rolle des Pilatus besonders auf, wie vehement er die Schuldlosigkeit Jesu ausdrücklich betont. Schon die Anklage der Priesterschaft, mit der der Prozess beginnt, ist kon-

270 Siehe dazu oben B 1.6.4.

kreter als bei Markus und Matthäus. Bei Lukas formulieren die Priester explizit einen politischen Vorwurf: Jesus verbiete, dem Kaiser Steuern zu zahlen, und beanspruche, ein gesalbter König zu sein (Lk 23,1f.). Die Steuerfrage war bereits in Lk 20,20–26 mit der erklärten Absicht an Jesus herangetragen, ihn beim Statthalter anklagen zu können. Bekanntermaßen hat Jesus durchaus ambivalent reagiert: »Gebt dem Kaiser, was des Kaisers ist, und Gott, was Gottes ist« (Lk 20,25). Eine Verweigerung der Steuerzahlung lässt sich daraus gerade nicht ableiten. Die Leserinnen und Leser erkennen daher selbst, dass die Anklage vor Pilatus gegenstandslos ist.

Doch gerade aufgrund dieser literarischen Konstellation bekommt das anschließende und nur sehr knapp formulierte Verhör Jesu durch Pilatus einen grotesken Zug. Pilatus fragt, ob die Anklage hinsichtlich des Königtums berechtigt sei und Jesus diesen Anspruch tatsächlich erhebe. Auf die Bestätigung Jesu hin (»Du sagst es«), der damit zum *confessor* wird, stellt Pilatus unmittelbar fest: »Ich finde keine Schuld an diesem Menschen« (23,4) – ganz so, als hätte er Jesu »Geständnis« nicht gehört oder nicht hören wollen. Wer sich zu den Vorwürfen der Anklage bekennt und ein Geständnis ablegt, hat damit eigentlich rechtsgültig seine Schuld eingestanden und seine Verurteilung besiegelt. Pilatus handelt nach der Darstellung des Lukas explizit nicht entsprechend dieser Rechtspraxis.

Die anschließende Überstellung an den zum Passafest anwesenden Herodes Antipas gehört ebenfalls zu den Besonderheiten der lukanischen Darstellung (23,6–12).[271] Die in ihrer Intention unklare Episode führt hinsichtlich

271 Epistula Apostolorum 9 (2. Jh.) nimmt darauf Bezug und setzt

der Causa Jesu zu keinem Ergebnis; aber Pilatus und Herodes können dadurch ihr Verhältnis zueinander offenbar verbessern und eine alte Feindschaft überwinden (23,12), ohne dass die Leserinnen und Leser erfahren würden, worum es dabei konkret ging.[272]

Auffallend für das lukanische Pilatusbild ist, dass Pilatus im gesamten Verlauf der Darstellung eine sehr aktive und souveräne Rolle spielt und nicht den Eindruck erweckt, er stünde dem Willen der Priesterschaft und des aufgewiegelten Volkes hilflos gegenüber. Sein aktives Agieren kommt insbesondere in der wiederholten Feststellung zum Ausdruck, er halte Jesus für unschuldig und damit auch die Anklage für gegenstandslos (23,4.14.15.20.22).

Diesem Eindruck widerspricht selbst die Tatsache nicht, dass Pilatus am Ende schließlich doch dem von Lukas dramaturgisch gesteigerten, wütenden Geschrei der Menge nachgibt, einen »Aufrührer und Mörder« wie Barabbas freigibt und Jesus seinem Schicksal überlässt. Bei Lukas kommt dieser »Austausch« unmotiviert; und daran ist erkennbar, dass der Evangelist vorgegebenen Erzählstoff literarisch gestaltet. Von einer Passaamnestie ist bei Lukas anders als bei den beiden synoptischen Seitenreferenten gar nicht die Rede, so dass die Barabbasepisode eigentlich keine Funktion mehr hat. Nach Lukas hätte Pilatus keinen Gefangenen freilassen müssen und Barabbas einfach mit Jesus kreuzigen können. Auch hier ist es das Volk, das unverhofft die Freilassung eines bereits verurteilten »Aufrührers« fordert – und Pilatus damit eigentlich in eine prekäre

---

voraus, dass Jesus durch Pilatus und Herodes gekreuzigt wurde, allerdings wird Antipas mit Archelaos verwechselt.

272 Siehe dazu oben B 1.6.3.

Lage bringt. Erweist sich Pilatus dadurch am Ende als ein schwacher Präfekt, der an seiner Aufgabe gescheitert ist?[273]

Das lässt sich vom lukanischen Pilatus gerade nicht sagen. Als Präfekt muss er die Interessen abwägen: Riskiert er eine Eskalation der Wut der Menge oder beruhigt er die Lage, indem er Jesus ausliefert? Sein Interesse an Jesus war nicht so groß, als dass er dafür einen Aufstand riskieren würde. Lukas beschreibt also keinen schwachen Präfekten, sondern einen, der auch gefährliche Situationen in den Griff bekommt, auch wenn dies letztlich nur auf der literarischen Ebene in dieser Form »funktioniert«. Immerhin kommt Lukas damit jenem Pilatusbild nahe, das sich auch unter historischen Gesichtspunkten erheben ließ.[274]

Aufschlussreich ist schließlich, dass es nicht heißt, Pilatus hätte Jesus zur Hinrichtung übergeben, sondern: »Er lieferte aber Jesus ihrem Willen aus« (23,25). Damit ist der Wille der Ankläger Jesu gemeint, und durch diesen Satz bekommt der Fortgang der Erzählung – das Abführen zur Hinrichtungsstätte und die Kreuzigung – einen merkwürdigen Charakter. Die exekutierenden Soldaten werden erst unter dem Kreuz wieder erwähnt als die, die Jesus »auch« verspotteten (23,36). Man bekommt durch diese Art der Darstellung zumindest den Eindruck, als sei es die aufgebrachte Volksmenge selbst, die Jesus auf das von Pilatus bestätigte Urteil der Oberpriester hin zur Hinrichtung und zur Kreuzigung führt (vgl. LK 24,20), was freilich historisch nicht stimmt.

---

273 Vgl. H. K. Bond, Pontius Pilate, 159: »In the end, Jewish mob pressure has triumphed over Roman justice. The weak Pilate has let down first himself and Herod, second the Roman administration he represents.«

274 Siehe dazu oben B 1.6.

Tatsächlich hat Pilatus mit alldem nichts mehr zu tun, erst in 23,52 kommt er noch einmal kurz und eher beiläufig ins Spiel, als Josef von Arimathäa von ihm die Erlaubnis erhält, Jesu Leichnam zu bestatten. Die von Markus an dieser Stelle noch notierte Gefahr, in die sich Josef damit begebe (Mk 15,43), spielt bei Lukas keine Rolle.

Es ist recht deutlich, dass Lukas unter allen Umständen vermeiden will, das Agieren des Pilatus in der Causa Jesu negativ zu zeichnen. Im Gegenteil, mehr als in den beiden anderen synoptischen Evangelisten versucht Pilatus buchstäblich alles, um Jesus freizubekommen, kann sich aber letztlich nicht gegen die Wut der Menge durchsetzen. Die Preisgabe Jesu erscheint damit als eine deeskalierende Maßnahme – und tatsächlich steht dann beim Kreuz die Volksmenge verstummt und sieht (nur noch) zu (Lk 23,35). Für Lukas hat diese Darstellung des Pilatus nicht zuletzt auch eine apologetische Botschaft an seine Leserinnen und Leser: Wenn selbst der römische Präfekt Jesus freispricht, dann bedeutet der Glaube an Jesus keine Feindschaft gegen die römische Herrschaft.[275]

Da Pilatus auch in der *Apostelgeschichte* genannt ist und dieses Werk demselben Autor wie das Lukasevangelium zuzuschreiben ist, stellt sich die Frage, ob dort ähnliche Tendenzen in der Pilatusdarstellung wie im Evangelium zu finden sind. Doch nimmt Lukas in der Apostelgeschichte lediglich einige wenige Aspekte in Rückblicken auf die Jesusgeschichte auf, die die Lese-

---

275 Vgl. H.K. Bond, Pontius Pilate, 162: »Luke's narrative shows that the state was on Jesus' side and that to confess yourself a Christian was no crime against Roman law.«

rinnen und Leser veranlassen, noch einmal in das Evangelium selbst zu blicken.

In Apg 3 wird erzählt, wie sich Petrus und Johannes nach der Heilung eines Gelähmten an der Tempeltür der erstaunten Menge erklären. Petrus leitet seine Rede mit dem Hinweis auf die Mitverantwortung der Anwesenden für den Tod Jesu ein:

»13 Der Gott Abrahams, Isaaks und Jakobs, der Gott unserer Väter, hat seinen Knecht Jesus verherrlicht, den ihr ausgeliefert und verleugnet habt dem Pilatus gegenüber, während dieser geurteilt hatte, jenen freizulassen. 14 Ihr aber habt den Heiligen und Gerechten verleugnet und gebeten, euch einen Mörder freizugeben. 15 Den aber, der zum Leben führt, habt ihr getötet; den hat Gott auferweckt von den Toten, wovon wir Zeugen sind« (Apg 3,13–15).

Dieser Rückblick entspricht im Wesentlichen dem Duktus von Lk 23 – bis hin zu der gewagten These, die Volksmenge in Jerusalem hätte Jesus sogar selbst getötet. Es war bereits in Lk 23,26–34 aufgefallen, dass Lukas nicht eindeutig die benennt, die Jesus abführen und kreuzigen. Der Erzählfluss lässt immer noch an die aufgebrachte Menge denken, an deren Willen Pilatus Jesus auslieferte. In der Rede des Petrus wird Pilatus faktisch vollständig von der Verantwortung am Tod Jesu entlastet.

Ähnliches wiederholt Petrus in der sich an die Episode vor der Tempeltür anschließenden Verteidigungsrede vor der gesamten versammelten Priesterschaft, bei der explizit auch Hannas und Kaiphas als Hohepriester namentlich genannt werden (Apg 4,5–7). Nach der glimpflich ausgegangenen Anhörung stimmt die Gemeinde ein Dankgebet an, das in Anknüpfung an alttestamentliche Psalmentradition[276] einen sog. »Geschichtsrückblick« enthält:

»[27] Sie [gemeint sind die Fürsten der Welt] haben sich nämlich tatsächlich versammelt in dieser Stadt gegen deinen heiligen Knecht Jesus, den du gesalbt hast: Herodes und Pontius Pilatus mit allen Nationen und den Stämmen Israels, [28] zu tun, was deine Hand und dein Entschluss zu geschehen zuvor beschlossen haben« (Apg 4,27f.).

Hier wird nicht nur an die lukanische Besonderheit der Beteiligung des Herodes am Prozess gegen Jesus erinnert, sondern entscheidend ist die theologische Perspektive der Vorsehung Gottes, die in all diesem Geschehen am Werk sei. Zum ersten Mal werden Herodes und Pilatus ausdrücklich zu »Werkzeugen« in Gottes Handeln an seinem Messias und damit zu einem Teil des göttlichen Heilsratschlusses.

Während Apg 3,13 und 4,27 noch ganz auf den Jerusalemer Kontext bezogen sind, findet sich der letzte Beleg über Pilatus im lukanischen Doppelwerk in der Predigt, die Paulus auf der ersten Missionsreise im kleinasiatischen Antiochia in Pisidien hält (Apg 13). Es ist seine erste Missionspredigt, auch sie ist heilsgeschichtlich strukturiert und erinnert in 13,28 den Namen des römischen Präfekten Pilatus:

»[27] Denn die Einwohner von Jerusalem und ihre Autoritäten haben, weil sie Jesus nicht erkannten, selbst die Stimmen der Propheten, die an jedem Sabbat gelesen werden, von ihrem Urteil her gedeutet, [28] und obwohl man nichts fand, das den

276 Ps 2,1–2 wird ausdrücklich in V. 25f. zitiert; siehe dazu bereits oben B 3.1.1.

Tod verdiente, forderten sie von Pilatus, ihn zu töten« (Apg 13,27f.).

Interessant ist die Nähe von V. 27 zu 1Kor 2,8. Wie Paulus im 1Kor so führt auch Lukas in der Paulusrede die Hinrichtung Jesu darauf zurück, dass die »Autoritäten dieser Welt« Jesus nicht als den erkannten, der er in Wahrheit ist.[277] Implizit ist zwar vorausgesetzt, dass Jesus faktisch von Pilatus hingerichtet wurde, doch sind die treibenden Kräfte in der Sicht des Lukas erneut die »Einwohner Jerusalems und ihre Autoritäten«. Auch wenn die Belastung der jüdischen Beteiligten und die Entlastung des Pilatus nicht zu verkennen sind, so ist die Spezifizierung in der gesamten lukanischen Darstellung hervorzuheben: Lukas beschuldigt nie das »ganze jüdische Volk« oder pauschal »die Juden«, sondern weiß zu differenzieren, wer konkret die Hinrichtung Jesu in Kollaboration mit Pilatus betrieben hat.

3.2.4 »Was ist Wahrheit?«

Ein sehr spezielles Pilatusbild bietet das *Johannesevangelium*, das wahrscheinlich als letztes der kanonisch gewordenen Evangelien um die Wende zum 2. Jh. entstanden und von zunehmenden Konflikten zwischen Christen- und Synagogengemeinde geprägt ist.[278] In seiner Jesusdarstellung geht der Evangelist Johannes in vieler Hinsicht ganz eigene Wege, und das betrifft auch die Passionsgeschichte und die Rolle des Pilatus.[279] Be-

---

277 Siehe dazu unten B 4.

278 Vgl. U. Schnelle, Einleitung, 557–562.

279 Da dem Autor bzw. den Autoren des Johannesevangeliums zumindest das Markus- und das Lukasevangelium bekannt gewesen sein dürften (vgl. M. Lang, Johannes und die Synoptiker, bes. 298–306.349–353), ist das theologische Interesse an ver-

reits im Lukasevangelium war aufgefallen, dass Pilatus deutlich aktiver agierte als noch bei Markus oder Matthäus. Dieser Eindruck verstärkt sich noch einmal im Hinblick auf das Johannesevangelium. Schon die Festnahme Jesu in Gethsemane erfolgt nicht – wie in den synoptischen Evangelien – durch die jüdische Tempelpolizei, sondern durch einen großen Trupp römischer Soldaten. Bereits dieses Detail bringt die Dimension des Geschehens auch im Hinblick auf das Gespräch mit Pilatus szenisch zur Geltung.[280]

Aufgrund der Tatsache, dass das Johannesevangelium von keinem Verhör vor dem amtierenden Hohepriester bzw. dem Hohen Rat erzählt, wird Pilatus im Dialog mit Jesus und in der Auseinandersetzung mit dessen Anklägern zu einer tragenden, aber auch in hohem Maße ambivalenten Figur der Passionsdarstellung. Diese Ambivalenz kommt insbesondere durch ein chronologisches Problem zustande.

Anders als in der synoptischen Evangelientradition wird Jesus nach Johannes nicht am Passafesttag, sondern einen Tag zuvor, am sog. »Rüsttag« (griech. παρασκευή *paraskeuē*) des Passafestes gekreuzigt. Diese Unstimmigkeit innerhalb der Überlieferung hat zu ganz unterschiedlichen Überlegungen und Argumentationen für die Historizität der einen wie der anderen Datierung geführt, denn nur eine kann historisch »richtig« sein. Diese Debatte ist hier nicht zu führen. Wichtig ist jedoch, dass bei Johannes ein besonderes theologisches Interesse an dieser veränderten Chronologie identifiziert werden kann, die auch die Gestaltung des Verhörs Jesu vor Pilatus beeinflusst.

---

schiedenen Motiven und Veränderungen im Vergleich zu den synoptischen Evangelien erkennbar.

280 Siehe dazu oben B 3.1.3. mit Anmerkung 218.

Im Johannesevangelium wird Jesus nicht in der dritten Stunde (also gegen neun Uhr morgens, vgl. Mk 15,25) des Passafesttages, sondern bereits am Vortag, dem »Rüsttag« zum Passafest zur Kreuzigung geführt und zwar in der sechsten Stunde (Joh 19,14), also zur Mittagszeit, in der man zur Zeit Jesu im Tempel mit der Schlachtung der Passalämmer beginnt (vgl. Philon, *De specialibus legibus* [»von den besonderen Gesetzen«] II,145; Mischna, *Pesachim* [»Passafeste«] 5,1). Literarisch bereitet Johannes diese Verschiebung der Passionschronologie um einen Tag durch zwei Motive vor: Das Motiv von Jesus als dem »Lamm Gottes, das die Sünden der Welt trägt« (Joh 1,29; vgl. 1,36) sowie das sich durch das Evangelium wie ein roter Faden hindurchziehende Motiv der »Stunde Jesu«, die zunächst noch verborgen ist und mit der Kreuzigungsstunde anbricht. In der Stunde, als man mit dem Schlachten der Lämmer im Tempel beginnt, stirbt Jesus als »Lamm Gottes« am Kreuz – mit dem Ruf: »Es ist vollbracht« (19,30).[281]

Die Bedeutung des Passarüsttages und des bevorstehenden »hohen Sabbats« ist bei Johannes für die anklagende Priesterschaft der Grund dafür, nicht in das Prätorium (der von den Präfekten benutzte ehemalige Herodespalast) hineinzugehen, um sich nicht zu verunreinigen (18,28).[282] Aus dieser Begründung wird oft abgeleitet, Pilatus habe die jüdischen Reinheitsvorschriften respektiert.[283] Das mag in der Sache richtig sein, doch kommt es vor allem auf die sich daraus ergebende ungewöhnliche Szenerie und die dahinterstehende Gestaltungsabsicht an.

---

281 Vgl. dazu J. Herzer, Synoptische oder johanneische Passionschronologie?

282 Zum Prätorium siehe oben B 3.1.5.

283 Vgl. H. K. Bond, Pontius Pilate, 175.

Johannes setzt offenbar im Unterschied zu den Synoptikern voraus, dass das Verhör Jesu vor Pilatus zunächst nicht auf der öffentlichen Richtertribüne vor dem Herodespalast, sondern unter Ausschluss der Öffentlichkeit stattfindet. Daraus ergibt sich die kuriose Situation, dass Pilatus *mehrfach* zwischen Jesus (im Prätorium) und seinen Anklägern (außerhalb des Prätoriums) hin- und hergehen muss. Der angeklagte, zwischenzeitlich gefolterte Jesus erscheint demgegenüber als ruhender Pol im Sturm der Auseinandersetzungen. Erst ganz zum Schluss der langen Verhörszene führt Pilatus Jesus aus dem Prätorium hinaus vor die Richttribüne, um das Verfahren von dort aus offiziell zu beenden.

Obwohl sich Pilatus dazu auf den Richtstuhl setzt,[284] fehlt auch in der johanneischen Erzählung ein expliziter Urteilsspruch. Ähnlich wie bei Lukas heißt es lediglich, Pilatus habe Jesus den Anklägern übergeben, damit er gekreuzigt würde, woraufhin unmittelbar die Kreuzigung erfolgt. So entsteht auch bei Johannes der Eindruck, die Oberpriester, denen Jesus ausgeliefert wurde, hätten ihn auch gekreuzigt (19,16–18).

Noch stärker als in der Tendenz der synoptischen Tradition erscheint Pilatus durch dieses Hin-und-Her als ein Spielball der Interessen der Jerusalemer Priesterschaft. Dahinter steht bei Johannes nicht nur der amtierende Hohepriester Kaiphas, sondern vor allem dessen Schwiegervater und Vorgänger Hannas. Johannes geht sogar so weit, ein hohepriesterliches Verhör nicht

---

284 Mitunter wurde diese Aussage auch so verstanden, dass Pilatus – um seiner Ironie der ganzen Sache gegenüber Ausdruck zu verleihen – Jesus auf den Richtstuhl setzte. Das ist zwar grammatisch möglich, sachlich aber unwahrscheinlich, vgl. dazu z. B. M. Lang, Johannes und die Synoptiker, 196–199.

vor Kaiphas, sondern vor Hannas zu inszenieren; Kaiphas spielt darin nur eine Statistenrolle (18,12–24). Gleich mehrfach gerät Pilatus unter Druck: Seine Frage nach der Anklage wird nicht beantwortet, und der Versuch, die Verantwortung auf die Ankläger zurückzuverweisen, scheitert, weil diese sich auf die Rechtsordnung des *ius gladii* berufen, damit eine Kapitalgerichtsbarkeit einfordern und Pilatus als römischen Befehlshaber für ihre Interessen instrumentalisieren (18,29–32).[285] Die Vehemenz der Kreuzigungsforderung flößt Pilatus regelrecht Angst ein (19,8). Und um das Maß voll zu machen, wird ihm schließlich unterstellt, in seinem Widerstand gegen die Tötungsforderung nicht mehr ein »Freund des Kaisers« zu sein (19,12), woraus sich für ihn sogar eine ernsthafte politische Gefahr ableiten ließe.[286] Erst daraufhin gibt er dem enormen Druck nach.

Als Hintergrund dieser Konstellation zwischen der Jerusalemer Priesterschaft und Pilatus ist der zugespitzte Konflikt zwischen Jesus und »den Juden« zu berücksichtigen, der im Johannesevangelium eine prominente Rolle spielt. Die Motivation für diese literarische Auseinandersetzung des Evangelisten sind offenkundig die Spannungen der eigenen jo-

---

285 Der gesamte Dialog ist eine meisterhafte Inszenierung des Evangelisten, der für die Leserinnern und Leser die entscheidenden Hintergründe des Geschehens mitteilt und die Story zugleich vorantreibt. Für das Verständnis der Szene ist die historisierende Frage kaum sinnvoll, ob Pilatus hier ernsthaft oder zynisch redet, weil er natürlich alles, was »die Juden« ihm sagen, selbst wisse (vgl. H. K. Bond, Pontius Pilate, 176f.). Sie sagen es ja nicht im eigentlichen Sinne ihm, sondern liefern in diesem Dialog Informationen, die die Leserinnen und Leser bekommen sollen.

286 Siehe dazu oben B 1.2.

hanneischen Gemeinde mit der Synagogengemeinschaft. Der Christusglaube führt zu Konflikten, die sogar Anlass für den Ausschluss aus der Synagogengemeinschaft bieten (Joh 9, bes. V. 34). Die Ausgestoßenen finden bei Jesus als dem »guten Hirten« eine neue Heimat und Schutz (Joh 10). Die Konfrontation geht sogar so weit, dass im Streit um »die Wahrheit« und die Geltung der Abrahamsverheißung »die Juden« vom Jesus des Johannesevangeliums als Kinder des Teufels bezeichnet werden:

»[43] Warum versteht ihr meine Rede nicht? Weil ihr mein Wort nicht hören könnt! [44] Ihr seid vom Teufel, eurem Vater, und ihr wollt die Begierden eures Vaters tun. Dieser war ein Mörder von Anfang an und steht nicht in der Wahrheit, denn in ihm ist keine Wahrheit. Wenn er lügt, spricht er aus dem Eigenen, denn er ist ein Lügner und auch ihr [gemeint ist die Lüge] Vater. [45] Was aber mich betrifft – weil ich die Wahrheit sage, deshalb glaubt ihr mir nicht« (Joh 8,43–45).

Das Ganze eskaliert in einem spontanen Versuch der Steinigung (8,59). Wichtig im Hinblick auf das Verhör vor Pilatus ist, dass dort zwar auch von »den Juden« die Rede ist, der Evangelist aber deutlich zu erkennen gibt, dass er zu differenzieren weiß und damit speziell hinsichtlich der Verantwortlichkeit für den Tod Jesu die Jerusalemer Priesterschaft im Blick hat. Bei aller Feindschaft zwischen Jesus und »den Juden« bzw. zwischen der johanneischen Christengemeinde und der Synagogengemeinschaft wird man daher auch dem Evangelisten Johannes nicht pauschal Antijudaismus unterstellen dürfen. Das wäre historisch falsch und zutiefst anachronistisch.

Vor dem Hintergrund der scharfen Auseinandersetzung Jesu mit »den Juden« im Johannesevangelium, in der sich ähnlich wie bei Matthäus, aber in einer gesteigerten Weise die Auseinandersetzung der johanneischen Gemeinde mit der Synagoge spiegelt, sowie dem Druck, der auf Pilatus ausgeübt wird, erreicht der Evangelist auf subtile Weise, dass die Leserinnen und Leser gewisse (wenn auch durchaus ambivalente) Sympathien für Pilatus entwickeln und so in dessen Gespräch mit Jesus einbezogen werden.

Da keine konkrete Anklage genannt wird, bleibt die Eröffnungsfrage des Pilatus im Verhör unmotiviert: »Bist du der König der Juden?«[287] (18,33) Für das johanneische Pilatusbild ist das anschließende und ausführliche Gespräch zwischen Jesus und Pilatus von besonderem Interesse und bildet das Zentrum und den Höhepunkt der gesamten Prozessdarstellung. Die Frage nach dem Königtum Jesu steht im Mittelpunkt und spitzt sich auf die Frage nach der Wahrheit zu. Das Thema »Wahrheit« durchzieht das gesamte Evangelium und wird in verschiedener Hinsicht immer wieder neu reflektiert. Im Gespräch mit Jesus wirft Pilatus selbst noch einmal explizit die philosophisch anmutende Frage auf: »Was ist Wahrheit?« (18,38)[288] Die Frage bleibt unbeantwortet. Mit dieser bewussten literarischen Leerstelle wird für die Leserinnen und Leser zu ihrer Beantwortung der gesamte Wahrheitsdiskurs des Evangeliums aufgerufen, als dessen Höhepunkt wohl das Offenbarungswort Jesu in den Abschiedsreden gelten muss: »Ich bin der Weg, die Wahrheit und das Leben« (14,6).

Die Frage des Pilatus ist also nicht über Gebühr zu strapazieren, als weise sie den römischen Präfekten als einen skeptisch-philosophisch Interessierten aus und ma-

---

287 In der literarischen Perspektive des Evangeliums ist hier die Übersetzung »Juden« statt »Judäer« angemessen, siehe oben B 3.1.4.

288 Vgl. dazu M. Lang, Johannes und die Synoptiker, 146–155.

che das Gespräch zwischen Jesus und Pilatus zu einem philosophischen Fachgespräch. Sie ist letztlich eine Frage des Evangelisten an die Leserinnen und Leser. Wer die Frage nach der Wahrheit im Evangelium verfolgt, muss also gleichsam Pilatus ins Wort fallen. Zu fragen ist nicht: »*Was* ist Wahrheit?«, sondern vielmehr: »*Wer* ist Wahrheit?« Der dem Präfekten zur Kreuzigung Ausgelieferte ist *in persona* Repräsentant einer Wahrheit, die weit über das hinausführt, was aus menschlicher Sicht als Wahrheit erkannt werden könnte.

Es ist bemerkenswert, wie der Evangelist diesen Wahrheitsdiskurs gerade mit dem Verhör Jesu durch Pilatus verbindet und unter dieser Perspektive die in der Tradition überlieferte Problematik des Königtums Jesu in ein neues Licht stellt. Auf die Frage des Präfekten an Jesus, was er getan habe, antwortet dieser: »Meine Königsherrschaft ist nicht von dieser Welt« (18,36). Der johanneische Jesus deutet die vorauszusetzende politische Anklage geistlich um. Es geht um eine andere Art von Herrschaft als die, die Pilatus und die Ankläger im Sinn haben. Durch ihre Gebundenheit an die irdische Welt und deren begrenzte Verstehensmöglichkeiten sind sie zur Erkenntnis dieser Wahrheit nicht fähig.

Es gilt auch hier, was Jesus bereits am Beginn des Evangeliums dem Pharisäer Nikodemus sagte: »Wer nicht wiedergeboren wird aus Wasser und Geist, kann nicht in die Königsherrschaft Gottes eingehen« (3,5). Der Geist der Taufe bewirkt, dass die weltgebundene Existenz durch eine neue Geburt bzw. »Zeugung« aus dem Geist bzw. aus Gott aufgehoben wird. Was die Welt nicht erkennen bzw. erfassen kann, nämlich dass Jesus das inkarnierte Schöpferwort zur Erlösung der Welt ist (1,1–18), das wird durch das Wirken des Geistes möglich. Beim Abschied von seinen Jüngern hatte es Jesus ihnen eingeschärft: »Wenn aber jener kommt, der Geist der Wahrheit, wird er euch in alle Wahrheit führen« (16,13). Jesus ist selbst der Repräsentant dieser Wahrheit und diese besteht konkret aus der Einsicht in das Wesen der Sünde, der Gerechtigkeit und des Gerichtes:

»[9] Über die Sünde, dass sie nicht an mich glauben; [10] über die Gerechtigkeit, dass ich zum Vater gehe und ihr mich nicht mehr sehen könnt; [11] und über das Gericht, dass der Fürst dieser Welt (bereits) gerichtet ist« (16,9–11).

Die Stunde Jesu, auf die es dem Evangelisten ankommt und auf die er seine Leserinnen und Leser immer wieder vorbereitet, ist die Stunde seines Todes, auf die das Verhör durch Pilatus zuläuft. Sie wird auf diese Weise zur »Stunde der Wahrheit«. Mit seiner scheinbar philosophisch tiefsinnig anmutenden Frage nach der Wahrheit bereitet Pilatus für die Leserinnen und Leser diese letzte Einsicht vor.

Unter dem Vorzeichen der Wahrheitsfrage steht auch die bekannte und in ihrer lateinischen Version des *Ecce homo* wirkungsreiche Präsentation des gegeißelten und verspotteten Jesus. Pilatus führt Jesus aus dem Prätorium, um dessen Anklägern deutlich zu machen, dass er keine todeswürdige Schuld feststellen kann. Mit der Geißelung will er es bewenden lassen. Er präsentiert den Gefolterten mit Dornenkrone und Purpurmantel – und weist auf diese zugleich geschundene und verhöhnte Figur hin: »Siehe, der Mensch!« (19,5)

Angesichts der Zur-Schau-Stellung Jesu ist der Ausruf des Pilatus nicht einfach zu deuten.[289] Oft wurde er

289 Vgl. dazu H. Thyen, Das Johannesevangelium, 723–725.

so verstanden, dass Pilatus nicht nur Jesus der Lächerlichkeit preisgab, sondern zugleich auch die jüdischen Ankläger verspottet (die sich freilich darauf nicht einlassen). Andere wiederum sehen Jesus als »Repräsentant der Erniedrigten und Beleidigten, der Geschlagenen und Gefolterten«[290], aber das ist eine zu einseitig sozialkritische Perspektive. Da der Evangelist stets seine Leserinnen und Leser vor Augen hat, ist auch hier dessen Absicht zu berücksichtigen, Jesus als den Sohn Gottes zu zeichnen (vgl. 20,31).

Das *Ecce homo* des Pilatus ist vor diesem Hintergrund – zumal gesprochen im Fingerzeig auf einen erniedrigten »König« – kein vordergründiger Spott, auch keine Würdigung der menschlichen Größe Jesu in der Erniedrigung, sondern ein erneutes Signal für die Leserinnen und Leser zum Widerspruch: Nein! Nicht »der Mensch« – sondern gleichsam *sub contrario* der Sohn Gottes, den die Finsternis nicht als »Licht der Menschen« erkennt und den die Welt verstößt (vgl. Joh 1,4f.). Auch hier gilt, was Jesus in den Abschiedsreden zu Philippus sagt: »Wer mich sieht, sieht den Vater« (Joh 14,9).

Auch die Frage »*Woher* bist du?« (19,9, es heißt nicht: »*Wer* bist du?«) erscheint in diesem Zusammenhang als Frage nach dem »wahren« Ursprung Jesu, den Pilatus zu erahnen beginnt. Die Frage nach dem Ursprung Jesu gehört zu den programmatischen Aspekten des Johannesevangeliums und wird von Anfang an immer wieder thematisiert.[291] Bereits im Prolog des Evangeliums

---

290 K. Wengst, Das Johannesevangelium, 235, in Aufnahme von U. Schnelle, Das Evangelium nach Johannes, 303, der auf den leidenden Gottesknecht von Jes 52,13f. verweist, den der Evangelist als Parallele im Blick gehabt habe.

291 Vgl. U. Schnelle, Das Evangelium nach Johannes, 304.

wurde die Herkunft Jesu als Verkörperung des Schöpferwortes Gottes in der Zeit vor der Schöpfung verankert (Joh 1,1–18). Im Erzählverlauf wirft der Evangelist diese Frage wiederholt auf, z. B. in der Frage nach der Herkunft aus Nazareth (1,45f.: »Was kann aus Nazareth Gutes kommen?«; vgl. 7,27f.) oder auch in der Spannung zwischen dem Woher und Wohin beim Abschied Jesu von seinen Jüngern (14,1–12; 16,28). Bei denen, die Jesus ablehnend und feindlich gegenüberstehen, wird stets betont, sie wüssten nicht, woher er komme (8,14; 9,29f.). Die Frage des Pilatus nach dem Woher Jesu kommt daher nicht von ungefähr. Jesus gibt darauf keine Antwort, aber gerade deshalb verweist auch diese Frage die Leserinnen und Leser in die Geschichte Jesu zurück, in der die Glaubenden selbst die Antwort finden und so den Kern der »Wahrheit« erkennen können: Jesus kommt vom Vater, er ist der Gesandte und Gesalbte Gottes zur Rettung der Menschen (vgl. 3,16; 12,49).

Nach einer erneuten Auseinandersetzung des Pilatus mit den jüdischen Anklägern, die in einer gewissen Ungeduld des Präfekten Jesus gegenüber mündet, droht er mit der Machtbefugnis, die er als Präfekt über ihn habe. Jesus gibt ihm zu verstehen, dass er selbst in seiner Macht als römischer Präfekt nur Teil des Handelns eines mächtigeren Gottes ist (19,11). Erst diese Einsicht bringt Pilatus dazu, aktiv (und am Ende vergeblich) nach einer Möglichkeit zu suchen, Jesus freilassen zu können (19,12). Er hatte es zuvor bereits versucht mit der Option der Passaamnestie, doch dies führte nur dazu, dass die Ankläger von sich aus den »Räuber« Barabbas forderten (18,39f.). Dass Pilatus diesen tatsächlich freigelassen habe, wird nicht mehr notiert und ist dem Evangelisten nicht wichtig; allein die Forderung »der Juden« bezeugt ihre Haltung.

Es ist ein erstaunliches Konzept: In seiner Unwissenheit wird Pilatus im Johannesevangelium regelrecht zu einem Propheten der Wahrheit,[292] der – ohne dies selbst zu wissen oder bewusst zu intendieren – Jesus als die letzte Wahrheit bezeugt. Der Ausruf *Ecce homo* – »Siehe, der Mensch!« (19,5), der so viele Poeten und Künstler inspiriert hat, korrespondiert mit dem letzten Wort des Pilatus in dieser Sache, das zugleich zum Urteilsspruch wird: »Seht, euer König! [...] Soll ich euren König kreuzigen?« (19,14f.) Vordergründig erscheint dies »den Juden« gegenüber als Ironie. Im Duktus der Erzählung und vor dem Hintergrund des Gespräches zwischen Pilatus und Jesus über die Art seines Königtums gewinnt diese Aussage allerdings einen durchaus ernstzunehmenden Aspekt.

Davon kann die Priesterschaft nichts wissen; sie steht aufgrund der Gestaltung der Szenerie durch den Evangelisten außerhalb des Prätoriums. Sie ist geradezu buchstäblich von der Erkenntnis der Wahrheit ausgeschlossen. In ihrer Entschlossenheit, Jesus zu beseitigen, legen die Priester noch einmal nach und bekennen sich zum Kaiser als ihrem König. Wer wie die Ankläger Jesu tönt, er habe keinen König außer dem Kaiser, der verleugnet letztlich auch die Königsherrschaft Gottes. Dass Pilatus ihnen ihren Willen gewährt und ihnen Jesus ausliefert, ist dann fast schon folgerichtig und insofern auch nicht Ausweis eines schwachen und unentschlossenen Präfekten, sondern es unterstreicht letztlich vor allem die Feindschaft der Jerusalemer Priesterschaft gegen Jesus.

Den Schlussstrich unter die Auseinandersetzung zieht der Kreuzestitulus, von dem nur Johannes er-

---

292 Vgl. R. Metzner, Die Prominenten im Neuen Testament, 322f.

wähnt, Pilatus selbst habe ihn geschrieben – und zwar in drei Sprachen, damit es jeder versteht: »Jesus von Nazareth, König der Juden« (Joh 19,20).[293] Empört fordert die Priesterschaft eine Korrektur: Pilatus solle schreiben, Jesus habe nur behauptet, König der Juden zu sein. Aber Pilatus hält ausdrücklich daran fest: »Was ich geschrieben habe, habe ich geschrieben« (V. 21f.). Die Ambivalenz der Person des Pilatus kommt auch in dieser letzten Szene noch einmal deutlich zum Ausdruck. Der römische Präfekt wird zum Zeugen des Königtums Jesu, des Propheten aus Nazareth, woher *eigentlich* »nichts Gutes kommen« kann, schon gar nicht der Messias Israels (vgl. 1,46). Und er verteidigt dieses Zeugnis sogar gegenüber den Anklägern Jesu.[294]

3.3 Der Prozess, der keiner war, und die »Schuld« am Tod Jesu

Abschließend zu dieser Darstellung der verschiedenen Pilatusbilder der Evangelien ist als ein kurzes Resümee auf die Frage einzugehen, die auch wirkungsgeschicht-

---

293 In der Kirche St. Croce in Gerusalemme in Rom wird ein Fragment dieser dreisprachigen Tafel als Reliquie gezeigt; vgl. K. Jaroš, In Sachen Pontius Pilatus, 103–109, der die Inschrift für authentisch hält, während andere wohl zu Recht (u. a. aufgrund der byzantinischen Form der griechischen Buchstaben sowie einer C14-Datierung auf eine Zeit zwischen dem 10. und 12. Jh.) skeptisch sind, vgl. A. Demandt, Hände in Unschuld, 185f.

294 Angesichts dieser Ambivalenz ist es nicht so klar zu behaupten, Pilatus sei ein Repräsentant der feindlichen Welt, die Jesus verworfen habe (vgl. H. K. Bond, Pontius Pilate, 175). Der literarische Pilatus des Johannesevangeliums ist derjenige, der im Dialog mit Jesus die Leserinnen und Leser wesentliche Themen des Evangeliums rekapitulieren lässt und so die Einsicht in die Vollendung der Sendung Jesu am Kreuz mit vorbereitet, ja, der als ein entscheidender Akteur in diesem Geschehen fungiert.

lich bedeutsam war, die Frage nach der »Schuld am Tod Jesu«. Man kann durchaus bezweifeln, ob sie angesichts der historischen Konstellationen angemessen gestellt ist, da sie als Frage nach einer Schuld voraussetzt, dass Jesus unrechtmäßig verurteilt wurde.[295]

Festzuhalten ist, dass es historisch in Bezug auf die *Beteiligung* am Tod Jesu kaum einen begründeten Zweifel geben kann. Auf Betreiben des Hohepriesters und seiner aristokratischen Verbündeten, die in der sozial- und herrschaftskritischen Botschaft des Propheten Jesus aus Nazareth ihre politischen und wirtschaftlichen Interessen gefährdet sahen, hat der römische Präfekt Jesus zum Tode verurteilt und hinrichten lassen.[296] Pilatus kommt daher die Hauptverantwortung zu. Er hätte als Präfekt darauf bestehen können, den Fall Jesu abzuweisen. Angesichts des politischen Drucks, der auf ihn ausgeübt wurde, musste er jedoch zwischen Aufwand und Nutzen abwägen. Immerhin ging es um eine Anklage der obersten jüdischen Gerichtsinstanz gegen einen mutmaßlichen Aufrührer, der seine Schuld durch sein Schweigen bestätigte und sich weder selbst verteidigte noch Fürsprecher hatte.

Da man den Kaiser ins Spiel gebracht hatte, musste Pilatus zudem um seine Stellung fürchten. Aus der Sicht des Präfekten war es unter diesen Bedingungen das »kleinere Übel«, die Anklage anzunehmen und ent-

295 Vgl. A. Demandt, Hände in Unschuld, 171–173; ders., Ein Prozess Jesu fand nicht statt.

296 Vgl. dazu J. McLaren, Power and Politics in Palestine, 90–97; D. Sänger, »Auf Betreiben der Vornehmsten unseres Volkes«, bes. 25; Letzterer bes. gegen W. Stegemann, Gab es eine jüdische Beteiligung an der Kreuzigung Jesu?, der bestreitet, dass es eine jüdische Beteiligung am Tod Jesu gegeben habe, vor allem, weil die Evangelien aufgrund ihrer antijüdischen Tendenz keine historisch zuverlässigen Quellen seien.

sprechend zu verfahren. Die wechselseitige politische Abhängigkeit zwischen Hohepriester und Präfekt ist auch hier eine wesentliche Voraussetzung; beide verdanken ihre Machtstellung der Einsetzung und dem Wohlwollen der kaiserlichen Regierung in Rom. Das Zusammenwirken der Oberpriesterschaft mit dem Präfekten war historisch auch in anderen Zusammenhängen sichtbar geworden.[297]

Fraglich bzw. zweifelhaft hingegen bleibt, ob gegen Jesus ein den jüdischen bzw. römischen Regeln konformer Prozess geführt worden ist. Das ist nicht nur deshalb schwierig, weil solche Regeln nicht in allgemeiner Verbindlichkeit festzumachen sind, sondern weil auch die Angaben der Evangelien aufgrund ihrer literarischen und theologischen Intentionen für eine historische Rekonstruktion nicht hinreichend und zum Teil auch untereinander nicht kompatibel sind (z. B. hinsichtlich des Zeitpunktes des Todes Jesu und damit auch der Prozessführung). Insgesamt deutet vieles darauf hin, dass Jesus nicht in einem regulären Gerichtsverfahren für schuldig befunden und verurteilt wurde.[298] Nachdem sich der Konflikt mit den jüdischen (nicht den römischen) Autoritäten zugespitzt hatte und diese bereits längere Zeit nach einer Gelegenheit suchten, ihn zu beseitigen, hat sich anlässlich eines Passafestes – darin sind sich die Überlieferungen einig – aufgrund eines Verrats die Möglichkeit ergeben, gegen ihn vorzugehen. Das geschah gleichsam in einer Nacht-und-Nebel-Aktion, durch die Pilatus überrascht wurde. In seiner Funktion und Stellung als Hohepriester hat Kaiphas (möglicherweise unter Beteiligung des Hannas) Pilatus

297 Siehe dazu oben B 1.6.2.

298 Vgl. auch A. Demandt, Hände in Unschuld, 170 f.

dazu gebracht, Jesus im Sinne einer *coercitio* sowie einer *cognitio extra ordinem*[299] mit anderen, bereits verurteilten Aufrührern hinzurichten. Da Jesus die Vorwürfe nicht bestritten hat, war die Verurteilung als eines geständigen Angeklagten (*confessor*) für Pilatus legitim.[300] Nicht nur in der Darstellung der kanonisch gewordenen Evangelien, sondern auch in apokryphen Traditionen wie etwa den Pilatusakten[301] sind Tendenzen zu erkennen, das Geschehen den (mutmaßlichen) Prozessregeln stärker anzupassen.[302]

Man hat gelegentlich versucht, die Verurteilung Jesu durch Pilatus zu skandalisieren, sie als eine eklatante Fehlentscheidung und einen fatalen Justizirrtum zu erweisen. Mitunter wollte man sogar den Fall Jesu wieder »aufrollen« und die daran Beteiligten, allen voran Pontius Pilatus, ja selbst den Staat Israel gewissermaßen als Rechtsnachfolger vor Gericht bringen.[303] Doch sind dies zweifelhafte Perspektiven auf ein historisches Ereignis, das aus den vielfältigen Umständen seiner Zeit heraus verstanden werden muss, nicht nach juris-

---

299 Siehe dazu oben B 3.1.5.

300 Vgl. A. Demandt, Hände in Unschuld, 170: »Die Hinrichtung Jesu ließ sich als politische Vorsichtsmaßnahme gegenüber einem geständigen Hochverräter rechtfertigen.«

301 Siehe dazu unten C 1.

302 Anders argumentiert D. Liebs, Der Prozess Jesu, 15f., der zwar eine kurze, aber regelkonforme Verhandlung vor Pilatus mit rechtmäßigem Urteilsspruch voraussetzt.

303 Es handelte sich um die Anzeige eines kenianischen Anwalts beim Internationalen Gerichtshof in Den Haag; u. a. die Jerusalem Post berichtete online am 30. Juli 2013 (https://www.jpost.com/International/Kenyan-lawyer-takes-State-of-Israel-Jews-to-Hague-over-Jesus-death-321555; Zugriff am 28. August 2019). Zuvor waren bereits verschiedentlich jüdische Gerichte damit befasst worden, vgl. dazu H. B. Kepper, Pilatus. Henker wider Willen?, 60.

tischen Regeln späterer Epochen oder gar heutigen Maßstäben. Aus den Überlieferungen ergeben sich keine historisch tragfähigen Indizien dafür, dass der Hohe Rat als jüdische Administration oder auch der Präfekt Judäas gegen Jesus einen regulären Prozess geführt hätte.

Das bedeutet aber noch nicht notwendigerweise, dass die Verurteilung und Hinrichtung Jesu *aus der Sicht des Pilatus* rechtswidrig gewesen sei, selbst wenn er in diesem Fall gegen seine Überzeugung gehandelt haben sollte, wie die Evangelien in unterschiedlicher Intensität betonen.[304] Dass die aus einer christlichen Perspektive schreibenden Evangelisten angesichts sich verschärfender Konflikte mit den Autoritäten des Judentums die Verantwortung für den Tod Jesu verstärkt auf die Seite der jüdischen Priesterschaft bzw. – wie bei Matthäus – sogar des jüdischen Volkes verschieben, ist ebenfalls aus den zeitgenössischen Verhältnissen heraus zu verstehen und darf nicht Anlass für einseitige anachronistische und zeitlose Schuldzuweisungen sein.

Vor dem Hintergrund dieser Perspektive sind dann auch jene Aussagen zu beurteilen, in denen unter bestimmten Voraussetzungen der jüdischen Seite eine besondere Schuld zugewiesen wird, wie dies etwa in Apg 3,15 in der Anrede an die Jerusalemer Bürgerschaft angeklungen war. Doch selbst hier wusste der Autor später dann deutlicher zu differenzieren (Apg 4,27f.; 13,27f.).[305] Und wenn der um ein rechtes

---

304 Auch C.G. Paulus, Der Prozess Jesu – aus römisch-rechtlicher Perspektive, 35, hält die Legitimität des römischen Urteils fest: »Die Annahme, es handele sich bei diesem Verfahren um einen ›eklatanten Justizskandal‹, lässt sich […] schwerlich erhärten.«

305 Siehe dazu oben 3.2.3.

Verhältnis der Christusbotschaft zum Judentum ringende *jüdisch-christliche* Apostel Paulus in 1Thess 2,14f. an die *nichtjüdischen* Christen in Thessaloniki schreibt, sie hätten von ihren Landsleuten dasselbe erlitten wie die Gemeinden Gottes in Judäa von »den Juden, die den Herrn Jesus getötet haben und die Propheten«, um polemisch steigernd hinzufügen, dass sie »uns verfolgt haben und Gott nicht gefallen und allen Menschen feindlich gesinnt sind, uns hindern, zu den Völkern zu reden, damit sie gerettet würden, um ihre Sünde für allezeit voll zu machen«, und schließlich das besiegelte Gericht Gottes über sie beschwört, dann ist das kein zeitlos gültiger Antijudaismus oder gar (was oft verwechselt wird) Antisemitismus. Es ist eine polemische Zuspitzung, die auf eigenen aktuellen Erfahrungen eines Juden unter Juden beruht, und schon von daher nicht pauschal auf alle Juden aller Zeiten bezogen werden darf.[306] Das wäre Paulus nie in den Sinn gekommen. Er weiß sehr wohl, dass gegen ihn und die Christusgemeinden in Jerusalem immer noch dieselben politischen und religiösen Kräfte am Werk sind, die auch gegen Jesus vorgegangen waren und seine Hinrichtung betrieben. Paulus selbst war vor seiner Berufungsvision im Auftrag des Hohepriesters gegen die Christusgemeinden unterwegs (vgl. Apg 8,1–3; 9,1f.; 1Kor 15,9; Gal 1,23). Dieser Ho-

306 Vgl. etwa die überzogene antijüdische Haltung bei Tertullian, *Adversus Judaeos* (»Gegen die Juden«) 8,17 (unter Bezugnahme auf Mt 27,25 und Joh 19,12): »Und so hat ihn [Jesus] die gesamte Synagoge der Söhne Israels ums Leben gebracht, indem sie Pilatus sagten, als er ihn freilassen wollte: ›Sein Blut über uns und unsere Kinder‹, und ›wenn du diesen freilässt, bist du kein Freund des Kaisers‹, damit alles erfüllt werden sollte, was über ihn geschrieben wurde.«

hepriester war in der Mitte der 30er Jahre, in die diese Verfolgung der frühen Gemeinden fiel, immer noch derselbe Kaiphas, der Jesus vor Pilatus angeklagt hatte.

4. Pilatus in der Paulustradition

Obwohl die Figur des Pilatus in der Passionsgeschichte Jesu so prominent geworden ist, kommt der Name des Henkers Jesu in den ältesten Texten des Neuen Testaments, den Briefen des Paulus, erstaunlicherweise nirgends vor, auch dort nicht, wo der Völkerapostel die Umstände des Todes Jesu thematisiert. Bereits hier und da angeklungen ist allerdings eine Stelle, an der Paulus eine bemerkenswerte Formulierung verwendet, die geradezu zu einer historischen Spekulation verleitet.

In einem Brief an die von ihm selbst gegründete Gemeinde in Korinth geht es Paulus darum, erneut die Bedeutung des Kreuzes Christi zu erläutern angesichts zunehmender Skepsis in Korinth (1Kor 1,18–2,16). Der Anlass zu diesen Ausführungen war ein in der Gemeinde verbreitetes Erkenntnis- und Weisheitsbewusstsein, das offenbar dazu führte, die Bedeutung des Kreuzes zu ignorieren und Konsequenzen aus dem Evangelium zu ziehen, die nach der Auffassung des Paulus nicht dem Kern seiner Verkündigung entsprechen. Ein Gekreuzigter konnte sowohl aus jüdischer als auch aus nichtjüdischer Perspektive nur schwerlich als Messias und damit als Repräsentant von Gottes weisem Handeln zugunsten der Menschen verstanden werden. An anderer Stelle spricht Paulus sogar von einem »anderen Jesus«, einem »anderen Evangelium«, einem »anderen Geist«, welche »Daherkommende« verkünden – und die Gemeinde folge ihnen gern.[307]

Paulus betont demgegenüber, dass die Welt und die in ihr Herrschenden in ihrer eigenen Weisheitslogik nicht in der Lage seien, im Kreuz und in der Schwachheit des Gekreuzigten die Weisheit und Stärke Gottes zur Rettung der Welt zu erkennen. »Wir reden von Gottes geheimnisvoll verborgener Weisheit, welche Gott vor allen Zeiten bestimmt hat zu unserer Herrlichkeit, die (jedoch) keiner der Herrscher dieser Welt erkannte. Denn«, so argumentiert Paulus weiter, »wenn sie sie erkannt hätten, dann hätten sie den Herrn der Herrlichkeit nicht gekreuzigt« (1Kor 2,7f.). Die »Herrscher der Welt« – damit sind diejenigen gemeint, die für die Kreuzigung Jesu verantwortlich sind.[308] Namen tun für Paulus in diesem Kontext nichts zur Sache, und es wird auch nicht zwischen jüdischer (d.h. konkret dem Hohepriester Kaiphas) und nichtjüdischer (d.h. dem römischen Präfekten Pilatus) Beteiligung am Tod Jesu unterschieden. An anderer Stelle – und zwar in einem frühen Brief – hatte Paulus die Verantwortung am Tod Jesu noch ganz »den Juden« in Judäa zugewiesen (1Thess 2,14). Wie oben gezeigt, wurde diese Aussage in ihrer Rezeption vom ursprünglichen Kontext gelöst und vielfach antijudaistisch verstanden; von 1Kor 2,7f. her wird sie allerdings bereits bei Paulus selbst relativiert, ohne dass er dabei ein historisches Interesse erkennen ließe.

---

307 Vgl. 2Kor 11,4: »Wenn nämlich einer daherkommt und predigt einen anderen Jesus, den wir nicht gepredigt haben, oder ihr akzeptiert einen anderen Geist, den ihr nicht (von uns) empfangen habt, oder ein anderes Evangelium, das ihr nicht angenommen habt, dann ertragt ihr das gern.«

308 Vgl. C. Wolff, Der erste Brief des Paulus an die Korinther, 56f.

Im Unterschied zu Paulus sind die Evangelisten – wie wir oben gesehen haben – sehr wohl in der Lage und daran interessiert, zwischen der Beteiligung des jüdischen Hohepriesters und des römischen Präfekten Pilatus am Tod Jesu zu differenzieren. Vor allem die Erwähnungen des Pilatus bei Lukas außerhalb der Passionsgeschichte des Evangeliums in der Apostelgeschichte ebnen gleichsam den Weg für die Aufnahme seines Namens in das Bekenntnis. Erstaunlicherweise handelt es sich bei allen Stellen um eine Rede der Apostel, die entweder zu einer gerichtlichen Auseinandersetzung führt oder in einem solchen Kontext platziert ist: In Apg 3,13 ist es Petrus, der angesichts des Zulaufs nach der Heilung eines Gelähmten zur Erklärung eine Rede hält. Darin erzählt er unter anderem aus der Geschichte Jesu, dieser sei von »ihnen« – gemeint sind die anwesenden Juden von Jerusalem – an Pilatus ausgeliefert worden, obwohl dieser ihn freisprechen wollte. Ganz ähnlich verhält es sich in der Rede des Paulus im kleinasiatischen Pisidien (Apg 13,26–41), auch hier wird Pilatus in 13,28 eigens erwähnt, den »die Einwohner Jerusalems und ihre Oberen« instrumentalisiert hätten, um Jesus zu beseitigen, »weil sie ihn nicht erkannten« (V. 27). Die Affinität dieser Aussage zu 1Kor 2,7f. ist erstaunlich.

Die Spekulation, zu der Paulus mit seiner Aussage in 1Kor 2,7f. verleitet, ist die Frage: Was wäre passiert, wenn die »Herrscher der Welt« die Weisheit Gottes erkannt hätten? Die Antwort liegt auf der Hand, und Paulus spricht es sogar aus: Sie hätten Jesus von Nazareth, den »Herrn der Herrlichkeit«, nicht gekreuzigt. Man ist versucht, weiter zu fragen: Was wäre aus der Botschaft des Evangeliums von Kreuz und Auferweckung Jesu geworden? Ein Kreuz hätte es nicht gegeben. Wäre das Heil der Welt und seine Verkündigung in dieser universalen Bedeutung und Weite möglich gewesen?[309] Müssen wir folglich den »Herrschern der Welt« dankbar sein, dass sie in ihrer »Torheit«, in ihrem Nichtwissen zu eben diesem Heil beigetragen haben und auf diese Weise Teil der Heilsgeschichte Gottes wurden? »Vater vergib ihnen, denn sie wissen nicht, was sie tun!« (Lk 23,34) – so hat es Lukas als Wort Jesu vom Kreuz herab überliefert und damit die Problematik auf seine Weise ebenfalls thematisiert. Es ist ein Wort über die, die im Auftrag des Pilatus ihre blutige Pflicht tun.

Die Reminiszenzen an Pilatus in der Apostelgeschichte können wohl als Ausweis, wenn nicht gar als Ausgangspunkt einer sich entwickelnden Bekenntnistradition angesehen werden, die über 1Tim 6,13 seit dem 2. Jh. zum festen Bestandteil der apostolischen Tradition geworden ist. Im 1. Timotheusbrief wird Pilatus ein letztes Mal innerhalb des neutestamentlichen Kanons erwähnt – und das einzige Mal außerhalb der Erzählüberlieferung. Mit dieser Schrift aus der ersten Hälfte des 2. Jh. n. Chr. sollen unter dem Namen des

309 Diese spekulativen Fragen liegen dem Roman von R. Caillois zugrunde: Nach langem Ringen und schlaflosen Nächten lässt Pilatus Jesus frei. Pilatus durchschaut, dass er gegen seine Gewissensüberzeugung zum »Werkzeug des von dem Messias verkündeten Gottes« (100) gemacht werden sollte, damit dieser der Welt die Erlösung bringen könne. Doch sein Gewissen ist stärker: »Es war ihm plötzlich, als wache er abermals auf« (114). »Pilatus gefiel sich in dem Gedanken, daß er die Freiheit hatte, stark zu sein, selbst wenn der Gott der Juden oder was für ein Gott auch immer mit seiner Schwäche gerechnet hatte« (116). Am nächsten Tag sagt er die Kreuzigung Jesu ab, was ihn seine Stellung kostet. Aus Stolz setzt er seinem Leben selbst ein Ende. Die Gerechtigkeit hatte zwar triumphiert, der Unschuldige war freigesprochen, aber wegen der Standhaftigkeit des Pilatus »fand eine Christianisierung nicht statt« (123).

großen Apostels Paulus Autoritäts- und Bekenntnisstrukturen gefestigt werden.

Ähnlich wie in der Apostelgeschichte setzt der 1. Timotheusbrief die Überlieferung der Evangelien voraus. Darüber hinaus bezeugt er bereits eine feste Bekenntnistradition, die sich aus unterschiedlichen Quellen der Tradition speist und die an drei Stellen im Brief zitiert wird (2,5f.; 3,16; 6,15f.). Im Vorfeld des letzten Bekenntnisfragments wird Timotheus als ein »Mensch Gottes«, d.h. als exemplarischer Adressat, regelrecht beschworen:

»[11] Du aber, oh Mensch Gottes, halte dich davon fern! Verfolge aber Gerechtigkeit, Frömmigkeit, Glaube, Liebe, Geduld, Sanftmut! [12] Kämpfe den guten Kampf des Glaubens, empfange das ewige Leben, zu dem du berufen wurdest und bekenne das gute Bekenntnis, vor vielen Zeugen. [13] Ich fordere dich mit allem Nachdruck auf – vor Gott, der alles lebendig macht und Christus Jesus, der das gute Bekenntnis vor Pontius Pilatus bezeugt hat –, [14] dass du bewahrst das Gebot makellos und untadelig bis zur Erscheinung unseres Herrn Jesus Christus […]« (1Tim 6,11–14).

Der Name des Pilatus ist zwar in diesem Text noch nicht selbst Teil eines Bekenntnisses, aber bereits in einem bekenntnistheologischen Kontext verankert. Jesus wird zum Vorbild des Bekennens, der »Homologie« (griech. ὁμολογία *homología*), ein Begriff, der im 1. Timotheusbrief eine wichtige Rolle spielt. Interessant ist der Unterschied, der zwischen Jesus als Vorbild und den seinem Vorbild folgenden »Bekennenden« gemacht wird. Während diese dazu aufgefordert werden, das Bekenntnis »vor vielen Zeugen«, also öffentlich, zu bekennen, wird das Zeugnis Jesu vor Pilatus in den Begriff μαρτυρεῖν *martytreīn* gefasst, der in diesem Zusammenhang wahrscheinlich bereits eine spezifischere, martyrologische Bedeutung annimmt: »als ein Märtyrer bezeugen«.[310] Von hier aus ist es nicht mehr weit zur Credo-Zeile: »gelitten unter Pontius Pilatus«.

---

310 Vgl. M. Gourgues, Jesus's Testimony before Pilate in 1 Timothy 6:13.

C WIRKUNG

Die fromme Imagination, die sich über die Jahrhunderte hinweg mit dem Richter und Henker Jesu beschäftigt hat, ist ausgesprochen facettenreich. Sie knüpft an die kanonisch gewordene Überlieferung und sukzessive an die weiteren Schriften an, die ab dem 2. Jh. entstehen. Sie zieht einzelne Andeutungen und Tendenzen weiter aus und interessiert sich insbesondere für die unbekannten Aspekte der Pilatusfigur. Vor allem über sein Ende, aber auch über seine Herkunft wird spekuliert. Die Tatsache, dass es dazu keine historischen Quellen gibt, macht es der Legendenbildung leicht.[311]

Unter den Voraussetzungen einer zunehmend spannungsvollen Auseinandersetzung zwischen dem entstehenden Christentum und dem Judentum seit dem 2. Jh. ist zudem zu erkennen, dass die »Schuld« am Tod Jesu mehr und mehr der jüdischen Seite zugeschrieben und zugleich Pilatus entlastet wird. Diese Tendenz hatte sich bereits in den kanonisch gewordenen Evangelien angedeutet, besonders bei Matthäus und Johannes.[312] Im apokryphen Petrusevangelium tritt sie zum ersten Mal explizit in den Vordergrund der Pilatusdarstellung.

Grob gesagt entwickeln sich zwei verschiedene Stränge in der Charakterisierung der Pilatusgestalt: Der eine – repräsentiert etwa durch das Petrusevangelium, die Pilatusakten und das Gamalielevangelium – ist stärker in den östlichen Regionen des Christentums

311 Einen ausführlichen und detailreichen Überblick bietet A. Scheidgen, Die Gestalt des Pontius Pilatus in Legende, Bibelauslegung und Geschichtsdeutung.

312 Sie dazu oben B 3.2.1 und 3.2.4.

verbreitet und zeichnet die Figur auf eine positive Weise im inneren Ringen mit der Verantwortung am Tod Jesu, das Pilatus zum Märtyrer und Christen werden lässt. Der andere, vorwiegend die westliche Sphäre prägende Strang lässt Pilatus für sein Verbrechen an Christus büßen und malt sich angesichts der »Schuld« am Tod Jesu in schillernden Farben sein schreckliches Ende aus.

1. Pilatus in altkirchlichen Überlieferungen

Das *Petrusevangelium* (ca. 100–150) entsteht in relativer zeitlicher Nähe zu den kanonischen Evangelien und wird aufgrund seiner recht eigenwilligen doketischen bzw. gnostischen Vorstellungen schon früh als häretisch beurteilt.[313] Schwerpunkt ist die Passionsgeschichte, innerhalb derer die Pilatusfigur ein ganz eigenes und ambivalentes Profil gewinnt. Das Petrusevangelium macht Ernst mit der matthäischen Notiz, Pilatus habe seine »Hände in Unschuld gewaschen« (Mt 27,24). Es ist durchaus konsequent, wenn der Präfekt Jesus dem jüdischen König Herodes ausliefert, damit dieser das Urteil vollstrecke. Noch vor der Kreuzigung bittet Josef von Arimathäa, der mit Jesus und Pilatus gleichermaßen befreundet ist, Pilatus um die Erlaubnis, Jesus bestatten zu dürfen. Daraufhin erbittet Pilatus selbst von Herodes den Leichnam Jesu. Doch Herodes stößt den »Bruder Pilatus« vor den Kopf: Nicht ihm, sondern dem Volk überlässt er Jesus, das ihn verspottet und hinrichtet. »Die Juden« übergeben schließlich Josef den Leichnam Jesu zur Bestattung.

313 Vgl. M. Vinzent / T. Nicklas, Petrusevangelium, 683–688.

Pilatus kommt erst wieder ins Spiel, nachdem Jesus auf eigentümliche Weise aus dem Grab auferstanden ist, gestützt von zwei Männern und gefolgt von einem Kreuz. Aus dem Himmel ertönt die strenge Frage: »Hast du den Entschlafenen verkündigt?« Vom Kreuz her erfolgt die Antwort: »Ja«. Als dem Pilatus das berichtet wurde, beteuert er furchtsam nochmals seine Unschuld und die Schuld der Juden, befiehlt aber auf Bitten der Juden dem Centurio und den Soldaten, nichts von der Auferstehung zu erzählen. Bemerkenswert ist die Verbindung der Neuprofilierung der Pilatusfigur mit dem Motiv der Verkündigung Jesu im Totenreich, die im Nikodemusevangelium im Zusammenhang mit den Pilatusakten weiter ausgestaltet wird.

Die sog. *Pilatusakten* (*Acta Pilati*) bilden zusammen mit einem Text über die Inhaftierung und Befreiung des Josef von Arimathäa (vgl. Mk 14,43 parr.) sowie der sog. »Höllenfahrt Christi« (vgl. 1Petr 4,6) das *Nikodemusevangelium* und stammen frühestens aus der Mitte des 4. Jh.[314] Ihren Namen verdankt die Gesamtüberlieferung der Nennung jenes Nikodemus, der neben Josef von Arimathäa am Begräbnis Jesu beteiligt war (EvNik 19,39f.; vgl. Joh 19,39). Dieser soll in hebräischer Sprache einen Bericht über den Prozess gegen Jesus verfasst haben, der zur Zeit des Kaisers Theodotius I. (347–395) im Prätorium des Pilatus in Jerusalem gefunden worden sei.[315] Der Begriff »Pilatusakten« ist also etwas irre-

314 Vgl. dazu M. Schärtl, Das Nikodemusevangelium, 231–240; Text 240–256. C. Tischendorf, De evangeliorum apocryphorum, 63–70, hatte noch eine Datierung im 2. Jh. für wahrscheinlich gehalten. Doch schon etwas später datierte R. A. Lipsius die »Grundschrift« der Pilatusakten in die Mitte des 4. Jh.s (Die Pilatus-Acten, 39f.).

315 So die lateinische Version des Vorwortes; daneben gibt es eine griechische Version, die deutlich ausführlicher ist.

führend, da sie (in der jetzigen Überlieferungsgestalt) ausdrücklich keine römischen Prozessakten sein wollen, sondern ein Gedächtnisprotokoll des jüdischen Gelehrten Nikodemus über die »Taten« (lat. *acta*) des Pilatus. Man geht allerdings davon aus, dass der Text der »Akten« ursprünglich selbstständig überliefert und nachträglich mit dem Nikodemusbericht harmonisiert wurde.[316] Bereits Justin (gest. um 165) beruft sich im 2. Jh. für die historische Glaubwürdigkeit seiner eigenen Notizen über die Kreuzigung Jesu auf Akten, die Pilatus habe anfertigen lassen (Apologie I,35.48). Die apokryphen Pilatusakten sind damit freilich nicht identisch; ihre Entstehung knüpft vielmehr an diese Vorstellung an und liefert gewissermaßen den Text nach.

Tertullian (gest. um 220) kannte ebenfalls gegen Ende des 2. Jh. eine Pilatusüberlieferung und hielt den römischen Präfekten bereits für einen Christusgläubigen:

> »Dies alles hat Pilatus, selbst schon in seinem Innersten ein Christ, dem damaligen Kaiser Tiberius über Christus gemeldet. Aber auch die Kaiser hätten hinsichtlich Christi geglaubt, wenn nicht einesteils die Kaiser für den Weltlauf notwendig wären, oder wenn andererseits Christen Kaiser sein könnten« (Apologeticum 21).

Diese Spekulation hatte bei Tertullian politisch-strategische Gründe; von Prozessakten ist zudem nicht die Rede. Die Bemerkung Tertullians setzt aber das Wissen um die Abordnung des Pilatus nach Rom im Zuge seiner Absetzung voraus, der jedoch dem Kaiser dort

316 Vgl. M. Schärtl, Die Pilatusakten als historische Quelle der Spätantike, 317.

nicht mehr begegnet ist.[317] Möglicherweise bezieht sich Tertullian auf einen pseudonymen Pilatusbrief.[318] Der Kirchenhistoriker Eusebius von Cäsarea (4. Jh.) nimmt darauf Bezug (Kirchengeschichte II 1,2), weiß aber seinerseits von Prozessakten des Pilatus, die während der Christenverfolgungen unter Kaiser Maximinus II. (4. Jh.) als Fälschung gegen die Christen verbreitet worden seien (Kirchengeschichte IX 5,1). Manche vermuten, dass die apokryphen Pilatusakten als eine Gegenfälschung gegen diese Propaganda entstanden sind. Weite Verbreitung fanden sie in verschiedenen Bearbeitungen vor allem im späten Mittelalter, nicht zuletzt durch künstlerische Darstellungen, und wurden sogar bis zu einem Verbot durch das Konzil von Trient 1558 gottesdienstlich verwendet.[319]

Das Protokoll der Pilatusakten setzt mit der Anklage Jesu vor Pilatus durch die Hohepriester und den Hohen Rat ein. Es ist insgesamt eine etwas verworrene Geschichte aus vielen Versatzstücken, die sehr eng, oft sogar wörtlich der kanonischen Überlieferung folgen und diese miteinander kombinieren; wichtigste Quelle ist das Johannesevangelium. Zweifelhafte Details (z. B. die uneheliche Zeugung und Geburt Jesu) und wundersame Geschichten (z. B. das Verneigen der kaiserlichen Standarten vor Jesus) schmücken das Ganze reichlich aus. Pilatus schwankt zwischen Furcht und Empörung. Die Furcht wird durch den Traum seiner Frau gesteigert. Von den Juden wird er als weiteres Indiz dafür gewertet, dass Jesus ein Magier sei, der auch diesen Traum bewirkt habe. Die Empörung des Pilatus wird

317 Siehe dazu oben B 1.6.4.

318 Siehe dazu unten C 2; vgl. auch W. Speyer, Neue Pilatus-Apokryphen, 53 f.

319 Vgl. M. Schärtl, Das Nikodemusevangelium, 240.

geschürt durch die Einsicht, dass die Juden einen, der nur Gutes tut, töten wollen.

Exkurs: Die Frau des Pilatus

Die rätselhafte Weise, in der das Matthäusevangelium die Frau des Pilatus erwähnt,[320] ist Ausgangspunkt einer ganz eigenen Legendenbildung, in der es um ihren Namen, den Ursprung ihres Traumes und natürlich ihr Schicksal geht. Auch hier sind es die Leerstellen einer allzu kurzen Notiz, die die Phantasie anregen.[321] Die Pilatusakten nennen den Namen *Prokla* bzw. *Procula* in sekundären Versionen der griechischen bzw. lateinischen Überlieferung. Der später geläufige Name *Claudia Proc(u)la* erscheint zum ersten Mal in einer (gefälschten) Chronik Anfang des 17. Jh., die dem spanischen Historiker Flavius Lucius Dexter, einem Zeitgenossen des Hieronymus (4. Jh.), zugeschrieben wurde. Der Name *Claudia* ist durch die Nennung einer sich bei Paulus in Rom befindenden Christin namens *Claudia* in 2Tim 4,21 angeregt worden.[322] Obwohl es die Namensform *Claudia Procula* in der apokryphen Literatur nie gegeben hat, ist dieser Name seit dem 17. Jh. in literarischen Bearbeitungen des Stoffes verbreitet und wird mitunter sogar in wissenschaftlichen Werken genannt.[323]

Spekuliert wird zudem über den Inhalt und den Ursprung des Traumes. Während die Pilatusakten davon ausgehen, dass Jesus selbst der Urheber sei und sich damit in den Augen der Christentumsgegner als ein Zauberer ausweist (EvNik 2,1), erörtern andere Ausleger bis in die Neuzeit hinein die Frage, ob Gott oder der Satan den Traum bewirkt habe – was offensichtlich nicht so eindeutig zu beantworten ist. Ähnlich

320 Siehe dazu oben B 3.2.2.

321 Vgl. dazu E. Fascher, Das Weib des Pilatus.

322 Vgl. J.-P. Migne, Patrologia Latina 31, 70–72.

323 Zur abenteuerlichen Geschichte der Namensgebung vgl. R. Kany, Die Frau des Pilatus und ihr Name.

wie bei Judas, bei dem das Wirken des Satans im Johannesevangelium explizit benannt wird (Joh 13,21–30), versteht ein starker Strang der Legendenbildung auch die Bitte der Frau des Pilatus als Versuch des Satans, den Tod Jesu und damit das Heilswerk Gottes gleichsam im letzten Moment noch zu verhindern. Nach der altsächsischen Heliand(=Heiland)-Legende (ca. 9. Jh.) habe der Selbstmord und die Höllenfahrt des Judas vor dem Tod Jesu dem Satan die Gelegenheit gegeben zu begreifen, was mit dem Tod Jesu für ihn auf dem Spiel steht.[324] Dies will er durch die Instrumentalisierung der Frau des Pilatus verhindern; was bekanntermaßen misslang. Pilatus hätte daher mit seinem Urteil die Absicht des Teufels durchkreuzt. Spuren einer solchen Deutung sind bereits in der Alten Kirche bei Ignatius zu finden und auch die Ausleger bis ins Mittelalter und in die Neuzeit hinein schwanken in der Deutung zwischen einem satanischen, dämonischen oder göttlichen Ursprung des Traumes von Pilatus' Frau.

Ähnlich wie bei Pilatus selbst, so wird auch die Nähe seiner Frau zum Christentum immer stärker herausgestellt. War sie in EvNik 2,1 zunächst noch als »Gottesfürchtige« und damit als Sympathisantin des Judentums bezeichnet worden, markiert ihr Traum für den Matthäuskommentator Origenes (3. Jh.) bereits ihre Konversion zum Christentum.[325]

---

324 Vgl. E. Fascher, Das Weib des Pilatus, 5 f. Die Beteiligung des Satans an Verrat und Verurteilung Jesu thematisieren auch bereits die Thomasakten 32 (3. Jh.): »[…] ich bin der, welcher Herodes in Brand setzte und Kaiphas entzündete zu lügnerischer Anklage vor Pilatus; denn dieses ziemte mir; ich bin der, welcher Judas entzündete und erkaufte, Christus dem Tode zu überliefern […]« (Text nach E. Hennecke / W. Schneemelcher, Neutestamentliche Apokryphen, 316). Zur spätmittelalterlichen Verbindung von Pilatus und Judas, der von Pilatus instrumentalisiert wird, vgl. B. Mattig-Krampe, Das Pilatusbild der deutschen Bibel- und Legendenepik, 173–176.

325 Vgl. U. Luz, Das Evangelium nach Matthäus 4, 275.

Das Verfahren gegen Jesus zieht sich in den Pilatusakten dadurch in die Länge, dass Pilatus mit immer neuen Mitteln versucht, die Ankläger Jesu von ihrem Vorhaben abzubringen. Das geht so weit, dass sich Pilatus sogar mit Nikodemus und zwölf Entlastungszeugen berät, gemeint sind vermutlich die Jünger Jesu. Letztlich gibt Pilatus dem größer werdenden Druck nach – und teilt Jesus seine Entscheidung und das weitere Vorgehen unter vier Augen mit (EvNik 9,4). Die Schilderung der Hinrichtung folgt im Wesentlichen dem Lukasevangelium. Die Pilatusakten verstärken noch einmal deutlich die Tendenz der Evangelien, Pilatus hinsichtlich der Verantwortung für den Tod Jesu zu entlasten und die »Schuld« an seinem Tod dem Hohen Rat und der Priesterschaft zuzuschreiben.[326] An einer Stelle heißt es sogar ausdrücklich, nicht das ganze Volk wolle den Tod Jesu (4,5).

Auch im sog. *Gamalielevangelium* (5. Jh.) spielt Pilatus eine Hauptrolle. Der lange Text, dessen Erzähler sich am Schluss als Rabbi Gamaliel der Ältere (vgl. Apg 5,34; 22,3) zu erkennen gibt, ist zweigeteilt. Zunächst erhält die Klage der Mutter Jesu über das Leiden und Sterben ihres Sohnes breiten Raum. Im zweiten Teil wird ausführlich die Bekehrungsgeschichte des Pilatus und des für die Hinrichtung Jesu verantwortlichen Hauptmanns eingeflochten. Diese Schrift, deren vollständiger Text in einer arabischen Fassung vorliegt, ist wahrscheinlich koptischen Ursprungs,[327] was eine Lo-

---

326 Vgl. dazu oben B 3.3. Die Absicht, Pilatus gänzlich von der Beteiligung an der Kreuzigung Jesu freizusprechen, war bereits im Petrusevangelium aufgefallen, siehe dazu oben in diesem Abschnitt.

327 Vgl. H.-M. Schenke, Das Gamalielevangelium, 1309. Eine spätere äthiopische (Kurz-)Fassung ist von der arabischen Texttra-

kalisierung in jenen ägyptischen Regionen nahelegt, in denen Pilatus später zum Heiligen avanciert ist. Hier deutet sich also diese Tradition bereits an.[328]

Dem entspricht die Charakteristik der literarischen Figur. Pilatus versucht mit allen Mitteln, die Unschuld Jesu zu beweisen und erweist sich dabei als Christusgläubiger: »In der Tat liebte Pilatus, übrigens auch seine Frau, ihn [Jesus] wie sich selbst […]«.[329] Dies geht einher, wie in zahlreichen anderen Überlieferungen auch, mit einer unmissverständlichen Feindschaft den Juden gegenüber. Auch hier sind es die Juden, allen voran die beiden Hohepriester Hannas und Kaiphas sowie Herodes, die Jesus kreuzigen. Pilatus hatte Jesus geißeln lassen, um damit die Sache als erledigt zu betrachten. Aber er bedauert dies zutiefst und beteuert unter Tränen, dass Jesu Hinrichtung gegen seinen Willen geschah. Die Schuld weist er unter Bezug auf die Fluchformel aus Mt 27,25 den Verantwortlichen zu: »Sein Blut sei auf Herodes und dem Hohenpriester.«[330] Bemerkenswert ist auch hier wieder die Fokussierung auf die höchsten Würdenträger; es erfolgt keine pauschale Schuldzuweisung an das »ganze« jüdische Volk.

In der Aufregung um die Auferstehung Jesu unter den Priestern bleibt Pilatus gelassen, denn er hat den Auferstandenen bereits im Traum gesehen, der ihn zum Grab schickt. Dort wird er – nach einer heftigen Auseinandersetzung um die Falschaussagen der von

dition abhängig, vgl. B. Burtea, Die äthiopische Fassung des Gamalielevangeliums.

328 Siehe dazu unten C 3.

329 Text nach M. Josua / F. Eißler, Die arabische Fassung des Gamalielevangeliums, 1321.

330 A. a. O., 1323.

den Priestern bestochenen Soldaten[331] – zu einem der ersten Zeugen von Heilungs- und Auferstehungswundern, die sich am Grab Jesu durch dessen Leichentücher ereignen und damit die Auferstehung Jesu gleichsam »beweisen«. Pilatus ist in dieser Geschichte nicht der Henker Jesu, sondern Zeuge des Auferstandenen, der ihm ausrichten lässt: »Sag meinem geliebten Pilatus, daß er zur Verteidigung meiner Auferstehung kämpfen soll, denn ich habe es beendet, ihm einen Anteil am Baum des Lebens aufzuschreiben [...]«.[332]

Interessant in der altkirchlichen Pilatusliteratur sind weiterhin einige pseudonyme Briefe, die mit dem Namen des Statthalters verbunden sind und mit denen die christliche Pilatuslegende weiter Gestalt gewinnt. Mit den Briefen wird vollends ein Weg beschritten, auf dem die heilsgeschichtliche Bedeutung des Pilatus reflektiert und sehr unterschiedlich beantwortet wird.

Wahrscheinlich bis in das 2. Jh. zurück reicht die Überlieferungsgeschichte des Briefes des *Pilatus an Kaiser Claudius* (*Epistola Pilati ad Claudium*), der ursprünglich Teil der *Petrus- und Paulusakten* war.[333] Die Kaiser wurden dabei verwechselt: Wenn es je einen Brief des Pilatus gegeben hätte, hätte er wohl an Tiberius gerichtet sein müssen.[334] Ein solcher ist jedenfalls auch überliefert, ebenso wie eine Antwort des Tiberius an Pilatus (s. u.). Der Brief an Claudius rekapituliert das Geschehen um die Hinrichtung Jesu und weist die Schuld

331 Vgl. Mt 28,11–15; überhaupt gestaltet der Text an vielen Stellen Motive aus dem Matthäusevangelium weiter aus.

332 M. Josua / F. Eißler, Die arabische Fassung des Gamalielevangeliums, 1334.

333 Vgl. M. Schärtl, Die sonstige Pilatusliteratur, 263.

334 Claudius war von 41–54 n. Chr. römischer Kaiser, lange nachdem Pilatus seines Amtes enthoben worden war.

daran den Juden zu, die sich »aus Haß über sich und ihre Nachkommen ein grausames Strafgericht herabgezogen haben«.[335] Pilatus habe sich durch ihre betrügerischen Anklagen gegen den göttlichen Wundertäter Jesus täuschen lassen und Jesus den Juden ausgeliefert, die ihn kreuzigten. Dieser sei aber auferstanden, und Claudius solle den Lügen nicht glauben, wenn die Juden die Auferweckung Jesu leugneten.

Ähnlich ist der Duktus des *Briefes an Tiberius* (*Epistola Pilati ad Tiberium*), dessen Datierung unsicher ist (nicht vor dem 4. Jh.). Es ist eine Art Geständnis: Pilatus beklagt darin seine Schwäche gegenüber den Anklägern Jesu, in der er es – auch aus Loyalität dem Kaiser gegenüber – nicht vermochte, Jesu Tod zu verhindern. Er sinniert darüber, dass dieser gerechte »Mann noch jetzt unter uns leben« könnte, wenn seine eigene Furcht nicht so groß gewesen wäre. Das *Antwortschreiben des Tiberius* (*Tiberii rescriptum*), dessen Verbindung mit dem vorigen nicht recht nachvollziehbar ist, schlägt deutlich härtere Töne Pilatus gegenüber an. Aufgrund seines Fehlverhaltens soll er dem Kaiser »in Fesseln vorgeführt werden«, um sich »für die Seele, die du schuldlos dem Tod ausgeliefert hast«, zu verantworten. Der kaiserliche Brief ist versehen mit einem erläuternden Rahmen, der von einem Befehl des Kaisers weiß, »daß sie das ganze Geschlecht der Juden mit dem Schwert töten sollten und daß Pilatus gefesselt und verurteilt nach Rom gebracht werde und die Ersten der Juden, die zu diesem Zeitpunkt Bezirksverwalter waren«. Während der Hohepriester Kaiphas bereits auf der Reise nach Rom eines gewaltsamen Todes stirbt,

335 Alle Übersetzungen in diesem Abschnitt nach M. Schärtl, Die sonstige Pilatusliteratur, 263–279.

wird Hannas, der ältere Hohepriester, in einer Tierhaut in der Sonne gedörrt und kommt auf elende Weise ums Leben. In Rom angekommen, wird Pilatus – ohne zunächst vom Kaiser gehört worden zu sein – in eine Höhle verbracht, wo er bei einer Jagd vom Pfeil des Kaisers tödlich getroffen wird.

Ein weiterer Brief ist von *Pilatus an Herodes* Antipas gerichtet (*Epistola Pilati ad Herodem*), ebenfalls versehen mit einem Antwortschreiben. Die Überlieferung reicht wahrscheinlich ins 6. Jh. zurück. Die Beurteilung des Pilatus geht hier in eine andere Richtung. Das Besondere dieses Briefes ist zunächst die Erwähnung der Frau des Pilatus und die Nennung ihres Namens: Procla. Sie habe Pilatus verlassen und sei mit dem »gläubigen Centurio« Longinus und einem Trupp Soldaten ausgezogen, um dem Auferstandenen zu begegnen (ein Motiv, das gern auch in Pilatusromanen verwendet wird). Sie finden ihn auf einem Feld, und Jesus verheißt ihnen die Auferstehung. Als sie Pilatus davon berichten, erscheint Jesus erneut und preist den Präfekten: »Seligpreisen werden dich alle Geschlechter und alle Völker, weil zu deiner Zeit der Menschensohn gestorben und auferstanden ist und in den Himmel aufsteigen wird und seinen Platz in der Höhe einnehmen wird.« Deutlich ist erkennbar, wie der aus menschlicher Perspektive bedauernswerten Tat des Pilatus eine positive Wirkung zugeschrieben wird. Die Rehabilitierung des Pilatus hat begonnen.

Das Antwortschreiben des *Herodes an Pilatus* (*Herodis rescriptum*) setzt diese Tendenz fort. Auch Herodes beklagt sein Schicksal: Seine Tochter Herodias habe bei einer Sturmflut buchstäblich den Kopf verloren; darin spiegelt sich die Enthauptung des Täufers. Sein Sohn sei lebensbedrohlich krank, seine Frau habe ein Auge verloren und er selbst werde von Würmern zerfressen.[336] Die ganze Familie leidet unter der Schuld, die Herodes durch die Tötung Johannes des Täufers, aber auch Jesus gegenüber auf sich geladen habe. Es läuft darauf hinaus, dass Herodes den Pilatus um Fürsprache bei dem auferstandenen Jesus bittet. Pilatus kommt hier also bereits einem Heiligen nahe, der für andere vor dem Herrn und Richter eintritt.

2. Pilatuslegenden

Zu diesen Briefen gesellen sich legendarische Texte, ja regelrechte Legendenzyklen, die sukzessive bis in das späte Mittelalter und darüber hinaus führen.[337] Einige von ihnen setzen die Tendenz der positiven Darstellung des Pilatus bis hin zum Märtyrer fort, andere wiederum, vor allem spätere Legenden, schildern seinen Tod als schreckliche Strafe für den Christusmord.

Die *Anaphora Pilati* (5.–7. Jh.), der »Bericht des Pilatus«, schildert umfänglich die Geschehnisse im Zusammenhang mit dem Prozess gegen Jesus. Der als Schreiben an den »Kaiser Augustus in Rom«[338] stilisierte Text geht bereits über in das Genre des Romans und beginnt mit dem Bekenntnis, Pilatus schreibe seinen Bericht mit »Furcht und Zittern«. Der Text zählt zunächst ausführlich die Wunder- und Wohltaten Jesu auf, um dann festzustellen, dass Pilatus auf Druck der Hohepriester,

---

336 Hier wird ein Motiv aus Apg 12,23 aufgenommen: Herodes Agrippa endet auf diese Weise, von Würmern aufgefressen.

337 Einen guten Überblick bieten B. Mattig-Krampe, Das Pilatusbild der deutschen Bibel- und Legendenepik, sowie A. Scheidgen, Die Gestalt des Pontius Pilatus in Legende, Bibelauffassung und Geschichtsdichtung.

338 Augustus ist auch ein Beiname des Tiberius, der von Augustus adoptiert worden war: Tiberius Iulius Caesar Augustus.

der herodianischen Könige und des Volkes Jesus habe kreuzigen lassen. Die kosmischen und geradezu apokalyptisch aufgeladenen Begleiterscheinungen des Todes Jesu lehren Pilatus das Fürchten.

Aufgrund dieses recht offenen Schlusses gilt die *Paradosis Pilati*, die »Auslieferung des Pilatus« (ebenfalls 5.–7. Jh.) als Fortsetzung der *Anaphora Pilati*, zumal der erste Satz wahrscheinlich auf diese zurückverweist und deren Übermittlung und Verlesung in Rom voraussetzt. Das Entsetzen des Kaisers über das »gesetzeswidrige Vorgehen des Pilatus« führt – wie bereits im *Brief des Tiberius* – dazu, Pilatus in Fesseln nach Rom zu überführen, wo er sich vor dem Kaiser verantworten muss. Der Kaiser selbst offenbart sich in dem Gespräch als einer, der von der Gottessohnschaft Jesu überzeugt ist. Pilatus verteidigt sich, er sei von den Juden dazu gezwungen worden, Jesus zu kreuzigen; woraufhin der Kaiser eine Strafexpedition gegen die Juden »als Menschen voller Bosheit« anordnet, um sie aus Judäa zu vertreiben. Pilatus selbst wird zum Tode verurteilt und soll enthauptet werden. Auf dem Weg zur Richtstätte ist seine Frau bei ihm; er bittet Gott um Gnade für sich und Procla (auch hier wird der Name genannt). Pilatus hört eine Himmelsstimme, die ihm als Märtyrer Christi die Seligpreisung durch alle Völker zuspricht. Als er enthauptet wird, fängt ein Engel sein Haupt auf. Procla stirbt mit ihrem Mann, und beide werden gemeinsam bestattet.

Die Vorstellung, dass der Kaiser selbst zu einem Anhänger Jesu geworden sei, wird in der weiteren Legendenbildung aufgegriffen. Die Erzählung *Cura sanitatis Tiberii* (»Die Heilbehandlung des Tiberius«) aus dem 8. Jh. schreibt dies romanartig aus. Die Geschichte ist (für antike Verhältnisse) geradezu spannend und unterhaltsam geschrieben. Der Kaiser, der »mittels vieler

Heilmittel und Salben die trägen Eingeweide neu zu beleben« versuchte (natürlich vergeblich), hat von dem jüdischen Heiler Jesus gehört und will ihn kommen lassen. Als der kaiserliche Gesandte in Jerusalem ankommt, ist es zu spät. Pilatus hatte Jesus bereits hingerichtet. Zu seinem Glück erfährt Pilatus, das Jesus auferstanden sei; zu seinem erneuten Pech stellt sich heraus, dass er bereits in den Himmel aufgefahren ist. Daraufhin wird Pilatus mit seiner ganzen »Sippschaft« inhaftiert und soll seine Unschuld beweisen. Die Geschichte nimmt eine Wendung, als eine von Jesus geheilte Frau namens Veronika gefunden wird, die ein von ihr selbst gemaltes Bildnis Jesu besitzt.[339] Pilatus, die Frau und das Bild Jesu werden nach Rom gebracht. In seinem Zorn darüber, dass Pilatus noch lebt, verbannt ihn der Kaiser zu Kerkerhaft in die Stadt Ameria in Tuscien.[340] Tiberius wird durch die Wirkung des Bildes zum Christen und dadurch geheilt (nicht umgekehrt). Nach einem (anachronistischen) Intermezzo unter Kaiser Nero, der von Pilatus die Wahrheit des Petruszeugnisses bestätigt wissen will, stirbt Pilatus im Kerker von Ameria.

Mit dieser Legende vom Tod des Pilatus, die ähnlich in der *Vindicta salvatoris* (»Die Rache des Erlösers«) aufgenommen wird, ist der Weg zu weiteren mittelalterlichen Spekulationen über seinen Tod bereitet, die noch kurz zu skizzieren sind. Abenteuerlich ist vor allem die sog. *Mors Pilati* (»Tod des Pilatus«), wahrscheinlich aus

---

339 Über das Motiv des Bildes Jesu besteht möglicherweise eine Verbindung zur wohl aus dem 4. Jh. stammenden Legende des Königs Abgar von Edessa, der gemäß der syrischen *Lehre Addais* ein Christusbild anfertigen ließ, vgl. B. Mattig-Krampe, Das Pilatusbild der deutschen Bibel- und Legendenepik, 52.

340 Gemeint ist wohl die heutige Stadt Amelia in Umbrien.

dem 12.–13. Jh. Wie in anderen Texten ist es auch hier der Zorn des Kaisers, dem Pilatus zum Opfer fällt und in der Kerkerhaft Selbstmord begeht. Davon wusste immerhin bereits Eusebius von Cäsarea, der den Tod des Pilatus in das Jahr 39 n. Chr. datiert, womit es einen alten Anhaltspunkt für die Legende gäbe.[341]

Der Leichnam des Pilatus führt geradezu die Existenz eines »Untoten«. Zunächst wird er auf kaiserliche Anordnung hin in den Tiber geworfen, doch dort ruft er böse Geister auf den Plan, die die Menschen in Angst und Schrecken versetzen. Man holt den Leichnam heraus und versenkt ihn bei Vienna in der Rhône, wo sich das Schauspiel wiederholt; der Name der Stadt wird als »Weg der Hölle« gedeutet (*Via Gehennae*). Danach findet ein erneutes Begräbnis in Losania (Lausanne) statt, was aber auch keine Ruhe bringt. Die Odyssee des (un)toten Pilatus endet in einem kleinen See in der Schweiz bei Luzern am Fuß eines Bergmassivs, das (u. a.) den Namen »Pilatus« trägt. Dort treibt er im Aberglauben mitunter immer noch sein Unwesen; zu Karfreitag – so die Legende – erscheine Pilatus mit dem Teufel auf einem Thron im See und wasche sich die Hände. Der Name des Pilatus-Berges ist jedoch eine volkstümliche Ableitung aus der lateinischen Bezeich-

---

341 Vgl. Eusebius, Kirchengeschichte II,7; dazu J.-P. Lémonon, Pilate et le gouvernement de la Judée, 268, der dies für keine glaubwürdige Überlieferung hält. Auch A. Demandt, Hände in Unschuld, 215 f., sieht darin eine Erfindung, weil es aus christlicher Sicht eine »besonders verwerfliche Todesart« und auch Judas so geendet sei. Anders D. R. Schwartz, Pontius Pilate, 400, der aufgrund der Abweichung des Eusebius von der geläufigen Pilatuslegende vermutet, dass Eusebius dafür Quellen gehabt haben müsse. Über den Einfluss des Eusebius auf die Pilatuslegende vgl. auch B. Mattig-Krampe, Das Pilatusbild der deutschen Bibel- und Legendenepik, 49–51.

nung *mons pileatus* (wahrscheinlich von *pilleum* »Hut«; *pil(l)eatus* »mit einer Kappe bedeckt«), die von häufigen Wolkenformationen am Berg herrührt. Wahrscheinlich hat diese Bezeichnung des Berges die Pilatuslegende überhaupt erst an diesen Ort gezogen.[342]

Spätere Legenden und vor allem die im Mittelalter entstehenden Passionsspiele knüpfen immer wieder überraschend phantasievoll an diese Überlieferungen an.[343] Besonders einflussreich war die Kombination verschiedener traditioneller Motive in Kapitel 53 der Sammlung *Legenda Aurea* des Jacobus de Voragine (gest. 1298). Pilatus ist darin der Spross einer Verbindung zwischen einem Königssohn und Pyla, der Tochter des König Atus, weshalb er Pylatus genannt werde.[344] Er wird zu einem kriminellen Mörder, kann sich die Statthalterschaft Judäas erschleichen und Jesus töten, wird aber vom Kaiser verfolgt. Da er den »ungenähten Rock« Jesu trägt, bleibt er aufgrund von dessen magischen Abwehrkräften zunächst verschont, wird dann aber doch zum Selbstmord gedrängt. Die Stationen des Leichnams sind erneut Tiber, Rhône (Vienne) und schließlich der Genfer See.

Damit beginnt Pilatus zu einem europäischen Phänomen zu werden. Überraschend ist immer wieder

---

342 Vgl. J. Businger, Die Stadt Luzern und ihre Umgebungen, 256–259; A. Demandt, Hände in Unschuld, 226. Der Schweizer Flugzeughersteller »Pilatus Flugzeugwerke AG« (Stans, Kanon Nidwalden) ist nach dem nahen Berg benannt.

343 Vgl. A. Scheidgen, Die Gestalt des Pontius Pilatus in Legende, Bibelauslegung und Geschichtsdeutung, bes. 97–128; B. Mattig-Krampe, Das Pilatusbild der deutschen Bibel- und Legendenepik, bes. 155–224.

344 Zu den oft abenteuerlichen Herleitungen des Namens vgl. A. Scheidgen, Die Gestalt des Pontius Pilatus in Legende, Bibelauslegung und Geschichtsdeutung, 235–242.

die große Anzahl von Lokaltraditionen in ganz Europa, die angeblich mit Geburt, Tod oder Exil des Pilatus zu tun haben, von Italien über Spanien, Frankreich, Österreich und Deutschland bis hin sogar nach Schottland. Im spanischen Tarragona, wohin Pilatus ins Exil verbannt worden sei, ist ein römischer Turm aus dem 1. Jh. v. Chr. (u. a. Residenz des Augustus und später des Hadrian) mit dem Namen des Pilatus benannt; vor seiner Versetzung nach Judäa soll er hier Prätor gewesen sein. Das beruht jedoch auf einem Missverständnis in der Rekonstruktion einer Inschrift.[345] In den französischen Städten Lyon und Vienne gibt es Häuser, in denen Pilatus geboren worden sein soll; im Vienne des 19. Jh. wurde ein obeliskenähnliches Monument aus römischer Zeit für das Grabmal des Pilatus gehalten, unter dem er begraben worden sein soll, nachdem die Rhône ihn nicht aufnehmen wollte. Ursprünglich war es vielleicht Teil eines Hippodroms.

Auch einige deutsche Städte beanspruchen, Geburtsstädte des Pilatus zu sein, unter anderem Pachten im Saarland, Mainz, Hausen/Forchheim in Oberfranken oder auch Bamberg.[346]

---

345 Vgl. T. Grüll, The Legendary Fate of Pontius Pilate, 164 f.; A. Scheidgen, Die Gestalt des Pontius Pilatus in Legende, Bibelauslegung und Geschichtsdeutung, 110–116, beschreibt die »sinnbildliche Geographie in der Pilatuslegende«.

346 Speziell zur fränkischen Tradition vgl. G. Batz, Das Pilatus-Puzzle.

Abb. 15: Angebliches Grabmal des Pilatus in Vienne

3. Märtyrer und Heiliger

Als Heiligenlegende des Pilatus (und seiner Frau) gilt das *Martyrium des Pilatus* (6./7. Jh.), das zur apokryphen koptischen Gamalielüberlieferung gehört.[347] Darin ist es vor allem die christliche Fürsorge der Procula, die Aufmerksamkeit erregt. Der von Pilatus freigelassene Barabbas schmiedet ein Mordkomplott gegen die Familie,

347 Vgl. M.-A. van den Oudenrijn, Gamaliel, 112–180.

das aber vereitelt werden kann. Pilatus, ebenfalls bereits ein Christusanhänger, holt aus diesem Anlass gleichsam die Kreuzigung des Barabbas (mit dem Kopf nach unten) nach. In der feindlichen Auseinandersetzung mit Herodes Antipas, die daraufhin entbrennt, gelingt es Herodes, Pilatus und seine Anhänger festzunehmen. Zum Tod verurteilt und bereits ans Kreuz gebracht, empfängt Pilatus eine Verheißung Jesu, er müsse nach Rom gebracht werden. So entkommt er noch einmal dem Kreuzestod. Pilatus ist zunächst maßgeblich an der Erweckung des gestorbenen Kaisersohnes beteiligt, dessen Gebeine zuvor nach Jerusalem gebracht worden waren. Gemeinsam mit Josef von Arimathäa und Nikodemus legt Pilatus sie in das leere Grab Jesu, wo das kaiserliche Kind wieder lebendig wird. Der erweckte Kaisersohn und auch Pilatus kommen schließlich nach Rom, wo Pilatus sich aber dennoch für die Kreuzigung des unschuldigen Jesus verantworten muss, enthauptet wird und so sein Martyrium vollendet.

Die Legende des Pilatusmartyriums war wie auch das Nikodemusevangelium in den koptischen und äthiopischen Kirchen sehr verbreitet und erlangte nahezu kanonischen Rang.[348] Im »Buch der Heiligen der Ethiopischen Kirche« wird Pilatus als »Confessor« gewürdigt, ein »Bekenner« Jesu, der für dieses Bekenntnis das Martyrium auf sich genommen hat. Der Tag seines Gedenkens ist der 19. Juni: »An diesem Tag starb auch Pilatus, der Confessor. Heil dem Pilatus, der seine Hände vom Blut Jesu Christi reingewaschen hat.«[349] Das liturgische

---

348 Vgl. T. Grüll, The Legendary Fate of Pontius Pilate, 167 f.; A. Demandt, Hände in Unschuld, 226 f. Nach W. Kosack, Der koptische Heiligenkalender, 192, wird der Name Pilatus offenbar als Variante des koptischen *philótheos* (»Geliebter Gottes«) abgeleitet.

349 Vgl. O. V. Volkoff, Un Saint oublié, 167.

Buch (*Synaxarion*) der äthiopischen Kirche zitiert diesen Text und bezieht auch die Frau des Pilatus mit in die Verehrung an diesem Tag ein: »Heil dem Pilatus […], und Heil der Abroqla [d. h. Procla], seiner Frau, die mutig war zu sagen: ›Tue ihm nichts Böses! Denn dieser Mann ist unschuldig und gerecht‹.«[350] Aus einer koptischen Kirche in Kairo ist ein Psalmenmanuskript aus dem 19. Jh. erhalten, in dem Pilatus gepriesen wird: Er sei selbst in Rom gekreuzigt worden, weil er Christus gekreuzigt habe, und er sei neben Christus in Jerusalem begraben worden. Christus habe ihm, dem Geliebten Gottes und Heiligen Pilatus, große Ehre erwiesen. Pilatus, seine Frau und seine Kinder werden gepriesen; er solle für die Glaubenden beten, dass Gott ihre Sünden vergebe.[351]

Diese Tradition führt konsequent die Tendenz fort, die bereits in älterer Überlieferung angelegt ist und Pilatus als Christen und Märtyrer zeichnet. Natürlich müsste dies nicht unbedingt in eine Heiligsprechung münden.[352] Insbesondere die Seligpreisung des Pilatus in der *Epistola Pilati ad Herodem*[353] durch den auferstandenen Jesus wird dies jedoch nahegelegt haben. Fragt man konkreter nach den Gründen, so geben die äthiopischen Texte wenig her. Da ist zuerst die Tatsache, dass Pilatus zwar Jesus gekreuzigt hat, aber seine Unschuldsbeteuerung – ausgedrückt durch das Waschen der Hände – ernst genommen und er tatsächlich für unschuldig am Tod Jesu gehalten wird. Implizit ist da-

350 Vgl. a. a. O., 168.

351 Vgl. a. a. O., 168–170.

352 Zur ambivalenten »Aufwertung des Pilatus« in mittelalterlichen Legenden, die stets einhergehen mit einem ausgeprägten Antijudaismus, vgl. A. Scheidgen, Die Gestalt des Pontius Pilatus in Legende, Bibelauslegung und Geschichtsdeutung, 196–211.

353 Siehe oben C 1.

mit allerdings den jüdischen Anklägern die Verantwortung zugewiesen – unverkennbar eine antijüdische Tendenz.

Auch der Bezug zur Intervention seiner Frau gibt einen Hinweis: Wie sie hat auch Pilatus gewissermaßen getan, was er konnte, um die Kreuzigung Jesu zu verhindern – und ist dadurch selbst zum Märtyrer geworden. Das qualifiziert ihn zu einem Heiligen, der bei Gott Fürsprache für die Glaubenden leisten kann. Bleibt noch der Vollständigkeit halber zu ergänzen, dass die Frau des Pilatus – nicht Pilatus selbst – in der griechisch-orthodoxen Kirche ebenfalls als heilige Procla verehrt wird; ihr Tag ist der 27. Oktober.

4. Pilatus in Kunst, Literatur und Film

Die enge Verbindung des Pilatus mit der Jesusgeschichte hat ihn zu einer prominenten Figur in Kunst und Literatur, in Film, Theater und Passionsspielen werden lassen. Der Phantasie sind auch hier keine Grenzen gesetzt.

In *künstlerischen Darstellungen* der Pilatusfigur sind die Motive der Handwaschung und das »Ecce homo« in der Präsentation Jesu besonders beliebt. Bereits im 4. Jh. finden sich Passionsszenen auf christlichen Sarkophagen, darunter stets auch diese bekannten Szenen mit Pilatus.

Auf dem Sarkophag des Iunius Bassus aus dem Petersdom in Rom ist Pilatus rechts oben auf einem Schemel dargestellt, der Krug mit dem Wasser gehalten von einem Sklaven. Seine Pose ist nachdenklich, die Handwaschung selbst ist bereits erfolgt, die Haltung erinnert an den fragenden Pilatus des Johannesevangeliums; im Hintergrund möglicherweise Christus. Aus der Kirche

Abb. 16: Sarkophag des Iunius Bassus (gest. 359 n. Chr.),
Petersdom, Rom

Abb. 17: Sarkophag der beiden Brüder (4. Jh.),
Vatikanische Museen, Rom

St. Paul vor den Mauern in Rom stammt der sog. »Brudersarkophag«, der in der rechten oberen Ecke ebenfalls den händewaschenden Pilatus darstellt, mit Christus im Hintergrund. Die Handwaschung wird hier mit dem *Ecce Homo* verbunden.

Das Motiv des händewaschenden Pilatus gehört zum kanonischen Repertoire der Passionsdarstellungen und findet sich etwa auch im Holzrelief am Westlettner des Naumburger Domes aus der Mitte des 13. Jh. Jesus steht zwischen Pilatus und dem Hohepriester (erkennbar an dem »Judenhut«[354] und seiner Gestik Pilatus gegenüber), der mit seiner rechten Hand auf sich selbst als den »Schuldigen« zeigt.

Abb. 18: Holzrelief am Westlettner des Naumburger Domes (um 1250)

Eindrucksvoll gestaltet sind schließlich die beiden Szenen an der Passionsfassade der Kathedrale Sagrada Família in Barcelona, geschaffen von dem katalanischen Bildhauer Josep Maria Subirachs i Sitjar (1927–2014): Pilatus ist ein letztlich von der Macht des Faktischen und seines eigenen Urteils resignierter und gebrochener Mann.

354 Seit dem 13. Jh. (in der Folge des 4. Laterankonzils unter Papst Innozenz III.) ist dieser Hut in verschiedenen Regionen Europas als Stigmatisierung der Juden zur Pflicht gemacht worden.

Abb. 19 und 20: Ecce Homo und Handwaschung (20. Jh.), Kathedrale Sagrada Família, Barcelona

Abb. 21: Tizian, Ecce Homo (1543)

Abb. 22: Antonio Ciseri, Ecce Homo (1871)

Für die Malerei gilt Ähnliches – bekannt sind wohl vor allem die Ecce-Homo-Darstellungen des Tiziano Vecellio (Tizian, ca. 1490–1576) aus dem 16. Jh. oder auch die neuzeitliche von Antonio Ciseri (1821–1891) aus dem 19. Jh.; Letztere war ursprünglich ein Auftragswerk für die italienische Regierung.

Auffällig an Ciseris Bild ist im Unterschied zur traditionellen Motivik, dass Pilatus in einer dynamischen Bewegung nur von hinten zu sehen ist. Darin wird aber sein energischer Wille erkennbar, die Menge von der Unschuld Jesu zu überzeugen. Unterstrichen wird dies durch die Darstellung der Frau des Pilatus im rechten Vordergrund, deren Gestik in der Verbindung mit ihrer Sklavin andeutet, dass das Bemühen vergeblich sein wird.

Während Tizian Pilatus als römischen Offizier darstellt, Ciseri ihn in eine Senatoren- oder Philosophentoga hüllt und Lovis Corinth (1858–1925) seinen Pilatus als Arzt ausstattet, erscheint der Römer in den Kupferstichen Albrecht Dürers (1471–1528) – wie vielfach im Spätmittelalter und der Frühen Neuzeit – mit einem Turban, der ihn in zeitgenössischem Bezug als Türken und damit als Christenfeind kennzeichnet. Auffällig ist die Gleichgültigkeit, mit der sich Pilatus, in sich selbst versunken, die Hände wäscht, während Jesus bereits von den Soldaten zur Folter abgeführt wird.

Das prägt auch Dürers frühe Ecce-Homo-Darstellung von 1498/99; Pilatus zeigt nicht, wie gemeinhin üblich auf diesen Darstellungen, auf Jesus, sondern seine Hände weisen beide mit offenen und nach oben gewendeten Handflächen auf die Menge – ein deutliches Zeichen, dass Pilatus die Verantwortung dem Volk zuweist.

Ausgesprochen eindrücklich ist schließlich auch

Abb. 23: Lovis Corinth, Ecce Homo (1925)

Max Beckmanns Lithographie »Christus und Pilatus« von 1946, eine mit eher groben Strichen gezeichnete Skizze, die Pilatus mit einem überdimensionalen und energischen Kinn ausstattet, dem des Künstlers nicht unähnlich. Ein beunruhigendes Bild. Angesichts der Entstehungszeit wird man darin – auch aufgrund der

Abb. 24: Albrecht Dürer, Die Handwaschung Pilati,
Die Kleine Passion (um 1509)

Geschichte des Künstlers unter der Naziherrschaft – die Konfrontation der gemarterten Juden mit ihren Henkern wiederfinden.

In der Literatur erlangt Pilatus neben seinen Auftritten in Jesusbüchern vor allem seit dem 19. Jh. eine gewisse

Abb. 25: Albrecht Dürer, Ecce-Homo, Die große Passion (1498/99)

Selbstständigkeit und weckt als zwiespältige Persönlichkeit reges Interesse. Nur einige markante Beispiele können hier vorgestellt werden.

Im Jahr 1891 publiziert der spätere französische Literaturnobelpreisträger François Anatole Thibault (1844–1924, bekannt auch als Anatole France) in einer Zeitung eine Kurzgeschichte über Pilatus. Pilatus befindet sich im höheren Alter im Ruhestand auf der schönen Insel Sizilien, wo er mit seinem Freund Lamia in Erinnerungen schwelgt. Nur an eines kann

Abb. 26: Max Beckmann, Christus und Pilatus (1946)

er sich partout nicht erinnern: dass er einen gewissen Jesus von Nazareth zum Tod verurteilt hat. Thibaults Pilatus macht aus seinem Antisemitismus keinen Hehl; es wäre für Rom besser, wenn die Juden ausgerottet würden. Der Autor charakterisiert damit auf erschreckende Weise eine zeitgenössische Haltung des ausgehenden 19. Jh., die er selbst jedoch für den Tod der Zivilisation hielt.

Etwa zeitgleich hat Friedrich Nietzsche das Ecce Homo des Pilatus zum Titel seiner autobiographischen

Betrachtungen gemacht,[355] die zunehmend wirr werden und bereits Anzeichen seiner Wahnvorstellungen tragen. Ecce Homo – damit meint Nietzsche sich selbst: »Verwechselt mich vor allem nicht«; und sieht sich am Ende als Gegenbild des schwachen, kränklichen Menschseins: »Dionysos gegen den Gekreuzigten«.

Ein Menschenleben später wird Hannah Arendt (1906–1975) in ihrem Buch »Eichmann in Jerusalem« den Judenverfolger Adolf Eichmann als »neue(n) Pontius Pilatus« darstellen, der »sich die Hände in Unschuld wusch« und »von Gewissensfragen nicht geplagt worden« sei.[356] Auch Friedrich Dürrenmatt (1921–1990) hatte nach dem Zweiten Weltkrieg und dem Holocaust diese Thematik in der kleinen, weitgehend unbekannten Erzählung »Pilatus«[357] aufgenommen und leuchtet darin dessen Psyche aus. Pilatus ist ein Getriebener, getrieben in der Furcht vor dem Wissen um die Gottheit Jesu: Jesus als stummes Opfer ist der Macht des Pilatus überlegen. An der Passivität Jesu zerbricht Pilatus, der angesichts des leeren Grabes und der Auferstehung des »gekreuzigten Gottes« zu Tode erstarrt.

Michail Bulgakow (1881–1940) gestaltet in seinem (mehrfach auch verfilmten, u.a. 2005 als Fernsehserie, sowie für das Theater adaptierten) skurrilen und vielschichtigen Roman »Der Meister und Margarita« auf bemerkenswerte Weise die Figur des Pilatus. Er schreibt diesen Literaturklassiker in den 1930er Jahren.

---

355 F. Nietzsche, Ecce Homo (verfasst bis 1889, erschienen 1908).

356 H. Ahrendt, Eichmann in Jerusalem (erschienen 1963), 151. Im Protokoll der Wannseekonferenz von 1942 wird Eichmann zitiert: »In dem Augenblick hatte ich eine Art Pilatusscher Zufriedenheit in mir verspürt, denn ich fühlte mich bar jeder Schuld« (zitiert nach Ahrendt, a.a.O., 123).

357 F. Dürrenmatt, Pilatus (erschienen 1949).

Es ist ein Roman über die sowjetische Bürokratie und den Überwachungsstaat, und es ist ein Erlösungsroman, der literarisch den Fauststoff adaptiert. Pilatus wird dadurch – dem Mephisto gleich – zu einem »Teil von jener Kraft, die stets das Böse will und stets das Gute schafft« (so das vorangestellte Motto des Buches). Der »Meister«[358], ein Professor, verfasst einen historischen Roman über Pontius Pilatus, findet dafür aber keinen Verleger und wird zum Schluss selbst in seine Geschichte verstrickt. Die Pilatuserzählung ist eine Geschichte in der Geschichte. Den Anstoß dazu gibt der atheistische Vorsitzende der Literatenvereinigung, der die Existenz Jesu bestreitet, von der der Teufel ihn überzeugen will. Der Teufel war zuvor in Moskau als Zauberkünstler und Professor für Magie namens Voland[359] erschienen und erregte einiges Aufsehen. In dessen »Beweisführung« für die Existenz Jesu erscheint Pilatus als ein von heftigem Kopfschmerz und Selbstmordgedanken geplagter Mann; sein Hund ist ihm der wichtigste Gefährte, der ihn am Leben hält. Die Frage des Pilatus nach der Wahrheit wird von dem bereits gefolterten Jeshua als medizinische Diagnose beantwortet: »Die Wahrheit besteht vor allem darin, dass dir der Kopf schmerzt.«[360] Nach seinem Tod begegnet der Meister (mit seiner Geliebten Margarita)[361] durch die Vermittlung des Teufels seiner eigenen Romanfigur,

358 Eine Anspielung auf den »Magister« Faust.

359 Nach dem mittelhochdeutschen *vâlant* (»böser Geist, Teufel, Unhold«); so nennt sich Mephisto in Goethes Faust in der Walpurgisnachtszene.

360 M. Bulgakow, Der Meister und Margarita (erschienen als Fortsetzungsroman zwischen 1928 und 1940), 23.

361 Eine Anspielung an »Margarethe« / »Gretchen« aus Goethes Faust.

dem niedergeschlagenen Pilatus und ermutigt ihn: Jeshua, den er hingerichtet habe, warte auf ihn im Himmel. Manche verstehen Pilatus in Bulgakows Roman als Gleichnis des zwischen Machtideologie und persönlichem Gewissen hin- und hergerissenen sowjetischen Funktionärs.

Unter dem Titel »Der Richtplatz« (oder auch: »Die Richtstatt«) hat der kirgisische Schriftsteller und Kommunist Tschingis Aitmatow (1928–2008) einen bemerkenswerten Roman publiziert, mit dem sich der vormals systemnahe Autor kritisch gegenüber dem Sowjetregime positioniert.[362] Die Geschichte eines jungen kritischen Theologen und eines Schafhirten thematisiert die gesellschaftliche Verantwortung des Menschen im Ringen um das rechte Handeln. Es geht um Macht und Machtmissbrauch, um Gier und Hass, um Drogen, Alkoholismus und Bandenkriminalität, aber auch um die zweifelhafte Rolle der Kirche. Der Autor schaltet ein fiktives philosophisches Gespräch zwischen Pilatus und Christus vor dessen Hinrichtung ein. Es ist ein Gespräch über die Tragik derer, die sich für eine gerechte Gesellschaft einsetzen, aber an der ideologischen Gleichschaltung der Massen scheitern. Das Gespräch spiegelt die Auseinandersetzung eines jungen Theologen mit der Staatsmacht und der Kirche, der einem Märtyrer gleich endet. Als Repräsentant der Macht bietet Pilatus an, Jesus vor dem Tod zu retten, unter der Voraussetzung, dass er seine Lehren widerrufe. Jesus lehnt ab. Er wird in seinem Tod gleichermaßen zum Symbol für den Untergang der Welt durch die Gier und den Hass der Menschen wie auch für den Weg zu deren Überwindung.

---

362 T. Aitmatow, Die Richtstatt (erschienen 1986).

Ein klassisches russisches Meisterwerk darf in dieser Reihe nicht fehlen: Die Geschichte vom »Großinquisitor« in Fjodor Dostojewskis (1821–1881) Roman »Die Brüder Karamasow«.[363] Der gottlose Iwan Karamasow erzählt seinem Bruder, dem Mönch Aljoscha, eine vernichtend kritische Parabel auf die Kirche. Sie spielt im spanischen Sevilla im 16. Jh. Die Inquisition ist in vollem Gange. Als Jesus erscheint und Wunder wirkt, lässt ihn der Großinquisitor – die greise Verkörperung eines neuen, klerikalen Pilatus – einkerkern und versucht ihn unter schweren Vorwürfen davon abzubringen, die Geschäfte der Kirche zu stören. Nach so langer Zeit habe er dazu kein Recht mehr; inzwischen sei die Kirche – das gibt der Inquisitor unumwunden zu – längst mit dem Teufel im Bunde. Er droht Jesus mit der Hinrichtung, wird aber durch einen Kuss von Jesus entmachtet und wirft ihn hinaus – er solle niemals wiederkommen.

Das Genre des Briefes, wie es bereits in der antiken Pilatusliteratur verwendet wurde, hat ebenfalls die Literaten inspiriert, so etwa in dem fiktiven Briefwechsel des Pilatus, den sich Jörg von Uthmann in Aufnahme zahlreicher Motive aus ganz unterschiedlichen Quellen ausgedacht hat.[364] Neu ist, dass Jesus von Pilatus nicht gekreuzigt, sondern verbannt wird, nicht sehr weit weg, nur bis nach Damaskus. Deshalb kann Paulus ihm dort bekanntlich begegnen.

Bemerkenswert ist auch der Briefroman »Das Evangelium nach Pilatus« des französischen Romanciers Éric-Emmanuel Schmitt,[365] der eine etwas ausführli-

363 F. M. Dostojewski, Die Brüder Karamasow (entstanden zwischen 1878–1880).

364 J. von Uthmann, Pontius Pilatus – Briefwechsel (erschienen 1991).

365 É.-E. Schmitt, Das Evangelium nach Pilatus (frz. Erstausgabe

chere Darstellung verdient. Der Titel deutet eine besondere Perspektive der Darstellung an, in der Schmitt kenntnisreich viele historische Aspekte aufnimmt und entfaltet. Auf einen ausführlichen Prolog des Ich-Erzählers Jesus, der mit einigem Erstaunen seine ungewollte Entwicklung zum Messias aufgrund mangelnder Begabung für das Zimmermannshandwerk beschreibt, folgt ein sog. »Evangelium nach Pilatus«. Es besteht aus Briefen des Pilatus an seinen fiktiven Bruder, den »lieben Titus«, der in Rom lebt und mit dem er offenbar eng verbunden ist. Pilatus, nunmehr der Ich-Erzähler, beschreitet darin (in deutlicher Parallele zu Jesus, wenn auch mit anderem Vorzeichen) ebenfalls einen Weg: Er stellt sich als kultivierter Römer vor, der aus seinem Hass und seiner Abscheu den Juden, ihrem Land und ihrer Kultur gegenüber keinen Hehl macht: »Ich hasse Jerusalem. Die Luft hier ist keine Luft, sondern ein Gift, das wahnsinnig macht« (85).

Im Unterschied zur biblischen Tradition wird Pilatus selbst eine aktive Rolle in der Verfolgung Jesu zugeschrieben. Schon die Steuerfrage der Herodianer gilt als von Pilatus arrangierter Spitzeldienst. Aber er kommt zu dem Schluss, dass Jesus ungefährlich ist, und er ist auch im Zuge der Verurteilung tatsächlich von Jesu Unschuld überzeugt. Als dessen Leichnam verschwindet, kommen dem Präfekten allerdings Zweifel an seinem Urteil. Seiner Frau, die ihm Vorwürfe macht, erklärt er, dass er in solchen Dingen nicht selbstbestimmt handeln kann: »Wie kommst du auf die Idee, daß ein Statthalter etwas bestimmt? Er muß diesen Eindruck erwecken, das ist wahr, aber seine Entscheidungen werden vom

---

2000). Schmitt ist vor allem bekannt durch seinen Roman (bzw. dessen Verfilmung) »Monsieur Ibrahim und die Blumen des Koran«.

Gleichgewicht der Kräfte und Umstände diktiert« (91). Pilatus befürchtet nach dem Verschwinden der Leiche Jesu, dass genau dieses Gleichgewicht aus den Fugen gerät und besichtigt nicht nur selbst das leere Grab als Tatort eines offenkundigen Diebstahls, sondern leitet auch persönlich die Fahndung nach den Dieben. Pilatus bekennt seinem »lieben Titus« seine geheimen Sympathien mit dem »Magier aus Nazareth«, der die betrügerischen und ausbeuterischen Machenschaften der Jerusalemer Oberschicht anprangerte, »und in diesem Punkt war ich, wie ich zugeben muß, ganz seiner Meinung« (105). Claudia, mit der Pilatus eine innige Liebesbeziehung verbindet, verlässt ihren Mann, um Jesus zu suchen, von dessen Auferstehung ihr andere berichtet haben. Pilatus macht sich zunehmend verzweifelt auf die Suche nach seiner Frau; es wird eine Suche nach sich selbst. Er wird zu einem Pilger, trifft die Jünger, die ihm von Jesus erzählen. Am Ende findet er nicht nur seine Frau, sondern durch sie in all seinem Zweifel einen ersten vagen Zugang zum Christsein.

Die Ich-Perspektive des Pilatus scheint überhaupt besonders geeignet zu sein, dessen Innenleben zu erforschen, so auch in Anne Bernets Roman »Ich, Pontius Pilatus«.[366] Das Buch zeichnet als »Die Memoiren eines Unschuldigen« einen extrem skrupulösen und unsicheren Pilatus, der seine Familie und Freunde an den neuen Glauben verliert und im Rückblick seine Fehler und seine Feigheit erkennt. Am Ende bleibt Pilatus als einsamer und gebrochener Mann zurück, der dann aber selbst zum Christen im neronischen Rom wird, wo er Petrus und Paulus kennenlernt. Wie diese muss auch Pilatus mit seinem Tod rechnen, ist jedoch zuversicht-

366 A. Bernet, Ich, Pontius Pilatus (frz. Erstausgabe 1998).

lich, dass ihm sein Stand als römischer Ritter einen Tod in der Arena oder am Kreuz ersparen werde. In einem gefühlvoll-pathetischen Schlussakkord wird Pilatus angesichts der Hinrichtung von Christen zum Zeugen Christi: »Ja wahrhaftig, ich habe Dich verlassen. Weil ich Dich verlassen musste. Weil Deine Kraft meine Schwäche brauchte, Herr, wenn ich Dich gerettet hätte, wären wir immer noch verloren« (395).

Die Frau des Pilatus hat natürlich ebenfalls und in besonderem Maße die literarische Phantasie angeregt. Bekannt ist vor allem die kleine Novelle »Die Frau des Pilatus« von Gertrud von le Fort (1876–1971).[367] Es geht darin – wie könnte es anders sein – um den Traum der Claudia Procula. In einem düsteren Raum sieht sie eine Gruppe Menschen, die das Glaubensbekenntnis sprechen: »Gelitten unter Pontius Pilatus, gekreuzigt, gestorben und begraben«. Im Entsetzen darüber warnt sie durch ihre Sklavin ihren Mann, der allerdings dennoch das Urteil über Jesus spricht. Als Claudia davon erfährt, eilt sie zum Gerichtsgebäude und sieht den Verurteilten: »Er war mit den Fetzen eines roten Soldatenmantels bekleidet und trug ein Geflecht aus Dornen um das blutende Haupt. Aber das eigentlich Erschütternde seines Anblicks war, daß dieser Erbarmungswürdige aussah, als ob er mit der ganzen Welt Erbarmen habe, sogar mit dem Prokurator, seinem Richter – ja sogar mit ihm!« (15f.) Die Geschichte führt Pilatus und seine Frau wieder nach Rom, wo diese sich heimlich zur Gruppe der Nazarener hält und am Ende dann selbst durch Pilatus, der mit dem Vorgehen gegen die Nazarener beauftragt war, im Zuge eines Pogroms in der Arena zu Tode kommt.

367 G. von le Fort, Die Frau des Pilatus (erschienen 1955).

Neuere Versuche, die die Frau des Pilatus zur Hauptfigur machen, sind eher weniger anspruchsvolle Literatur, wie etwa das Buch von Diana Wallis Taylor, die eine recht triviale Frauengeschichte über »Claudia, Wife of Pontius Pilate« schreibt. Val Wineyard erzählt eine phantasievolle Geschichte über die Freundschaft zwischen Claudia Procula und Maria Magdalena. Im Genre des historischen Romans bleibt Antoinette Mays Buch über »Die Frau des Pilatus«, das immerhin spannend geraten ist und die inneren Konflikte der mit einer prophetischen Gabe gesegneten Claudia Procula konstruiert.[368]

Schon aufgrund seiner literarhistorischen Sorgfalt erwähnenswert ist schließlich der wohl neueste Versuch über Pilatus von Rolf E. Sabel.[369] In seinem historischen Roman »Das Testament des Pilatus« lässt er den römischen Präfekten im gallischen Exil mit seinem Freund Herodes Antipas zusammentreffen, den es ebenfalls dorthin verschlagen hatte. Der Kaiser Caligula demütigt beide, indem er sie nicht aus dem Exil entlässt. Pilatus plagt der Gedanke, Jesus von Nazareth, den er hat hinrichten lassen, weil er dem Druck der Jerusalemer Priester nachgeben musste, könnte doch der Sohn Gottes gewesen sein. In einem Brief aus dem fernen Rom bringt Claudia Procula ihren Mann auf den Gedanken, dass er – wenn er selbst Anhänger Christi wäre – ihn wohl nicht wieder verurteilen würde. Ohne es zu wollen, heizt sie damit die Gewissensnöte des Pilatus an und bringt ihn zum ersten Mal

368 D. W. Taylor, Claudia, Wife of Pontius Pilate (2013); V. Wineyard, Claudia Procula: Wife of Pontius Pilate, Friend of Mary Magdalene (2013); A. May, Die Frau des Pilatus (2008).

369 R. D. Sabel, Das Testament des Pilatus (2019).

auf den Gedanken an Selbstmord. Doch zuvor rechnet Pilatus in einer Art Testament mit dem Imperium ab. Dieses Dokument war – so hatte Sabel es in seinem Roman »Die Pilatus-Verschwörung« erzählt[370] – verschollen und wurde erst nach zwei Jahrtausenden in einer Krypta des Kölner Doms bei Bauarbeiten entdeckt. Pilatus rekapituliert darin sein Leben und sieht seine Treue zu Rom, die er unter anderem in der Schlacht im Teutoburger Wald unter Beweis gestellt hatte, nicht gewürdigt. Die durchaus spannende Geschichte knüpft vor allem an das apokryphe Nikodemusevangelium an, nimmt aber auch viele andere Elemente der historischen und legendarischen Pilatusüberlieferung auf.

Literarisch ist also für jeden Geschmack etwas dabei.[371] Wer es trivialer haben will, greife zu Werken wie dem Pilatus-Roman von Werner Koch (1926–1992), in welchem der taube Pilatus in Rom Selbstgespräche mit seiner verstorbenen Gattin und seiner Katze führt,[372] oder zu dem historisierenden – und eher langatmigen – Roman von Susanne Scheibler (1936–2003), der einmal mehr im Christenglauben der Procula und im Selbstmord des Pilatus endet.[373] Der Politkrimi »Die Geliebte des Pilatus« von Gisbert Haefs ist ebenfalls keine hohe Literatur und sprachlich eher eine Zumutung, aber doch auf seine Weise unterhaltsam.[374] In die Kategorie der leichten Unterhaltung gehören auch neuere Romane wie »Pilatus the Damned« von R. D. Amundson,

370 R. D. Sabel, Die Pilatus-Verschwörung (2009).

371 Bemerkenswerte literarische Miniaturen versammelt z. B. R. Niemann in dem kleinen Band »Von Pontius zu Pilatus« (1996).

372 W. Koch, Pilatus (1959).

373 S. Scheibler, »... und wasche meine Hände in Unschuld« (1987).

374 G. Haefs, Die Geliebte des Pilatus (2004).

der Pilatus als Untoten nach drei Jahrhunderten wiederkehren lässt.[375] Dieter Walz hatte mit seinem Buch »Als ich noch der Pontius Pilatus war« die Idee, den alten weinseligen Pilatus im Exil die Zustände Roms kommentieren zu lassen und dabei die Antwort auf die von »diesem Nazarener« aufgeworfene Frage nach der Wahrheit zu finden, wie sie eigentlich auf der Hand liegt: *In vino veritas*.[376] Der Pilatus-Roman des kroatischen Autors Miro Gavran zeichnet Pilatus als einen extrem grausamen und korrupten Beamten – ganz im Sinne des Pilatusbildes bei Philon von Alexandrien[377] – natürlich nicht ohne die Spannung eines existentiellen Dramas.[378]

Als *filmische Verarbeitungen* des Pilatusstoffes können abschließend nur einige wenige Werke hervorgehoben werden. Zu nennen ist hier an erster Stelle die französisch-italienische Koproduktion von 1961 »Pontius Pilatus – Statthalter des Grauens« (Originaltitel: Ponzio Pilato; Regie: Gian Paolo Callegari und Irving Rapper), für die, wie der Titel bereits nahelegt, offenbar das negative Pilatusbild des Philon Pate gestanden hat. Dieser sog. »Monumentalfilm« mit Jean Marais in der Hauptrolle lässt keine der üblichen Verwicklungen und Klischees aus. Interessant ist das Detail, dass Barabbas gleich zu Beginn einen Anschlag auf Pilatus verübt, der freilich misslingt. Claudia kommt bei jenem Erdbeben ums Leben, das sich bei der Kreuzigung Jesu ereignet, und Pilatus wird natürlich – anders als der Titel es suggeriert – am Ende zu einem Christusgläubigen. Auch der eher

375 R. D. Amundson, Pilatus the Damned (2015).
376 D. Walz, Als ich noch der Pontius Pilatus war (2012).
377 Siehe oben B 2.5.
378 M. Gavran, Pontius Pilatus (2010).

unspektakuläre italienische Historienfilm »Die wundersamen Erlebnisse des Pontius Pilatus« von Luigi Magni (Secondo Ponzio Pilato, 1987) fällt in dieses Genre.

Durchaus sehenswert ist die deutsche Produktion »Pilatus und andere – Ein Film für Karfreitag« (Regie: Andrzej Wajda, 1972), die den sozialkritischen Stoff von Bulgakows »Der Meister und Margarita« in Szene setzt. Bemerkenswert ist sicher auch die Verhörszene zwischen Jesus und Pilatus in Andrew Lloyd Webbers Rockoper »Jesus Christ Superstar« von 1971 (und seither immer wieder neu inszeniert und verfilmt), in der Pilatus wütend und enttäuscht darüber ist, dass Jesus sich nicht wirklich verteidigt und so seine Kreuzigung nicht abwendet: »Stirb, wenn du es so willst!«

Als eine innerlich zerrissene Gestalt und zugleich verbunden mit den üblichen antijüdischen Klischees zeichnet der Regisseur Mel Gibson den Römer Pilatus in »Die Passion Christi« (2004). Mit dem trügerischen Pathos historischer Authentizität setzt Gibson in seinem eher langatmigen und umstrittenen Film jene Blutorgie in Szene, die Kritiker des Christentums als eine von dessen »Todsünden« bezeichnet haben, dass nämlich der Tod Jesu als Sühne für die Sünden der Menschheit nur aufgrund seiner blutigen Grausamkeit und des übermäßigen Leidens zur Versöhnung Gottes wirksam sei.[379] Pilatus (gespielt vom bulgarischen Schauspieler Christo Schopow), von der Stärke Jesu sichtlich beeindruckt, wird im Film als ein zögerlicher

379 Gegenüber vieler Zustimmung ist in einer gemeinsamen Erklärung des Vorsitzenden des Zentralrats der Juden, des Ratsvorsitzenden der EKD sowie des Vorsitzenden der Deutschen Bischofskonferenz insbesondere die theologische Überhöhung der Gewalt in diesem Film kritisiert und vor der Gefahr des Antisemitismus gewarnt worden.

und mit sich ringender Präfekt gezeichnet, der nur äußerlich versucht, Stärke zu zeigen, letztlich aber gegen seinen Willen und das Zureden seiner Frau dem Willen der Juden ausgeliefert ist. Er muss in der Geschichte derjenige sein, der selbst diese »Tortur des Heils« veranlasst, die Ausführung überlässt er seinen Soldaten.

Und nicht zuletzt – wer es gleichsam als Kontrastprogramm humorvoll mag – ist da Monty Python's »Das Leben des Brian«, ein satirisches, mitunter zynisches Passionsspiel (Regie: Terry Jones, Großbritannien 1979; Michael Palin in der Rolle des Pontius Pilatus). Das Drehbuch gibt sich vertraut mit der historischen Pilatusüberlieferung: Auf einem konspirativen Treffen der »Volksfront von Judäa« (nicht zu verwechseln mit der »judäischen Volksfront«) wird ein Anschlag auf Pilatus und seine Frau geplant, weil die Römer das jüdische Volk »ausbluten« ließen. Es steht die Frage im Raum: »Was haben sie dafür als Gegenleistung erbracht?« »Den Aquädukt« – wirft jemand ein. Man findet noch mehr: die sanitären Einrichtungen, die schönen Straßen, medizinische Versorgung, das Schulwesen, den Wein und die öffentlichen Bäder, ja, die öffentliche Ordnung und den Frieden hätten die Römer gebracht. All das kann freilich eine Volksfront in ihrem Befreiungskampf nicht aufhalten.

Der römische Präfekt Pilatus wird in der Filmsatire zu einer lächerlichen Figur, die Regierungsgeschäfte sind ihm völlig entglitten. Nach dem Scheitern der Entführung von Pilatus' Frau wird zufällig ein Niemand namens Brian gefasst und vor den Statthalter gebracht, kann aber entkommen, weil die Palastwachen vor Lachen über den Sprachfehler des Präfekten nicht mehr zurechnungsfähig sind. In die Rolle des Messias gedrängt, wird Brian schließlich erneut verhaftet. Aber Pilatus hat längst den Überblick verloren. Brian wird kurzerhand gekreuzigt als einer unter zwei Dutzend »Widerstandskämpfern«, mit einem Ohrwurm über die »Sonnenseite« des Lebens (»Always look on the bright side of life«) auf den Lippen.

D VERZEICHNISSE

LITERATURVERZEICHNIS

1. Quellen

Ameling, Walter / Hannah M. Cotton / Werner Eck (Hg.), Corpus Inscriptionum Iudaeae/Palaestinae. A Multi-lingual Corpus of the Inscriptions from Alexander to Muhammad, Bd. 2: Caesarea and the Middle Coast 1121–2160, Berlin 2011.

Die Apostolischen Väter. Griechisch-deutsche Parallelausgabe auf der Grundlage der Ausgaben von F. X. Funk / K. Bihlmeyer und M. Whittaker, mit Übersetzungen von M. Dibelius und D.-A. Koch, neu übersetzt und herausgegeben von A. Lindemann und H. Paulsen, Tübingen 1992.

Der Babylonische Talmud, übersetzt von Lazarus Goldschmidt, Bd. II, Frankfurt a. M. 1996.

Böckh, August, Corpus Inscriptionum Graecarum, Bd. 2, Berlin 1843.

Dittenberger, Wilhelm (Hg.), Orientis Graeci Inscriptiones Selectae. Supplementum Sylloges Inscriptionum Graecarum, Bd. 1, Leipzig 1903.

Eusebius von Caesarea, Kirchengeschichte, hg. und eingeleitet v. H. Kraft, Darmstadt 1997.

Eusebius, The Ecclesiastical History, Bd. 1–2, hg. v. J. E. L. Kirsopp Lake u. a., London u. a. 1926–1932.

Flavii Iosephi opera, hg. v. B. Niese, 7 Bde., Berlin 1885–1895.

Flavius Josephus, Aus meinem Leben (Vita). Kritische Ausgabe, Übersetzung und Kommentar, hg. v. F. Siegert, H. Schreckenberg, Manuel Vogel und dem Josephus-Arbeitskreis des Institutum Judaicum Delitzschianum, Münster, Tübingen [2]2001.

Flavius Josephus, De bello Iudaico. Griechisch–deutsch, hg. und mit einer Einleitung sowie mit Anmerkungen versehen von O. Michel und O. Bauernfeind, 3 Bde., München 1959–1969.

Flavius Josephus, Jüdische Altertümer, übersetzt und mit Einleitung und Anmerkungen versehen von H. Clementz, Bd. I und II, Wiesbaden [8]1989.

Flavius Josephus, Kleinere Schriften. Selbstbiographie, Gegen Apion, Über die Makkabäer, übersetzt und mit Einleitung und Anmerkungen versehen von H. Clementz, Wiesbaden [2]1995.

Jaroš, Karl, Inschriften des Heiligen Landes aus vier Jahrtausenden, Mainz 2001.

Hennecke, Ernst / Schneemelcher, Wilhelm, Neutestamentliche Apokryphen in deutscher Übersetzung, 2 Bde., Tübingen [6]1990 / [5]1989.

Lipsius, Richard A., Die Pilatus-Acten kritisch untersucht, Kiel 1871.

Markschies, Christoph / Schröter, Jens (in Verbindung mit Andreas Heiser), Antike christliche Apokryphen in deutscher Übersetzung, I. Band: Evangelien und Verwandtes, Teilband 1 / Teilband 2, Tübingen 2012.

Meshorer, Ya'akov, Ancient Jewish Coinage, Vol. II: Herod the Great through Bar Cochba, Dix Hills 1982.

Migne, Jean-Paul, Patrologia Latina 31, Paris 1846, 70–72.

Oudenrijn, Marcus Antonius van den, Gamaliel. Äthiopische Texte zur Pilatusliteratur, Spicilegium Friburgense 4, Freiburg (Schweiz) 1959.

Philo von Alexandria, Die Werke in deutscher Übersetzung, hg. v. L. Cohn u. a., Bd. 7, Berlin 1964.

Philonis Alexandrini opera quae supersunt, hg. v. L. Cohn u. a., 7 Bde., Berlin 1896–1930 (unveränderter Nachdruck: de Gruyter, Berlin 1962–1963).

Tischendorf, Constantin, De evangeliorum apocryphorum origine et usu, disquisitio historica critica, Den Haag 1851.

Tischendorf, Constantin von, Evangelia apocrypha, Leipzig [2]1876 (Nachdruck Hildesheim 1966).

2. *Gesamtdarstellungen*

Bond, Helen K., Pontius Pilate in history and interpretation, SNTS.MS 100, Cambridge 1998.

Carter, Warren, Pontius Pilate. Portraits of a Roman Govenor, Interfaces, Collegeville 2003.

Demandt, Alexander, Hände in Unschuld. Pontius Pilatus in der Geschichte, Freiburg / Basel / Wien 2001 (1999).

Demandt, Alexander, Pontius Pilatus, C. H. Beck Wissen, München 2012.

Jaroš, Karl, In Sachen Pontius Pilatus, KAW 93, Mainz 2002.

Lémonon, Jean-Pierre, Pilate et le gouvernement de la Judée, Textes et Monuments, Paris 1981.

Müller, Gustav Adolf, Pontius Pilatus, der fünfte Prokurator von Judäa und Richter Jesu von Nazareth. Mit einem Anhang »Die Sagen über Pilatus« und einem Verzeichnis der Pilatus-Literatur, Stuttgart 1888.

3. Kommentare und Einzeldarstellungen

Alföldy, Géza, Pontius Pilatus und das Tiberieum von Caesarea Maritima, Scripta Classica Israelica 18 (1999), 85–108.

Alföldy, Géza, Die Stellung der Ritter in der Führungsschicht des Imperium Romanum, Chiron 11 (1981), 169–216 (= ders., Die Römische Gesellschaft. Ausgewählte Beiträge, HABES 1, 1986, 162–209).

Alföldy, Géza, Zwei römische Statthalter im Evangelium. Die Epigraphischen Quellen, in: E. dal Covolo / R. Fusco (Hg.), Il contributo delle scienze storiche allo studio del Nuovo Testamento. Atti del Convegno Roma 2–6 Ottobre 2002, Vatikanstadt 2005, 216–242.

Amorai-Stark, Shua u. a., An Inscribed Copper-Alloy Finger Ring from Herodium Depicting a Krater, IEJ 68 (2018), 208–220.

Bammel, Ernst, Pilatus' und Kaiphas' Absetzung, in: Ders., Judaica. Kleine Schriften I, WUNT 37, Tübingen 1986, 51–58.

Bammel, Ernst, Φίλος τοῦ Καίσαρος, ThLZ 77 (1952), 206–210.

Batz, Gerhard, Das Pilatus-Puzzle. Bestandsaufnahme und Hintergründe einer europäischen Sage in Franken, Schriftenreihe des Fränkische-Schweiz-Vereins »Die Fränkische Schweiz« – Heimatkundliche Beihefte 18, Erlangen 2003.

Beck, Johannes U., Die Messiasgeheimnis-Theorie als Zugang zum Markusevangelium. Ein umstrittenes Konzept im Wandel exegetischer Methoden, München 2010.

Becker, Jürgen, Maria. Mutter Jesu und erwählte Jungfrau, BG 4, Leipzig 2001.

Bernett, Monika, Der Kaiserkult in Judäa unter den Herodiern und Römern. Untersuchungen zur politischen und religiösen Geschichte Judäas von 30 v. Chr. – 66 n. Chr., Tübingen 2007.

Blinzler, Josef, Die Niedermetzelung von Galiläern durch Pilatus, NT 2 (1958), 24–39.

Blinzler, Josef, Der Entscheid des Pilatus – Exekutionsbefehl oder Todesurteil?, MThZ 5 (1954), 171–184.

Blinzler, Josef, Der Prozess Jesu, Regensburg ⁴1969.

Bond, Helen K., Caiaphas. Friend of Rome and Judge of Jesus? Louisville / London 2004.

Bond, Helen K., The Coins of Pontius Pilate. Part of an Attempt to Provoke the People or to Integrate them into the Empire?, JSJ 27 (1996), 241–262.

Bösen, Willibald, Der letzte Tag des Jesus von Nazareth. Was wirklich geschah, Freiburg / Basel / Wien 1994.

Brown, Raymond E., The Death of the Messiah. From Gethsemane to the Grave. A Commentary on the Passion Narratives in the Four Gospels, 2 Bde., AncB Reference Library, New York u. a. 1994.

Burandt, Boris A. N., Der römische Legionär. Kleidung, Ausrüstung und Waffen in der Zeit von Augustus bis Domitian, Zeitschrift für Archäologie und Kulturgeschichte, Sonderheft, Darmstadt 2019.

Burtea, Bogdan, Die äthiopische Fassung des Gamalielevangeliums, in: C. Markschies / J. Schröter, Antike christliche Apokryphen in deutscher Übersetzung, I. Band: Evangelien und Verwandtes, Teilband 2, Tübingen 2012, 1336–1347.

Businger, Joseph, Die Stadt Luzern und ihre Umgebungen. In topographischer, geschichtlicher und statistischer Hinsicht, Luzern 1811.

Cohn, Chaim, Der Prozeß und Tod Jesu aus jüdischer Sicht, Frankfurt a. M. 1997.

Cullmann, Oskar, Der Staat im Neuen Testament, Tübingen 1956.

Deines, Roland (Hg.), Philo und das Neue Testament. Wechselseitige Wahrnehmungen, WUNT 172, Tübingen 2004.

Deines, Roland, Acts of God in History. Studies Towards Recovering a Theological Historiography, hg. v. C. Ochs / P. Watts, WUNT 317, Tübingen 2013.

Deines, Roland, Gab es eine jüdische Freiheitsbewegung? Martin Hengels »Zeloten« nach 50 Jahren, in: M. Hengel, Die Zeloten. Untersuchungen zur jüdischen Freiheitsbewegung in der Zeit von Herodes I. bis 70 n. Chr., hg. v. R. Deines und C.-J. Thornton, WUNT 283, Tübingen [3]2012 ([1]1961), 403–448.

Deissmann, Gustav Adolf, Licht vom Osten. Das Neue Testament und die neuentdeckten Texte der hellenistisch-römischen Welt, Tübingen [4]1923.

Demandt, Alexander, Ein Prozess Jesu fand nicht statt, in: K. Muscheler (Hg.), Römische Jurisprudenz. Dogmatik, Überlieferung, Rezeption (FS D. Liebs), Berlin 2011, 175–186.

Demandt, Alexander, Ungeschehene Geschichte. Ein Traktat über die Frage: Was wäre geschehen, wenn …?, Göttingen 2011.

Eck, Werner, Die Benennung von römischen Amtsträgern und politisch-militärisch-administrativen Funktionen bei Flavius Iosephus – Probleme der korrekten Identifizierung, ZPE 166 (2008), 218–226.

Eck, Werner, Caesarea Maritima – eine römische Stadt?, in: A. Hartmann / G. Weber (Hg.), Zwischen Antike und Moderne (FS J. Malitz), Speyer 2012, 233–244.

Eck, Werner, Die römischen Repräsentanten in Judaea. Provokateure oder Vertreter der römischen Macht?, in: M. Popović (Hg.), The Jewish Revolt against Rome. Interdisciplinary Perspectives, JSJ Suppl. 154, Leiden 2011, 45–68.

Eck, Werner, Die Wasserversorgung im Römischen Reich. Sozio-politische Bedingungen, Recht und Administration, in: Frontinus-Gesellschaft (Hg.), Geschichte der Wasserversorgung, Bd. 2: Die Wasserversorgung antiker Städte. Pergamon, Recht / Verwaltung, Brunnen / Nymphäen, Bauelemente, Mainz 1987, 74–79.

Egger, Peter, »Crucifixus sub Pontio Pilato«. Das »Crimen« Jesu von Nazareth im Spannungsfeld römischer und jüdischer Verwaltungs- und Rechtsstrukturen, NTAbh 32, Münster 1997.

Eisler, Rudolf, ΙΗΣΟΥΣ ΒΑΣΙΛΕΥΣ ΟΥ ΒΑΣΙΛΕΥΣΑΣ. Die messianische Unabhängigkeitsbewegung vom Auftreten Johannes des Täufers bis zum Untergang Jakobs des Gerechten. Nach der neuerschlossenen Eroberung von Jerusalem des Flavius Josephus und den christlichen Quellen dargestellt, 2 Bde., Heidelberg 1929–1930.

Evans, Craig A., Jesus and the Ossuaries. What Jewish Burial Practices Reveal about the Beginning of Christianity, Waco 2003.

Evers, Dirk, Das Kreuz Jesu Christi als Wende. Hermeneutische Überlegungen zu Jesu Leiden und Sterben, in: J. Herzer / A. Käfer / J. Frey (Hg., unter Mitarbeit von N. Oesterreich), Die Rede von Jesus Christus als Glaubensaussage. Der zweite Artikel des Apostolischen Glaubensbekenntnisses im Gespräch zwischen Bibelwissenschaft und Dogmatik, Tübingen 2018, 211–235.

Fascher, Erich, Das Weib des Pilatus (Mt 27,19). Die Auferweckung der Heiligen (Mt 27,51–53). Zwei Studien zur Geschichte der Schriftauslegung, HM 20 (1951), 5–31.

Fascher, Erich, Art. Pilatus, RE XX,2 (1950), 1322 f.

Fiebiger, Otto, Art. Clipeus, RE IV,1 (1900), 55–56.
Fiebiger, Otto, Art. Scutum, RE II A,1 (1946), 914–920.
Förster, Niclas, Der titulus crucis. Demütigung der Judäer und Proklamation des Messias, NT 56 (2014), 113–133.
Frenschkowski, Marco, Philon von Alexandria, BBKL 7 (1994), 523–537.
Frova, Antonio, L'iscrizione di Ponzio Pilato a Cesarea, Rendiconti dell'Istituto Lombardo, Accademia di Scienze e Lettere 95 (1961), 419–434.
Gemeinhardt, Peter, Vom Werden des Apostolikums, in: A. Käfer / J. Herzer / J. Frey (Hg., unter Mitarbeit von E. C. Herzig), Die Rede von Gott Vater und Gott Heiligem Geist als Glaubensaussage. Der erste und der dritte Artikel des Apostolischen Glaubensbekenntnisses im Gespräch zwischen Bibelwissenschaft und Dogmatik, Tübingen 2020, 15–58.
Gerber, Christine, Ein Bild des Judentums für Nichtjuden von Flavius Josephus. Untersuchungen zu seiner Schrift Contra Apionem, AGJU 40, Leiden 1997.
Gourgues, Michel, Jesus's Testimony before Pilate in 1 Timothy 6:13, JBL 133 (2016), 639–648.
Grüll, Tibor, The Legendary Fate of Pontius Pilate, Classica et Mediaevalia 61 (2010), 151–176.
Hengel, Martin, Die Zeloten. Untersuchungen zur jüdischen Freiheitsbewegung in der Zeit von Herodes I. bis 70 n. Chr., hg. v. R. Deines und C.-J. Thornton, WUNT 283, Tübingen [3]2012 ([1]1961).
Hengel, Martin, Mors turpissima crucis. Die Kreuzigung in der antiken Welt und die »Torheit« des »Wortes vom Kreuz«, in: Ders., Studien zum Urchristentum. Kleine Schriften VI, hg. v. C.-J. Thornton, WUNT 234, Tübingen 2008, 594–652.
Henning, Dieter, L. Aelius Seianus. Untersuchungen zur Regierung des Tiberius, Vestigia 21, München 1975.
Herzer, Jens, Synoptische oder johanneische Passionschronologie? Bemerkungen zu einer Tendenz der neueren Forschung, in: L.-J. Bord / D. Hamidovic (Hg.), De Jérusalem à Rome, Mélanges à J. Riaud, Paris 2000, 93–113.
Hirschfeld, Otto, Die ritterlichen Provinzstatthalter, SPAW Berlin 1889, 417–442.
Horn, Friedrich W., Das *Testimonium Flavianum* aus neutestamentlicher Perspektive, in: C. Böttrich / J. Herzer (Hg.), Josephus und das Neue Testament. Wechselseitige Wahrnehmungen, WUNT 209, Tübingen 2007, 117–136.

Horsley, Richard A., High Priests and the Politics of Roman Empire. A Contextual Analysis of the Evidence of Josephus, JSJ 17 (1986), 23–55.

Horsley, Richard A., Josephus and the Bandits, JSJ 10 (1979), 37–63.

Horst, Pieter Willem van der, Philo's *Flaccus*. The First Pogrom, Philo of Alexandria Commentary Series 2, Leiden u. a. 2003.

Jefford, Clayton N., Acts of Pilate, ABD 5 (1992), 371–372.

Jeremias, Joachim, Zur Geschichtlichkeit des Verhörs Jesu vor dem Hohen Rat, ZNW 43 (1950/51), 145–150.

Josua, Maria / Eißler, Friedmann, Die arabische Fassung des Gamalielevangeliums, in: C. Markschies / J. Schröter, Antike christliche Apokryphen in deutscher Übersetzung, I. Band: Evangelien und Verwandtes, Teilband 2, Tübingen 2012, 1314–1335.

Käfer, Anne, Glauben bekennen, Glauben verstehen. Eine systematisch-theologische Studie zum Apostolikum, ThSt NF 9, Zürich 2014.

Kaiser, Otto, Philo von Alexandrien. Denkender Glaube – Eine Einführung, FRLANT 259, Göttingen 2015.

Kähler, Martin, Der sogenannte historische Jesus und der geschichtliche, biblische Christus (1892), neu hg. v. E. Wolf, ThB 2, München [2]1956.

Kany, Roland, Die Frau des Pilatus und ihr Name. Ein Kapitel aus der Geschichte neutestamentlicher Wissenschaft, ZNW 86 (1995), 104–110.

Karrer, Martin, Der Gesalbte. Die Grundlagen des Christustitels, FRLANT 151, Göttingen 1991.

Kelly, John N. D., Altchristliche Glaubensbekenntnisse. Geschichte und Theologie, Göttingen [3]1972 (Nachdruck UTB 1746, 1993).

Kirner, Guido O., Strafgewalt und Provinzialherrschaft. Eine Untersuchung zur Strafgewaltspraxis der römischen Statthalter in Judäa 6–66 n. Chr., Schriften zur Rechtsgeschichte 109, Berlin 2004, 246–291.

Kokkinos, Nikos, The Herodian Dynasty. Origins, Role in Society and Eclipse, JSNT.Suppl. 30, Sheffield 1998.

Konradt, Matthias, Das Evangelium nach Matthäus, NTD 1, Göttingen 2015.

Kosack, W., Der koptische Heiligenkalender. Deutsch-Koptisch-Arabisch nach den besten Quellen neu bearbeitet und vollständig herausgegeben, mit Index Sanctorum koptischer Heiliger, Index der Namen auf Koptisch, Koptische Patriarchenliste, Geographische Liste, Berlin 2012.

Kuhn, Heinz-Wolfgang, Die Kreuzesstrafe während der frühen Kaiserzeit. Ihre Wirklichkeit und Wertung in der Umwelt des Urchristentums, ANRW II 25.1 (1982), 648–793.

Lang, Manfred, Johannes und die Synoptiker. Eine redaktionsgeschichtliche Analyse von Joh 18–20 vor dem markinischen und lukanischen Hintergrund, FRLANT 182, Göttingen 1999.

Lammert, Ludwig T. E., Art. Schild 1, PE II A,1 (1921), 420–427.

Lémonon, Jean-Pierre, Ponce Pilate. Documents profanes, Nouveau Testament et traditions ecclésiales, ANRW II 26.1 (1992), 741–778.

Leonhard, Rudolf, Art. Abolitio, RE I,1 (1893), 105.

Liebenam, Wilhelm, Art. Feldzeichen II, RE VI,2 (1909), 2151–2161.

Liebs, Detlef, Das ius gladii der römischen Provinzgouverneure in der Kaiserzeit, ZPE 43 (1981), 217–223.

Liebs, Detlef, Der Prozess Jesu, in: Ders., Das Recht der Römer und die Christen. Gesammelte Aufsätze in überarbeiteter Fassung, Tübingen 2015, 1–19.

Lohse, Eduard, Die römischen Statthalter in Jerusalem, ZDPV 74 (1958), 69–78.

Lönnqvist, Kenneth, Pontius Pilate – An Aqueduct Builder? Recent Findings and New Suggestions, Klio 82 (2000), 459–474.

Lütolf, A., Sagen, Bräuche und Legenden aus den fünf Orten Luzern, Uri, Schwyz, Unterwalden und Zug, 1862.

Luz, Ulrich, Das Evangelium nach Matthäus, 4. Teilband Mt 26–28, EKK I/4, Düsseldorf und Zürich/Neukirchen-Vluyn 2002.

Maier, Paul L., Sejanus, Pilate and the Date of the Crucifixion, Church History 37 (1968), 3–13.

Maier, Paul L., The Fate of Pontius Pilate, Hermes 99 (1971), 362–371.

Mason, Steve, A History of the Jewish War A.D. 66–74, Cambridge 2016.

Mason, Steve, Josephus and the New Testament, the New Testament and Josephus. An Overview, in: C. Böttrich / J. Herzer (Hg.), Josephus und das Neue Testament. Wechselseitige Wahrnehmungen, WUNT 209, Tübingen 2007, 15–48.

Mason, Steve, Josephus und das Neue Testament, UTB 2130, Tübingen/Basel 2000.

Mattig-Krampe, Bettina, Das Pilatusbild in der deutschen Bibel- und Legendenepik des Mittelalters, Germanistische Bibliothek 9, Heidelberg 2001.
Mazar, Amihai, The Aqueducts of Jerusalem, in: Y. Yadin (Hg.), Jerusalem Revealed, Archaeology in the Holy City 1968–1974, Jerusalem 1976, 79–84.
McGing, Brian C., Pontius Pilate and the Sources, CBQ 53 (1991), 416–438.
McLaren, James S., Power and Politics in Palestine. The Jews and the Governing of their Land 100 BC – 70 AD, JSNT.Suppl 63, Sheffield 1991.
Meiser, Martin, Judas Iskariot. Einer von uns, BG 10, Leipzig 2004.
Messner, Brian E., »No Friend of Caesar«. Jesus, Pilate, Sejanus, and Tiberius, Stone-Campbell Journal 11 (2008), 47–57.
Metzner, Rainer, Kaiphas. Der Hohepriester jenes Jahres. Geschichte und Deutung, AJEC 75, Leiden/Boston 2010.
Metzner, Rainer, Die Prominenten im Neuen Testament. Ein prosopographischer Kommentar, NTOA/StUNT 66, Göttingen 2008.
Mommsen, Theodor, Römisches Strafrecht, Leipzig 1899.
Müller, Ulrich B., Johannes der Täufer. Jüdischer Prophet und Wegbereiter Jesu, BG 6, Leipzig [2]2013.
Nabbefeld, Ansgar, Römische Schilde. Studien zu Funden und bildlichen Überlieferungen vom Ende der Republik bis in die späte Kaiserzeit, Kölner Studien zur Archäologie der römischen Provinzen 10, Leidorf 2008.
Niemann, Raul (Hg.), Von Pontius zu Pilatus. Pilatus im Kreuzverhör, Stuttgart 1996.
Nietzsche, Friedrich, Ecce Homo. Wie man wird, was man ist (1908), in: Friedrich Nietzsche, Werke in drei Bänden, Bd. 3, Köln 1994, 385–494.
Oancea, Constantin, Psalm 2 im Alten Testament und im frühen Judentum, Sacra Scripta 2 (2013), 159–180.
Olson, Ken A., Eusebius and the *Testimonium Flavianum*, CBQ 61 (1999), 305–322.
Paulus, Christoph G., Der Prozess Jesu – aus römisch-rechtlicher Perspektive, Schriftenreihe der Juristischen Gesellschaft zu Berlin 194, Berlin/Boston 2016.
Ringshausen, Gerhard, Das Rätsel der Ἡρῳδιανοί im Markusevangelium, ZNW 106 (2015), 115–125.

Runia, David T., Philon von Alexandria, RAC 27 (2016), 605–627.

Sänger, Dieter, »Auf Betreiben der Vornehmsten unseres Volkes« (Iosephus ant. Iud. XVIII 64). Zur Frage einer jüdischen Beteiligung an der Kreuzigung Jesu, in: U. Mell / U. B. Müller (Hg.), Das Urchristentum in seiner literarischen Geschichte (FS J. Becker), BZNW 100, Berlin / New York 1999, 1–25.

Samuelsson, Gunnar, Crucifixion in Antiquity. An Inquiry into the Background and Significance of the New Testament Terminology of Crucifixion, WUNT II 310, Tübingen 2011.

Schalit, Abraham, König Herodes. Der Mann und sein Werk, Studia Judaica 4, Berlin 1969.

Schärtl, Monika, »Nicht das ganze Volk will, dass er sterbe.« Die Pilatusakten als historische Quelle der Spätantike, APELIOTES, Frankfurt a. M. 2011.

Schärtl, Monika, Das Nikodemusevangelium, die Pilatusakten und die »Höllenfahrt Christi«, in: C. Markschies / J. Schröter, Antike christliche Apokryphen in deutscher Übersetzung, I. Band: Evangelien und Verwandtes, Teilband 1, Tübingen 2012, 231–261.

Schärtl, Monika, Die sonstige Pilatusliteratur, in: C. Markschies / J. Schröter, Antike christliche Apokryphen in deutscher Übersetzung, I. Band: Evangelien und Verwandtes, Teilband 1, Tübingen 2012, 262–279.

Scheidgen, Andreas, Die Gestalt des Pontius Pilatus in Legende, Bibelauffassung und Geschichtsdichtung vom Mittelalter bis in die frühe Neuzeit. Literaturgeschichte einer umstrittenen Figur, Mikrokosmos 68, Frankfurt a. M. 2002.

Schenke, Hans-Martin, Das Gamalielevangelium. Die koptischen Fragmente des Gamalielevangeliums, in: C. Markschies / J. Schröter, Antike christliche Apokryphen in deutscher Übersetzung, I. Band: Evangelien und Verwandtes, Teilband 2, Tübingen 2012, 1307–1309.1310–1313.

Schlatter, Adolf, Der Evangelist Matthäus, seine Sprache, sein Ziel, seine Selbständigkeit. Ein Kommentar zum ersten Evangelium, Stuttgart [6]1963.

Schnelle, Udo, Einleitung in das Neue Testament, Göttingen [8]2013.

Schnelle, Udo, Das Evangelium nach Johannes, ThHK 4, Leipzig [3]2004.

Schröter, Jens, Jesus von Nazaret. Jude aus Galiläa – Retter der Welt, BG 15, Leipzig 2006.

Schröter, Jens, Art. Reich Gottes III, RGG⁴ 7 (2004), 204–209.
Schwartz, Daniel R., Agrippa I. The Last King of Judaea, TSAJ 23, Tübingen 1990.
Schwartz, Daniel R., Hohepriester II. Antikes Judentum, RGG⁴ 3 (2004), 1836.
Schwartz, Daniel R., Josephus and Philo on Pontius Pilate, The Jerusalem Cathedra 3 (1983), 26–45.
Schwartz, Daniel R., Pontius Pilate, ABD 5 (1992), 395–401.
Schwartz, Daniel R., Pontius Pilate's Appointment to Office and the Chronology of Josephus' *Antiquities*, Books 18–20, in: Ders., Studies in the Jewish Background of Christianity, WUNT 60, Tübingen 1992, 182–201.
Schwartz, Daniel R., Pontius Pilate's Suspension from Office. Chronology and Sources, in: Ders., Studies in the Jewish Background of Christianity, WUNT 60, Tübingen 1992, 202–217.
Schweizer, Eduard, Christus und Gemeinde im Matthäusevangelium, in: Ders., Matthäus und seine Gemeinde, SBS 71, Stuttgart 1974, 9–68.
Smallwood, E. Mary, The Date of the Dismissal of Pontius Pilate from Judaea, JJS 5 (1954), 12–21.
Speyer, Wolfgang, Neue Pilatus-Apokryphen, Vigiliae Christianae 32 (1978), 53–59.
Staats, Reinhart, Pontius Pilatus im Bekenntnis der frühen Kirche, ZThK 84 (1987), 493–513.
Stauffer, Ethelbert, Jerusalem und Rom im Zeitalter Jesu Christi, DTb 331, Bern 1957.
Stauffer, Ethelbert, Zur Münzprägung und Judenpolitik des Pontius Pilatus, La Nouvelle Clio 1/2 (1949/50), 495–514.
Stegemann, Wolfgang, Gab es eine jüdische Beteiligung an der Kreuzigung Jesu?, KuI 13 (1998), 3–24.
Steudel, Annette, Psalm 2 im antiken Judentum, in: D. Sänger (Hg.), Gottessohn und Menschensohn. Exegetische Studien zu zwei Paradigmen biblischer Intertextualität, BThSt 67, Neukirchen-Vluyn 2004, 189–197.
Stimpfle, Alois, Art. Pilatus I, LThK 8 (1999), 296–298.
Strobel, August, Die Stunde der Wahrheit. Untersuchungen zum Strafverfahren gegen Jesus, WUNT 21, Tübingen 1980.
Szanton, Nahshon u. a., Pontius Pilate in Jerusalem. The Monumental Street from the Siloam Pool to the Temple Mount, Tel Aviv 46 (2019), 147–166.
Theobald, Michael, »Ihr habt die Blasphemie gehört!« (Mk 14:64)

Warum der Hohe Rat in Jerusalem auf Jesu Tod hinwirkte, NovTest 58, 2016, 233–258.
Töpfer, Kai M., Signa Militaria. Die römischen Feldzeichen in der Republik und im Prinzipat, Monographien des Römisch-Germanischen Zentralmuseums 91, Mainz 2011.
Trampedach, Kai, Schwierigkeiten mit der Theokratie. Warum die römische Herrschaft in Judäa scheiterte, in: Ders. / A. Pečar (Hg.), Theokratie und theokratischer Diskurs. Die Rede von der Gottesherrschaft und ihre politisch-sozialen Auswirkungen im interkulturellen Vergleich, Tübingen 2013, 117–142.
Trampedach, Kai, Zwischen Alexander und Augustus. Pompeius' Neuordnung des Ostens, in: H.-J. Gehrke / A. Mastrocinque (Hg.), Roma e l'Oriente nel I secolo a.C., (Hierá. Collana di studi storico-religiosi 13), Cosenza 2009, 393–416.
Thyen, Hartwig, Das Johannesevangelium, HNT 6, Tübingen 2005.
Vinzent, Markus / Nicklas, Tobias, Das Petrusevangelium, in: C. Markschies / J. Schröter, Antike christliche Apokryphen in deutscher Übersetzung, I. Band: Evangelien und Verwandtes, Teilband 1, Tübingen 2012, 683–695.
Vogel, Manuel, Herodes. König der Juden, Freund der Römer, BG 5, Leipzig 2002.
Volkoff, Oleg V., Un Saint oublié. Ponce Pilate, Bulletin de la Société d'Archéologie Copte 20 (1969/70), 167–175.
Wengst, Klaus, Das Johannesevangelium, 2. Teilband: Kapitel 11–21, TKNT 4,1, Stuttgart/Berlin/Köln 2001.
Whealey, Alice, Josephus, Eusebius of Caesarea, and the *Testimonium Flavianum*, in: C. Böttrich / J. Herzer (Hg.), Josephus und das Neue Testament. Wechselseitige Wahrnehmungen, WUNT 209, Tübingen 2007, 73–116.
Wilker, Julia, Für Rom und Jerusalem. Die herodianische Dynastie im 1. Jahrhundert n. Chr., Studien zur Alten Geschichte 5, Frankfurt a. M. 2007.
Wolff, Christian, Der erste Brief des Paulus an die Korinther, ThHK 7, Leipzig ^{3}2011.
Wolter, Michael, Das Lukasevangelium, HNT 5, Tübingen 2008.
Wrede, William, Das Messiasgeheimnis in den Evangelien. Zugleich ein Beitrag zum Verständnis des Markusevangeliums, Göttingen 1901.
Yavetz, Zwi, Tiberius. Der traurige Kaiser, München 2002.

4. Belletristik und Sachbücher

Agamben, Giorgio, Pilatus und Jesus, Berlin 2014.

Ahrendt, Hannah, Eichmann in Jerusalem. Ein Bericht von der Banalität des Bösen, München 2011 (1964).

Aitmatow, Tschingis, Die Richtstatt, Berlin 1987.

Amundson, R. D., Pilatus the Damned, Bloomington 2015.

Bernet, Anne, Ich, Pontius Pilatus. Die Memoiren eines Unschuldigen, München 2001 (frz. Erstausgabe 1998).

Bulgakow, Michail, Der Meister und Margarita, übers. von Eric Boerner, Norderstedt ^{2}2012.

Caillois, Roger, Pontius Pilatus. Ein Bericht, aus dem Französischen von G. Vorkamp, Berlin 1983 (frz. Original 1961).

Dostojewski, Fjodor M., Die Brüder Karamasow, übers. von S. Geier, Zürich 2003.

Dürrenmatt, Friedrich, Pilatus, Olten 1949.

Gavran, Miro, Pontius Pilatus, Wien 2010.

Haefs, Gisbert, Die Geliebte des Pilatus, München 2004.

Kepper, Hubert B., Pilatus. Henker wider Willen? Betrachtungen eines Staatsanwalts, Solingen 2003.

Koch, Werner, Pilatus. Erinnerungen, Frankfurt a. M. 1959.

May, Antoinette, Die Frau des Pilatus, Köln 2008.

Sabel, Rolf D., Die Pilatus-Verschwörung. Das dunkle Geheimnis von St. Pantaleon, Wuppertal 2009.

Sabel, Rolf D., Das Testament des Pontius Pilatus, Leipzig 2019.

Schmitt, Éric-Emmanuel, Das Evangelium nach Pilatus, Zürich 2005 (frz. Erstausgabe Paris 2000).

Scheibler, Susanne, »… und wasche meine Hände in Unschuld«, München 1987.

Uthmann, Jörg von, Pontius Pilatus – Briefwechsel, Übersetzt, annotiert und eingeleitet von Jörg von Uthmann, Hamburg 1991.

von le Fort, Gertrud, Die Frau des Pilatus, Wiesbaden 1955.

Wallis Taylor, Diana, Claudia, Wife of Pontius Pilate, Grand Rapids 2013.

Walz, Dieter, Als ich noch der Pontius Pilatus war. Ein Wiedergänger schreibt Geschichte, Leipzig 2012.

Wineyard, Val, Claudia Procula. Wife of Pontius Pilate, Friend of Mary Magdalene, Canet d'Aude 2013.

Abbildungsnachweise

Abb. 1: Die Pilatus-Inschrift von Cäsarea Maritima, eigenes Foto.

Abb. 2: Cäsarea Maritima zur Zeit Herodes des Großen. Quelle: K. Jaroš, In Sachen Pontius Pilatus, KAW 93, Mainz 2002, 23.

Abb. 3: Münze aus den Prägungen des Pilatus (29 n. Chr.); Vorderseite: Inschrift IOYLIA KAICAPOC (Julia [Augusta] = Livia Drusilla, die Mutter des Kaisers), drei gebundene Getreideähren; Rückseite: Inschrift TIBEPIOY KAICAPOC und LIS (Jahr 16 der Herrschaft des Tiberius = 29 n. Chr.); *simpulum* (Schöpfkelle für Opferdienst). Quelle: Online Katalog der Yale University Art Gallery (https: / / artgallery.yale.edu / collections / objects / 143562, Aufruf 12. 10. 2019)

Abb. 4: Münze aus den Prägungen des Pontius Pilatus (30 n. Chr.); Vorderseite: Inschrift TIBEPIOY KAICAPOC, *Lituus* (Augurenstab); Rückseite: Inschrift LIZ (Jahr 17 der Herrschaft des Tiberius = 30 n. Chr.). Quelle: Digitaler Ausstellungskatalog des Kunsthistorischen Museums Wien Nr. 7a / b.

Abb. 5: Ring des Pilatus aus dem Herodeion. Quelle: Amorai-Stark, Shua u. a., An Inscribed Copper-Alloy Finger Ring from Herodium Depicting a Krater, IEJ 68 (2018), 213 (Zeichnung von J. Rodman; Foto von C. Amit).

Abb. 6: Das geteilte herodianische Reich. Quelle: C. Böttrich, Petrus. Fischer, Fels und Funktionär, BG 2, Leipzig 2001, 32.

Abb. 7: Aquädukt des Herodes bei Cäsarea Maritima, eigenes Foto.

Abb. 8: Römische Standarten, Ausschnitt des Reliefs an der Trajanssäule in Rom, eigenes Foto.

Abb. 9: Goldmünze des Augustus (18 v. Chr.); Vorderseite: Bildnis des Augustus, Inschrift CAESAR AVGVSTO; Rückseite: Aquila (Adlersymbol) und zwei Feldzeichen im Tempel, Inschrift MAR VLT (Mars Ultor – »Mars ›der Rächende‹«). Quelle: Numismatische Bilddatenbank Eichstätt online (http: / / www.nbeonline.de / szeig.FAU?sid=849838E2244&dm=1&erg=A&qpos=1, Aufruf 12. 10. 2019).

Abb. 10: Münze des Augustus mit Rundschild (*clupeus virtutis*, ca. 19–15 v. Chr.); Vorderseite: Bildnis des Augustus, Inschrift CAESAR AVGVSTVS; Rückseite: SIGNIS RECEPTIS, Rundschild mit CL(upeus) • V(irtutis) zwischen Legionsadler und Standarte, um das Schild S(enatus)-P(opulus)-Q(ue)-R(omanorum). Quelle: Das Digitale Münzkabinett der Heinrich-

Heine-Universität Düsseldorf (http://www3.hhu.de/muenzkatalog/ikmk/object?lang=de&id=ID6371&view=rs, Aufruf 12.10.2019).

Abb. 11: Römischer Legionärsschild (*scutum*), Dura Europos (ca. 120–130 cm x 60–70 cm, Holz mit Lederbeschichtung). Quelle: Online Katalog der Yale University Art Gallery (http://artgallery.yale.edu/collections/objects/5959, Aufruf 12.10.2019).

Abb. 12: Relief eines römischen Rundschilds mit Jupiter-Ammon (*clupeus*). Quelle: Archäologisches Nationalmuseum Tarragona (https://www.mnat.cat/en/artwork/1/clipeus-of-jupiter-ammon/, Aufruf 12.10.2019).

Abb. 13: *clupeus virtutis* des Augustus (26 v. Chr.), Nachzeichnung.

Abb. 14: Jerusalem zur Zeit Jesu. Quelle: K. Jaroš, In Sachen Pontius Pilatus, KAW 93, Mainz 2002, 51.

Abb. 15: Angebliches Grabmal des Pilatus in Vienne, aus: Josef Resch, Illustrierte Zeitung 48 (1867), 266.

Abb. 16: Sarkophag des Iunius Bassus (gest. 359 n. Chr.), Petersdom, Rom. Quelle: F. W. Deichmann, Repertorium der christlich-antiken Sarkophage, Bd. I: Rom und Ostia, Wiesbaden 1967, Tafel 104.

Abb. 17: Sarkophag der beiden Brüder (4. Jh.), Museo Pio Cristiano, Rom. Quelle: F. W. Deichmann, Repertorium der christlich-antiken Sarkophage, Bd. I: Rom und Ostia, Wiesbaden 1967, Tafel 15.

Abb. 18: Holzrelief am Westlettner des Naumburger Domes (um 1250), eigenes Foto.

Abb. 19 und 20: Ecce Homo und Handwaschung (20. Jh.), Kathedrale Sagrada Família, Barcelona, Wikimedia CC BY-SA 3.0.

Abb. 21: Tizian, Ecce Homo (1543), Kunsthistorisches Museum Wien, Wikimedia CC-BY 4.0.

Abb. 22: Antonio Ciseri, Ecce Homo (1871), Museo Cantonale d'Arte, Lugano, Wikimedia (https://upload.wikimedia.org/wikipedia/commons/d/de/Ecce_homo_by_Antonio_Ciseri_%281%29.jpg).

Abb. 23: Lovis Corinth, Ecce Homo (1925), Kunstmuseum Basel, Wikimedia (https://commons.wikimedia.org/wiki/File:Corinth_Ecce_homo.jpg).

Abb. 24: Albrecht Dürer, Die Handwaschung Pilati, Die Kleine Passion (um 1509), Blatt 20 (http://www.zeno.org/Kunstwerke/B/D%C3%BCrer,+Albrecht%3A+Folge+der+%C2%BBKleinen+Passion%C2%AB+%5B21%5D).

Abb. 25: Albrecht Dürer, Ecce-Homo, Die große Passion (1498/99), Blatt 6, Wikimedia (https://commons.wikimedia.org/wikiFile:Durer,_la_grande_passione_04.jpg).

Abb. 26: Max Beckmann, Christus und Pilatus, akg images, © Max Beckmann / VG Bild-Kunst, Bonn 2019.